Kulturanalysen
Band 1

Szenisches Verstehen
Zur Erkenntnis des Unbewußten

von

Alfred Lorenzer

Herausgegeben von Ulrike Prokop und Bernard Görlich

Tectum Verlag
Marburg 2006

(Hrsg.): Prokop, Ulrike; Görlich, Bernard
Szenisches Verstehen. Zur Erkenntnis des Unbewußten.
/ von Alfred Lorenzer
Redaktionelle Betreuung: Ramona Kahl
- Marburg : Tectum Verlag, 2006
Kulturanalysen; Bd. 1
ISBN 3-8288-8934-4

Tectum Verlag
Marburg 2006

Inhaltsverzeichnis

Einleitung
Alfred Lorenzer und die Perspektiven einer grenzüberschreitenden Psychoanalyse

In einem 1926 publizierten Artikel für die renommierte Enzyklopedia Britannica wagt Sigmund Freud eine kühne Prognose: „Die Zukunft wird wahrscheinlich urteilen, daß die Bedeutung der Psychoanalyse als Wissenschaft vom Unbewußten ihre therapeutische Wirkung weit übertrifft.“(16) Wenn es ein Werk gibt, das seine Konturen vor allem in der Umsetzung dieser Option gewonnen hat, dann ist es das des Frankfurter Psychoanalytikers und Sozialwissenschaftlers Alfred Lorenzer.

Die Voraussetzungen, Einsichten der Psychoanalyse über die engeren Grenzen der therapeutischen Aufgabe hinaus für humanwissenschaftliche Erkenntnis fruchtbar zu machen, hat Lorenzer in seiner eigenen Biographie mitgebracht: Er begann seine wissenschaftliche Laufbahn als Psychiater an der von Ernst Kretschmer geleiteten Tübinger Universitätsnervenklinik, wandte sich noch in den fünfziger Jahren der Psychoanalyse zu, um seine Lehranalyse bei Felix Schottlaender in Stuttgart zu absolvieren, bevor er in den Kreis um Alexander Mitscherlich eintrat. Hier profilierte er sich bereits als Sozialpsychologe, publizierte Ende der 60er Jahre Studien zum Extremtrauma, zur Architektur, um dann von Beginn der Siebziger an mit grundlegenden Arbeiten zum Verstehens- und Erkenntnisprozess der Psychoanalyse auf sich aufmerksam zu machen. Von 1974 an bis zu seinem plötzlichen krankheitsbedingten Ausscheiden aus allen Arbeitszusammenhängen im Februar 1990 an der Frankfurter Johann Wolfgang Goethe-Universität lehrend, war Lorenzer der einzige Psychoanalytiker in Deutschland, der einen Lehrstuhl für Soziologie bekleidete.

Lorenzer hat dem in der frühen Frankfurter Schule begründeten Projekt, kritische Gesellschaftstheorie mit der Perspektive Freudscher Erkenntnis zu verbinden, eine neue eigenständige Gestalt gegeben: Seine programmatische „Metatheorie der Psychoanalyse“ verfolgte drei Ziele: Zum einen kam es darauf an, auch der nicht-psychoanalytischen Scientific Community Einsicht in die Eigenart des psychoanalytischen Verfahrens zu vermitteln. Lorenzers Schlüsselbegriff des „szenischen Verstehens“, zuerst entfaltet in der zentralen Studie „Sprachzerstörung und Rekonstruktion“ (1970), war hierfür die Grundlage. - Zum anderen ging es darum, Aporien innerhalb der Freudschen Theoriebildung selbst zu überwinden, ohne dabei deren Erfahrungsgehalt preiszugeben. Beispiele hierfür waren Weichenstellungen in der Symbolfrage („Zur Kritik des psychoanalytischen Symbolbegriffs“,1970), vor allem aber die Übersetzung der Freudschen triebtheoretischen Auffassung in das Konzept der „Interaktionsformen“, das zum Gelenkstück der von Lorenzer eigenständig begründeten und in den siebziger Jahren breit rezipierten Sozialisationstheorie avancierte („Zur Begründung einer materialistischen Sozialisationstheorie", 1972; „Die Wahrheit der psychoanalytischen Erkenntnis“, 1974; „Sprachspiel und Interaktionsformen“, 1976). - Der dritte Schwerpunkt metatheoretischer Arbeit war darauf angelegt, Psychoanalyse über den Rahmen ihrer therapeutischen Aufgabe hinaus für gesellschafts- und kulturkritisch eingreifendes Denken fruchtbar zu machen, und dies methodologisch reflektiert, vor allem in Abgrenzung gegen tradierte Muster einer bloß angewandten Psychoanalyse, die immer nur findet, was in den Begriffen bereits enthalten ist. Die groß angelegte Untersuchung „Das Konzil der Buchhalter. Die Zerstörung der Sinnlichkeit“ (1981) führte unmittelbar ins Terrain einer zugleich psychoanalytisch wie sozialwissenschaftlich orientierten Kulturforschung, deren methodologische Grundlegung in der weit verzweigten Modellskizze „Tiefenhermeneutische Kulturanalyse" (1986) erfolgte.

Dass mit der soeben versuchten Übersicht die Vielfalt der in Lorenzers Werk enthaltenen Perspektiven noch keineswegs erschlossen ist, zeigt gerade die hier vorgelegte Sammlung der Aufsätze aus den 80er Jahren: Die zehn Studien repräsentieren zehn unterschiedliche Themenschwerpunkte. Jeder Aufsatz bietet, für sich genommen, eine eigenständige Perspektive an, die mit den anderen thematischen Zentren und Perspektiven zwar über die Intention des oben bezeichneten Projekts verbunden ist, dabei aber ihre je eigene Aussagekraft behält und – auf unverwechselbare Weise – zur Geltung bringt.

Gleichwohl ist eine Zuordnung der einzelnen Aufsätze zu den großen Arbeitsfeldern möglich; sie soll hier auch deshalb vorgenommen werden, weil sie den sich neu mit Lorenzer befassenden Leserinnen und Lesern eine erste Orientierung zu geben vermag:

Repräsentativ für das Projekt einer Metatheorie der Psychoanalyse sind die Aufsätze über das Erkenntnismedium des „Szenischen Verstehens“ (1), über den Vergleich zwischen Analytiker und Detektiv (3), in dem das Unbewusste als das Nicht-Lizensierte, aus dem Konsens Ausgeschlossene im Mittelpunkt der Betrachtung steht, wie auch die Studie zur Bestimmung des Wissenschaftscharakters der Psychoanalyse als einer „Hermeneutik des Leibes“ (8).

Dass Lorenzer nicht nur ein begrifflich ambitionierter Erkenntnistheoretiker der Psychoanalyse war, sondern auch ein faszinierender Freud-Interpret, beweisen seine Studien zur Problemgeschichte der Freudschen Wissenschaft vom Unbewussten: Hierzu gehört der Aufsatz „...gab mir ein Gott zu sagen, was ich leide“ (6), der die Kerngedanken seiner größeren Studie „Intimität und soziales Leid. Archäologie der Psychoanalyse“ (1984) auf den Begriff bringt und ein Beispiel dafür liefert, wie sich eine problemgeschichtliche Freud-Interpretation als Einspruchnahme gegen aktuelle Tendenzen der Rezeption lesen läßt, die aus Lorenzers Sicht etwa mit dem Abrücken vom Triebbegriff die Anstößigkeit Freudscher Erkenntnis preisgibt. – Von der Eigenart der Lorenzerschen Freud-Interpretation zeugt auch die Studie über „Die Geschichtlichkeit menschlicher Lebensentwürfe“ (7), in der Freuds Mythen von der Urgeschichte als Verbildlichung der eigenen sozialisationstheoretischen Grundannahmen wahr-, ernst- und angenommen werden.

Wie sehr Lorenzer darum bemüht war, die Essentials der Freudschen Wissenschaft vom Unbewussten den anderen Wissensdisziplinen nahe zu bringen, verraten die Arbeiten zur Kontroverse zwischen Bloch und Freud (2) – hier zeigt sich auch Lorenzers Ambition, die Traditionslinien der Freud-Marx-Debatte mit seinem eigenen Ansatz zu konfrontieren - wie jene die Aufsatzsammlung abschließende Studie zum „Der Symbolbegriff und seine Problematik in der Psychoanalyse“ (10), in der Lorenzer die Brücke zu schlagen versteht zwischen den Anfängen seiner metatheoretischen Denkbewegung zum aktuell erreichten Stand der Auseinandersetzung zwischen seiner psychoanalytischen Subjekttheorie und den Nachbardisziplinen. Dass die originäre Gestalt der Kritischen Theorie, der Ansatz von Horkheimer und Adorno, Lorenzer selbst Orientierung bot für das interdisziplinäre Gespräch, ist dem Aufsatz zu entnehmen, dessen Titel Lorenzers Wegbeschreibung programmatisch kennzeichnet: „Psychoanalyse als kritische Theorie“ (5).

Lorenzers kulturanalytisches Projekt, für das die beiden noch nicht genannten Aufsätze stehen - „Die Zerstörung der Sinnlichkeit“ (4) als Repräsentanz der religions- und symbolkritischen Arbeit „Konzil der Buchhalter“ und „Verführung zur Selbstpreisgabe“ (9) als Beispiel tiefenhermeneutischer Textinterpretation - steht nicht im Widerspruch zu den ideologiekritischen Intentionen der Kritischen Theorie; es zielt vielmehr darauf ab, Ideologiekritik zu versinnlichen, sie auf die Ausgangssituation zurückzuführen: auf das leidende und aufbegehrende leibliche Subjekt.

Wovon sich jede Leserin, jeder Leser rasch überzeugen kann: Lorenzers Werk ist in vielerlei Hinsicht provokativ, stößt vor den Kopf: so die These vom Unbewußten als einem nichtsprachlichen Sinn- und Wirkungsgefüge, anschaulich entfaltet in dem erst kurz vor seinem Tode erschienen Band „Die Sprache, der Sinn, das Unbewußte“, der auf eine Mitte der achtziger Jahre in Costa Rica gehaltene Vorlesungsreihe zurückgeht. Lorenzers spannende Rehabilitierung der Freudschen Metapsychologie ist darauf ausgerichtet, die Problematik des Leibes als Matrix und Mitte des Erlebens ins Zentrum zu rücken: Das Ineinander von Leiblichkeit und Sozialität kennzeichne den Kern der Freudschen Entdeckungen und lasse die Vision einer „Hermeneutik des Leibes“ aufscheinen, die, jenseits der starren Grenzziehungen zwischen den Natur- und Sozialwissenschaften, den Weg zeigen könne, wie der eine Bereich - nichtsprachliche Praxis, ausgegrenzte Leiblichkeit - im Zentrum des anderen, ihm scheinbar entgegengesetzten - Sprache, kulturelle Objektivationen - aufgefunden werden kann. - Lorenzers Kulturanalysen basieren auf dieser Perspektivenverschränkung, hierbei der Eigenbedeutung jener Lebensszenarien in Alltagsästhetik und Kunst auf der Spur, die den Konflikten zwischen Wünschen und Werten, unbewußten Phantasien, leiblich zentrierten Affekten zu kollektivem, „sinnlich-symbolischen" Ausdruck verhelfen. - Dass sich eine derart grenzüberschreitende Wissenschaft nicht wegbewegt vom psychoanalytischen Untersuchungs- und Erkenntnisgegenstand - der Frage der Subjektivität und der Auseinandersetzung mit psychophysischem Leid - , das hat Lorenzer in seinem Beitrag zur Festschrift für Margarete Mitscherlich (1987) klargestellt. Er schließt mit der Überzeugung, dass „wir unsere Patienten auch in der Analyse nicht zureichend verstehen, wenn wir den Zusammenhang ihres individuellen Erlebens mit den kulturellen Bewegungen der Zeit nicht zu sehen vermögen, wenn wir nicht die gesellschaftlichen Verbote und Gebote in ihnen und uns beim Namen nennen können."

Denselben Gedanken hat Lorenzer dann in die erweiterte erkenntnisleitende Perspektive gerückt, die Subjekt- und Kulturanalyse inwendig aufeinander bezieht. Formuliert ist sie in einem Vortrag zum Wiener Symposium 1989 aus Anlass des 50. Todestages von Sigmund Freud (Lorenzers Teilnahme am Symposium war einer seiner letzten öffentlichen Auftritte). Die Botschaft ist deshalb sein Vermächtnis geworden und bleibt eine Herausforderung nicht nur für die aktuelle Psychoanalyse: „Der Konflikt zwischen den Normen und Werten des Bewußtseins einerseits und den unbewußten Lebensentwürfen andererseits ist kein bloßes individuelles Schicksal. Psychoanalytische Aufklärung muß sich des Zusammenhangs mit gesellschaftlicher Aufklärung versichern. Die Frage nach dem Unbewußten ist zugleich auch die Frage nach dem sozial Ausgeschlossenen, dem Noch-nicht-Bewußten, der noch-nicht-bewußtseinsfähigen gesellschaftlichen Praxis."

ALFRED LORENZER

Sprache, Lebenspraxis und szenisches Verstehen in der psychoanalytischen Therapie[1]

Übersicht: Freud sagt vom Verdrängt-Unbewußten, es komme durch Trennung der »Sach-« von den »Wortvorstellungen« zustande. Lorenzer streift dieser Terminologie durch das Heranziehen weiterer Freud-Texte den dinglichen Schein ab. Die »Sach«-Vorstellungen sind Erinnerungsspuren (noch) sprachloser Interaktionen, also Niederschläge erlebter und Modelle künftiger Handlungen. Das szenische Verstehen, das - auf der Basis der Teilnahme des Therapeuten am Spiel des Patienten - sämtliche vom Patienten dargebotenen Materialien nach Analogie der Traumdeutung behandelt, ist darum die via regia zum Unbewußten.

Aussagen über die Struktur der psychoanalytischen Theorie und Praxis müssen metatheoretisch-metapraktisch begründet werden.. Das heißt, es darf weder (nach Positivisten-Art) dem Verfahren eine inhaltsfremde, durchformalisierte Methodologie übergestülpt werden, noch darf der Erkenntnisgegenstand auf dem Boden einer protoscience aus vorweg aufgestellten Axiomen zusammengebaut werden. Vielmehr müssen die Aussagen aus der psychoanalytischen Praxis und deren Theorie herausdestilliert werden. Ein solcher Ansatz an der Praxis verbietet aber, Erkenntnisverfahren und Erkenntnisgegenstand auseinandzureißen. Beide Seiten sind in einem einzigen Ansatz aufzugreifen. Es ist der Punkt zu treffen, an dem die Methode und ihr Gegenstand zusammenhängen, und das ist bei der Psychoanalyse, wenn wir Freud folgen, das Problem »Sprache«. In den »Vorlesungen« schreibt er zum Verfahren:

> »In der analytischen Behandlung geht nichts anderes vor als ein Austausch von Worten zwischen dem Analysierten und dem Arzt. Der Patient spricht, erzählt von vergangenen Erlebnissen und gegenwärtigen Eindrücken, klagt, bekennt seine Wünsche und Gefühlsregungen. Der

---

Der Aufsatz ist zuerst erschienen in: Psyche (1983). Zeitschrift für Psychoanalyse und ihre Anwendungen. 37. Jg., S. 97-115.

[1] Bei der Redaktion eingegangen am 2.7.1982

> Arzt hört zu, sucht die Gedankengänge des Patienten zu dirigieren, mahnt, drängt seine Aufmerksamkeit nach gewissen Richtungen, gibt ihm Aufklärungen und beobachtet die Reaktion von Verständnis oder von Ablehnung, welche er so beim Kranken hervorruft. Die ungebildeten Angehörigen unserer Kranken, denen nur Sichtbares und Greifbares imponiert, am liebsten Handlungen, wie man sie im Kinotheater sieht, versäumen es auch nie, ihre Zweifel zu äußern, wie man durch bloße Reden etwas gegen die Krankheit ausrichten kann« (1916/17).

Zum Gegenstand des psychoanalytischen Erkennens und Handelns aber heißt es schon in den »Studien über Hysterie«:

> »Ich bin nicht immer Psychotherapeut gewesen, sondern bin bei Lokaldiagnosen und Elektrodiagnostik erzogen worden wie andere Neuropathologen, und es berührt mich selbst noch eigentümlich, daß die Krankengeschichten, die ich schreibe, wie Novellen zu lesen sind, und daß sie sozusagen des ernsten Gepräges der Wissenschaftlichkeit entbehren. Ich muß mich damit trösten, daß für dieses Ergebnis die Natur des Gegenstandes offenbar eher verantwortlich zu machen ist als meine Vorliebe; Lokaldiagnostik und elektrische Reaktionen kommen bei dem Studium der Hysterie eben nicht zur Geltung, während eine eingehende Darstellung der seelischen Vorgänge, wie sie vom Dichter zu erhalten gewöhnt ist, mir gestattet, bei Anwendung einiger weniger psychologischer Formeln doch eine Art von Einsicht in den Hergang einer Hysterie zu gewinnen« (1895, S. 227).

Die »Natur des Gegenstandes« verlangt eine Darstellung ..., wie man sie vom Dichter zu erhalten gewöhnt« ist: »Novellen«, Erzählungen-Sprachwerk, so können wir allgemeiner sagen. Allerdings ist die »sprachliche« Natur von Verfahren und Gegenstand nicht nur ein Grund*merkmal* der Psychoanalyse, sondern auch, Grund*problem*. Denn weil das Erkenntnisziel der Psychoanalyse Unbewußte ist, geraten wir in eine merkwürdige Widersprüchlichkeit: Psychoanalyse sucht mit Sprachmitteln das Nichtsprachliche zu erkunden. Oder, anders ausgedrückt: Sie sucht das Nichtverständliche zu verstehen. Eine recht ausweglose Lage. Schon 1927 ist Hartmann in einer umfänglichen Untersuchung der psychoanalytischen Erkenntnis zu dem Ergebnis gekommen: »Das Unbewußte (bildet) generell eine Schranke des Verstehens« (S. 39). Nun mag man sich darüber streiten, wie Verstehen, Sprache und Bewußtsein zusammengehören und ob sie sich in ihrem Geltungsbereich jeweils genau decken. Auf dem Boden der Psychoanalyse sollte jedenfalls eindeutig sein, daß Sprache und Unbewußtes einander ausschließen. Schon Freud (1915, S. 300) drückte das so aus:

> »Was wir die bewußte Objektvorstellung heißen durften, zerlegt sich uns jetzt in die Wortvorstellung und in die Sachvorstellung, die in der Besetzung, wenn nicht der direkten Sacherinnerungsbilder, doch entfernter und von ihnen abgeleiteter Erinnerungsspuren besteht. Mit einem Male glauben wir nun zu wissen, wodurch sich eine bewußte Vorstellung von einer unbewußten unterscheidet. Die beiden sind nicht, wir gemeint haben, verschiedene Niederschriften desselben Inhaltes an verschiedenen psychischen Orten, auch nicht verschiedene funktionelle Besetzungszustände an demselben Orte, sondern die bewußte Vorstellung umfaßt die Sachvorstellung plus der zugehörigen Wortvorstelllung, die unbewußte ist die Sachvorstellung allein. Das System *Ubw* enthält die Sachbesetzungen der Objekte, die ersten und eigentlichen Objektbesetzungen; das System *Vbw* entsteht, indem diese Sachvorstellung durch die Verknüpfung mit den ihr entsprechenden Wortvorstellungen überbesetzt wird. Solche Überbesetzungen, können wir vermuten, sind es, welche eine höhere psychische Organisation herbeiführen und die Ablösung des Primärvorganges durch den im *Vbw* herrschenden Sekundärvorgang ermöglichen.«

Das heißt unzweideutig: Sprache und Bewußtsein gehören ebenso zusammen, wie Sprache und Unbewußtes auseinanderliegen. Da die Psychoanalyse aber eine Sprachoperation ist, gilt die Frage: Wie kommt man mit Sprache in das Terrain der Sprachlosigkeit? Wie wird das Verstehen von Unbewußtem möglich?

Halten wir uns zunächst an den berühmten Freudschen Programmsatz: »Die Traumdeutung aber ist die via regia zur Kenntnis des unbewußten Seelenlebens« (1900, S. 613), unterlassen wir aber nicht, sofort zu fragen: Was befähigt die Traumdeutung, als via regia zur Kenntnis des unbewußten Seelenlebens zu dienen? Wie kann die Sprachoperation »Traumdeutung« das sprachlich Unbewußte erreichen?

Versucht man dieser Frage nachzugehen (statt sie bloß faktisch hinzunehmen), so wird man einige Umwege nicht scheuen dürfen. Um dabei vom vertrauten psychoanalytischen Grunde her zu argumentieren, setze ich bei dem vorstehenden Freud-Zitat an und zwar bei der Aussage:

> »Die bewußte Vorstellung umfaßt die Sachvorstellung plus der zugehörigen Wortvorstellung, die unbewußte ist die Sachvorstellung allein.«

Von diesem Satz her wollen wir unsere Überlegungen aufbauen, wobei wir allerdings an zwei Stellen eine Kritik anbringen müssen: Bei dem Begriff Sach*vorstellung* und *Sach*vorstellung.

Zunächst zum ersteren: Selbst wenn wir die Rede von »Vorstellungen« auch für das tierische Erlebnis gelten lassen (als Wahrnehmungskomplexe), meint »Vorstellung« doch, allemal hochorganisierte, zentralnervös zusammengefaßte Prozesse. Der Begriff grenzt also die »niederen« Organisate des Stammhirns, der Reflexbögen oder gar peripherer Lokalisation aus. Der Begriff verführt, ja, nötigt dazu, alle vor der Anlage der höheren Zentren einsozialisierten Einschreibungen von Lebenseindrücken zu übergehen, also jene »Niederschläge« unbeachtet zu lassen, an die Freud ja durchaus gedacht hat, als er bei den »Sacherinnerungsbildern« »Erinnerungsspuren« mit einbezog. Radikalisieren wir also Freud mit Freud und ersetzen wir von vornherein den Begriff »Vorstellung« durch »Erinnerungsspur«. Stellen wir fest: die Erinnerungsspuren sind Niederschlage von Lebenspraxis, die (von »außen« oder von »innen« in Gang gesetzt) das Verhalten der Menschen in einer vorgegebenen Welt in konkret ausgeführten »Formeln« festhalten. Da diese Erinnerungsspuren ja ausdrücklich von Freud als die *Inhalte des Unbewußten* und d. h. des »Triebes« vorgestellt werden, versteht es sich von selbst, daß diese Einzeichnungen vergangenen Lebens zugleich dynamische Entwürfe, ja, virulente Faktoren zukünftiger Lebenspraxis bilden. Die Erinnerungsspuren sind mithin die »Blaupausen« des Lebensplanes *und* die Potentiale seiner Verwirklichung.

Der Hinweis auf früheste, elementare, auf niederstem Organisationsniveau ein-»gezeichnete« Praxisentwürfe führt Lins zum anderen Kritikpunkt, der sich aus dem »Grundauftrag« der Psychoanalyse zwangsläufig ergibt, zu den Wurzeln der Lebenserfahrung vorzudringen, den Aufbau der menschlichen Persönlichkeit zurückzuverfolgen bis zur »Basis«, bis zu den grundlegenden Lebenserfahrungen. Wenn wir auch hier Freud so radikal nehmen, wie es sein muß, so müssen wir hinter die Aufspaltung des Erlebens in Ich und Nicht-Ich, Selbst und Objekt zurückdenken auf die »narzißtische Ungeschiedenheit«, auf jene »Ursituation« also, in der der Erlebende und sein Erlebnis-»Gegenstand« noch untrennbar ein und alles waren. Auch bei dieser Radikalisierung haben wir keine Mühe, ein Anschlußzitat bei Freud selbst zu finden. Er schreibt (freilich dreizehn Jahre nach seiner Formulierung der »Sachvorstellungen«) vom Muttererlebnis des Fötus, daß die Mutter »als Objekt dem durchaus narzißtischen Fötus völlig unbekannt ist« (1926, S. 161). Nicht Gegenstände und *Sach*vorstellungen stehen mithin zur Debatte, sondern *Interaktionserfahrungen.* Die Erinnerungsspuren sind geronnene *Interaktionsformeln.*

Aber nicht nur der Blick auf die Fundamente der Erfahrung verlangt eine Auflösung der »vergegenständlichenden« Betrachtungsweise, also die Ersetzung des Begriffs »*Sach*-Vorstellung« durch den Begriff »*Interakions*form«. Auch wenn für alle späteren Entwicklungen von *Objekt*beziehungen zu sprechen ist, so richtet sich der psychoanalytische Blick doch stets auf die Objekt*beziehungen,* geht es allemal um Liebes*verhältnisse,* »kommt ganz regelmäßig der Andere . . . in Betracht« (Freud, 1921, S. 73). Kurzum, die Erinnerungsspuren sind keine Sach-, sondern Situationsrepräsentanzen, sind Spuren abgelaufener Interaktionen und Entwürfe zukünftigen Interagierens, szenische Modelle, Interaktionsformeln (d. h. »Interaktionsformen«). Und außerdem: so, wie uns die Gegenstände unserer alltäglichen Erfahrung nie isoliert, sondern immer innerhalb des Panoramas einer Lebenswelt begegnen, sind alle einzelnen Erinnerungsspuren Momente komplexer situativer Szenerien - und nicht isolierte »Sachabbildungen«, Denotationen.

Wichtig allerdings ist, daß wir, bei der kritischen Auflösung des Begriffs der »unbewußten Sachvorstellungen« den *Niederschlags-* und Entwurfscharakter des Begriffs wahren. Die Erinnerungsspuren sind Abdrücke realer Welterfahrung (vom intrauterinen Anbeginn an) und »sachhaltige konkrete« Modelle des Umgangs mit der Welt. Die Erinnerungsspuren stehen mithin in einem doppelten Bezug zur Realität:

Realität (Interaktion)

↑ ↓

Erinnerungsspur (Interaktionsform)

Wie aber treten die Emotionen in den »Erinnerungsspuren« zu den szenischen Aufzeichnungen hinzu? Die »Erinnerungsspuren« sind - hinsichtlich ihres körperlichen »Substrats« betrachtet - Engramme, die nicht erst zentralnervös zu existieren beginnen, sondern schon in der Körperperipherie sich »einzeichnen«, um als »Spur« angefangen von peripheren Eintragungen in den Sinnes- und Muskelapparaten, über Reflexbögen, Stammhirnschaltungen nach »oben« zu laufen. Diese Abfolge von Registrierungen bildet eine mehrgliedrige »Hierarchie« von Zusammenschaltungen, die im Zuge des Aufbaus des kindlichen Organismus zentralnervös zusammengefaßt und damit auf höchster Stufe organisiert werden. Natürlich werden an diesen »Zusammenschaltungen« die Einzelreize auf Übereinstimmungen hin abgetastet. »Strukturell« und d.h. »qualitativ« gleichartige Abläufe werden zusammengefaßt. Welche Kontrollinstanzen hierbei Erfahrungen nach den Merkmalen »Lust« und »Unlust« sortieren und dementsprechend »registrieren«, braucht hier nicht weiter verfolgt zu werden. Uns interessiert im Moment nur die Einsicht, daß »Affekte« nichts anderes sind als Sinneseindrücke höherer Komplexität und Abstraktheit - qualifizierte »Erinnerungsspuren«. *Erlebbar* sind alle diese Erinnerungsspuren auch ohne Bewußtsein (nach Art des tierischen Erlebens); »bewußtes Erleben« werden sie erst in Verbindung mit den »Wortvorstellungen«.

Im Gegensatz zum Begriff »Sachvorstellung« benötigt der Begriff »Wortvorstellung« keine weitere Interpretation. Zweierlei, wird mit einem Schlage klar: Zum einen die Stellung des Unbewußten zur Sprache: So, wie die Inhalte des Unbewußten mit dem Sprachzusammenhang verknüpft werden müssen, um bewußt zu werden, so werden sie wieder »unbewußt, verdrängt«, indem sie von den »Wortvorstellungen« abgetrennt werden. Sie bleiben dann als - wieder unbewußte - Erinnerungsspuren allein (aber weiterhin wirksam) zurück. Kurz gesagt, die Sprache leistet das Bewußtmachen des Unbewußten; Bewußtwerden ist das »Zur-Sprache-Kommen« der einsomatisierten Verhaltensentwürfe; Verdrängung ist die Abtrennung von Sprache.

Auch ein zweiter Aspekt wird von Freud ausdrücklich ausgesprochen: Erinnerungsspuren und Wortrepräsentanzen treten nicht abstrakt-beliebig zusammen. Die Erinnerungsspuren haben *»zugehörige«* Wortrepräsentanzen, wobei »zugehörig« die strikte lebensgeschichtliche Bestimmtheit der Sprache betont: Die Einführung von Sprache erfolgt in konkreten Situationen, die dadurch ihren »Namen« erhalten. Natürlich verfährt die Mutterfigur beim Benennen nicht willkürlich, sondern folgt sprachlichen Regeln, aber entscheidend für den Praxis- und Sprachaufbau des *Kindes* ist, daß in einer konkreten Situation das Wort zur Erinnerungsspur tritt, das »Wort«, das die jeweilige Einführungssituation »bedeutet«. Andersherum gesehen: Die »Bedeutung« der Sprachfiguren ist die aktuell - konkrete Szene.

Wir können mithin unsere vorige Skizze im Zusammenhang der inneren Repräsentanzen mit der Realität so ergänzen:

Real-Szene
(in der Spracheinführung)

↑↓ ↑↓
Erinnerungsspur Wort

Die Skizze gibt uns, wie sie vorliegt, einen wichtigen Hinweis auf die Eigenart der »Bedeutung« des Wortes: diese ist in ihrem Kern *szenisch*. Ihr Bezug ist - um es noch einmal zu sagen - kein abgegrenzter Gegenstand, sondern ein szenisches Gefüge. Der Name bezieht sich auf die Szene, er überschreitet notwendig den engen Rahmen einer one-to-one- Denotation. Der Name ist kein ausgestanzter Punkt, sondern der »Knoten« eines Bedeutungsnetzes - als Repräsentant eines komplexen szenischen Gefüges, nicht bloß einer »Sache«.

Allerdings haben wir in unserer Skizze das Freudsche Modell unzulässig vergröbert. Freud spricht ausdrücklich von »Wortvorstellungen« in Abgrenzung von »Worten«. Das ist eine wichtige Unterscheidung, die uns darauf aufmerksam macht, daß auch beim Wort eine Wechselbeziehung zwischen »innen« und »außen« vorliegt. Der Vorstellung »innen« entspricht »außen« das gesprochene Wort, das das Ohr des Hörers erreicht (später das geschriebene Wort, das gedruckte Wort usw.). Bei der Spracheinführung ist die Notwendigkeit des gestisch - lautlichen Wechselverhältnisses zwischen »drinnen« und »draußen« evident. Ob Laut oder Geste, die innere Verknüpfung von Erinnerungsspur und Wortvorstellung gelingt nicht ohne ein äußeres Zeichen. Und auch später haben diese Zeichen eine unverzichtbare Funktion. Zumindest die Mitteilungsfunktion bleibt davon abhängig, daß ein Lautkomplex, ein gestischer Komplex, ein Schriftkomplex oder dergleichen in der Realität als *Bedeutungsträger* fungiert.

Fassen wir unsere kritische Freud - Exegese (der Konstitution des Bewußtseins aus der Einheit von »Sachvorstellung plus

Wortvorstellung«) zusammen in der modifizierten Feststellung: Bewußtsein entsteht aus der Verknüpfung von szenischen Erinnerungsspuren mit hinzugefügten Wortvorstellungen. Diese Einheit, die wir »sprachsymbolische Interaktionsform« nennen wollen, hängt an beiden Enden mit der Realität zusammen: über die Erinnerungsspuren mit der zugehörigen Szene und über die Wortvorstellungen mit deren Bedeutungsträger. Ergänzen wir deshalb unsere Skizze:

(Realität:)	Szene	Wort-Bedeutungsträger
	↑↓	↑↓
(Persönlichkeits- struktur:	Erinnerungsspur (Interaktionsform)	________Wortvorstellung

└──────────── ────────────┘
∨
sprachsymbolische Interaktionsform

Nun mag sich in einem vorsichtigen Leser der Verdacht regen, unsere Freud - Interpretation überlaste die eine schmale Zitatstelle. Der Nachweis einer breiteren Übereinstimmung, ja, einer zwingenden Übereinstimmung mit der Freudschen Psychoanalyse in ihrer noch nicht positivistisch verkürzten Gestalt wäre zu führen, muß hier aber unterbleiben. (Und erst recht muß unerörtert bleiben, weshalb eine kritisch - sozialwissenschaftliche Theorie der Subjektkonstitution sich nur so mit den psychoanalytischen Einsichten verbinden läßt.) Wohl aber soll auf die Herkunft der Formel »Wortvorstellung plus Sachvorstellung« in weitläufigeren Freudschen Überlegungen verwiesen werden, obwohl Freud selbst an dieser Stelle die Abkunft aus seiner vorpsychoanalytischen Aphasie Studie (1891) verschweigt. Der Rückgriff auf diese aufschlußreiche Arbeit macht nicht nur die Freud - Formel durchsichtiger und gewichtiger, er stützt auch unsere Auslegung.

Zunächst ist daran zu erinnern, daß sich jene Arbeit gegen die herrschende Aphasielehre richtete, vor allem gegen die seit

Broca geltende »Lokalisationslehre« und deren Modifikationen bei Wernicke und weiteren Nachfolgern. Die Studie wendet sich gegen die strikte Bindung der verschiedenen Sprachstörungen an die Läsion umschriebener Hirnzentren und ihrer Verbindungsbahnen. Freud verwirft den »Morphologismus« der Lokalisationstheorie zugunsten einer funktionellen Begründung des Schadens, zugunsten der Annahme einer Störung des Assoziationszusammenhanges. Was »Assoziationen« hier konkret meint, muß beachtet werden: Holen wir uns aus der folgenden Textstelle Auskunft:

> »Das Wort ist also eine complexe, aus den angeführten Bildern bestehende Vorstellung oder, anders ausgedrückt, dem Wort entspricht ein verwickelter Associationsvorgang, den die aufgeführten Elemente visueller, akustischer und kinästhetischer Herkunft miteinander eingehen.

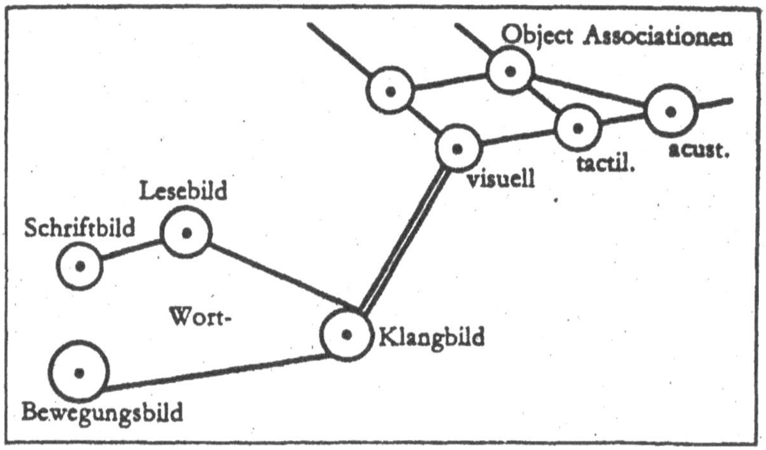

Psychologisches Schema der Wortvorstellung

Die Wortvorstellung erscheint als ein abgeschlossener Vorstellungscomplex, die Objectvorstellung dagegen als ein offener. Die Wortvorstellung ist nicht von allen ihren Bestandtheilen, sondern bloß vom Klangbild her mit der Objectvorstellung verknüpft. Unter den Objectassociationen sind es die visuellen, welche das Object in ähnlicher Weise vertreten, wie das Klangbild das Wort vertritt. Die Verbindungen des Wortklangbildes mit anderen Objectassociationen als den visuellen sind nicht eingezeichnet« (Freud, 1891, S. 79).

Kein Zweifel, der Begriff »Assoziationsvorgang« sprengt in seinem genauen Gebrauch die Vergegenständlichung des »Objekts« in zweierlei Hinsicht: die Assoziationen lassen sich weder der Subjekt- noch der Objektseite zuschlagen. Erkenntnissubjekt und Erfahrungsgegenstand sind hier nicht einander entgegen- und voneinander abgesetzt. Und Erfahrungszusammenhänge bilden insgesamt ein Gefüge von Erinnerungsspuren. Aus diesen Sachverhalten aber folgt, daß sich die Erinnerungsspuren nicht in die ausgestanzte Form eines geschlossenen Gegenstandes pressen lassen. Freud deutet das selbst an, wenn er folgendermaßen fortfährt:

> »Das Wort verlangt aber seine Bedeutung durch die Verknüpfung mit der >Objectvorstellung<, wenigstens wenn wir unsere Betrachtung auf Substantiva beschränken. Die Objectvorstellung selbst ist wiederum ein Associationscomplex aus den verschiedenartigsten visuellen, akustischen, taktilen, kinästetischen und anderen Vorstellungen. Wir entnehmen der Philosophie, daß die Objectvorstellung außerdem nichts Anderes enthält, daß der Anschein eines >Dinges<, für dessen verschiedene >Eigenschaften< jene Sinneseindrücke sprechen, nur dadurch zu Stande kommt, dass wir bei der Aufzählung der Sinneseindrücke, die wir von einem Gegenstande erhalten haben, noch die Möglichkeit einer großen Reihe neuer Eindrücke in derselben Associationskette hinzu nehmen (J. S. Mill). Die Objectvorstellung erscheint uns also nicht als eine abgeschlossene, kaum als eine abschließbare, während die Wortvorstellung uns als etwas Abgeschlossenes, wenngleich der Erweiterung Fähiges erscheint.
>
> Die Behauptung, die wir auf Grund der Pathologie der Sprachstörungen nun aufstellen müssen, geht dahin, daß

> die Wortvorstellung mit ihrem sensibeln Ende (vermittelst der Klangbilder) an die Objectvorstellung geknüpft ist« (a. a. 0., S. 79 f.).

Nicht nur ist vom »*Anschein*« eines »Dinges ..., der zustande kommt« (meine Hervorhebung, A. L.) die Rede, sondern jede Sammlung sinnlicher Erfahrung wird ausdrücklich als »unabgeschlossene«, ja, »kaum abschließbare« bezeichnet. Zögern wir deshalb nicht länger hervorzuheben, daß hier schon der Sachverhalt, der unter den Bezeichnungen Objektvorstellungen oder Sachvorstellungen firmiert, in der Richtung ausgelegt ist, in der wir ihn aufgenommen haben, nämlich als Niederschlag von Erfahrungen, und zwar als Niederschlag von Interaktionserfahrungen und d. h. als Gefüge von Interaktionsformen. »Objektassoziationen«, dieser Begriff durchbricht unzweideutig den Anschein eines »Dinges« und präsentiert das scheinbar Dingliche als Zusammenhang von sinnlichen Einschreibungen.

Nimmt man den gegen eine Vergegenständlichung gerichteten Impetus des Freudschen Aphasiekonzeptes hinüber in die psychoanalytischen Schriften, dann gewinnt nicht nur der Begriff »Sachvorstellung« eine neue Auslegung im Sinne des Gefüges *szenischer Erlebnis*strukturen, sondern es löst sich auch der Symbolbegriff aus seiner traditionellen, vergegenständlichenden Starre. Die Wortvorstellungen stehen den sinnlichen Erfahrungen nämlich nicht in der Abgegrenztheit von Zeichen und Bezeichnetem gegenüber. Die Wortvorstellungen bilden in sich zwar einen geschlossenen Komplex, werden aber erst in der »Verknüpfung« mit den Erlebnisspuren lebendig. Erst im Zusammenspiel *gewinnt* das Wort seine »Bedeutung«. Mein (aus ganz anderen Überlegungen stammender) Vorschlag einer Korrektur des traditionellen Symbolverständnisses liegt also auf der Linie der Freudschen Wendung in der Aphasielehre: es ist nicht die Rede von einem »stehen für«, sondern von einer Einheit. Das Wort ist nicht Symbol einer Sache, und die Wortvorstellung ist nicht Symbol einer Sachvorstellung, sondern Wortvorstellung und Erinnerungsspuren bilden zusammen erst eine *symbolische Einheit,* die ich »symbolische Interaktionsform« genannt habe, um den unabdingbaren Doppelcharakter dieses

Grundelements des Bewußtseins eindeutig und klar herauszustellen.

Wenn wir solchermaßen die Verbindung von Wortvorstellung und Erinnerungsspur und d. h. die Verbindung von Sprachfigur und Interaktionsform in der »sprachsymbolischen Interaktionsform« als Prototyp der Symbolbildung nehmen, so muß doch darauf hingewiesen werden, daß sich bei genauerem Zusehen unterhalb der sprachsymbolischen Interaktionsformen eine andere, *nicht sprachliche* Symbolschicht auffinden läßt.

Die Bildung von Bedeutungsträgern, d. h. die Symbolisierung, beginnt nämlich schon vorsprachlich und unabhängig von der Einführung von Sprache. Sie beginnt wiederum in sinnlich unmittelbaren Spielen, wie sie Freud exemplarisch vermittelt und erschlossen hat im »Garnrollenspiel« seines Enkels:

> »Das Kind war in seiner intellektuellen Entwicklung keineswegs voreilig, es sprach mit anderthalb Jahren erst wenige verständliche Worte und verfügte außerdem über mehrere bedeutungsvolle Laute, die von der Umgebung verstanden wurden. Aber es war in gutem Rapport mit den Eltern und dem einzigen Dienstmädchen und wurde wegen seines >anständigen< Charakters gelobt. Es störte die Eltern nicht zur Nachtzeit, befolgte gewissenhaft die Verbote, manche Gegenstände zu berühren und in gewisse Räume zu gehen, und vor allem anderen, es weinte nie, wenn die Mutter es für Stunden verließ, obwohl es dieser Mutter zärtlich anhing, die das Kind nicht nur selbst genährt, sondern auch ohne jede fremde Beihilfe gepflegt und betreut hatte. Dieses brave Kind zeigte nun die gelegentlich störende Gewohnheit, alle kleinen Gegenstände, deren es habhaft wurde, weit weg von sich in eine Zimmerecke, unter ein Bett usw. zu schleudern, so daß das Zusammensuchen seines Spielzeuges oft keine leichte Arbeit war. Dabei brachte es mit dem Ausdruck von Interesse und Befriedigung ein lautes, langgezogenes o-o-o-o hervor, das nach dem übereinstimmenden Urteil der Mutter und des Beobachters keine Interjektion war, sondern >Fort< bedeutete. Ich merkte endlich, daß das ein Spiel sei, und daß das Kind alle seine Spielsachen nur dazu benützte, mit ihnen >Fortsein< zu spielen. Eines

Tages machte ich dann die Beobachtung, die meine Auffassung bestätigte. Das Kind hatte eine Holzspule, die mit einem Bindfaden umwickelt war. Es fiel ihm nie ein, sie zum Beispiel am Boden hinter sich herzuziehen, also Wagen mit ihr zu spielen, sondern es warf die am Faden gehaltene Spule mit großem Geschick über den Rand seines verhängten Bettchens, so daß sie darin verschwand, sagte dazu sein bedeutungsvolles o-o-o-o und zog dann die Spule am Faden wieder aus dem Bett heraus, begrüßte aber deren Erscheinen jetzt mit einem freudigen >Da<. Das war also das komplette Spiel. Verschwinden und Wiederkommen, wovon man zumeist nur den ersten Akt zu sehen bekam, und dieser wurde für sich allein unermüdlich als Spiel wiederholt, obwohl die größere Lust unzweifelhaft dem zweiten Akt anhing« (1920, S. 11 ff.).

Das beschriebene Spiel sah Freud als kindliche Inszenierung des Fortgehens und des Wiederherbeizitierens der Mutter und damit als Schritt von der Passivität zur Aktivität, vom Dominiertwerden durch die Mutter zur Selbstverfügung:

> »es war [...] passiv, wurde vom Erlebnis betroffen und bringt sich nun in eine aktive Rolle, indem es dasselbe, trotzdem es unlustvoll war, als Spiel wiederholt.« Freuds Deutung ist, daß das Kind das Verschwinden und Wiederkommen der Mutter selbst in Szene setzte (a. a. O., S. 13).

Freud trifft damit genau den Vorgang einer ersten Symbolbildung. An anderer Stelle (Lorenzer, 1981, S. 158 ff.) habe ich diese - jedem Analytiker bekannte - Episode ausführlich auf ihre sozialisationstheoretische Bedeutung hin diskutiert. Hier will ich mich darauf beschränken, den Vorgang lediglich unserer Skizze der Symbolbildung einzufügen: Es gibt zwei Realsituationen: das »Gehen und Kommen der Mutter« einerseits und das »Verschwinden und Wiederherholen der Garnrolle« andererseits. Augenfällig ist der Unterschied: Über die Garnrolle kann das Kind selbständig verfügen, das Kommen und Gehen der Mutter hingegen ist seinem Zugriff entzogen. Augenfällig ist aber auch, wie sich die beiden Szenen »strukturell« entsprechen. Gleichgültig, wie die Verschmelzung der beiden Szenen zustande kam, führt sie im Kopf des Kindes zu der folgenden stabilen Verbindung:

(Realität:)	Szene	Szene
	↑↓	↑↓
	Kommen und Gehen der Mutter	Garnrollenspiel
(Persönlichkeits- struktur:)	Erinnerungspur (Interaktionsform)	Erinnerungsspur (Interaktionsform)

Sinnlich-symbolische Interaktionsform

Wir sehen, es liegt grundsätzlich dasselbe Verknüpfungsschema vor wie bei der Bildung sprachsymbolischer Interaktionsformen: Zwei Erlebnissituationen werden zusammengeschaltet, allerdings bestehen die »inneren« Repräsentanzen beim Garnrollenspiel *beidemale aus sensomotorischen Erinnerungsspuren* und nicht - wie bei der Sprache - aus der Kombination von »Erinnerungsspur« und »Wortvorstellung«.

Die beiden Symbolarten unterscheiden sich zunächst also darin, daß die sprachsymbolische Verknüpfung von sensomotorischen Erinnerungsspuren mit Wortvorstellungen die Situation an zwei *verschiedenen Orten* registriert. (Physiologisch betrachtet: Das senso - motorische Feld muß mit den Sprachzentren verknüpft werden, wobei die Sprachsymbolisierung den Weg von einer Hirnhälfte zur anderen zurücklegen muß - mit Konsequenzen, die Klaus Hoppe [1975, S. 9/19 ff.] verdeutlicht hat.) Die sinnlich unmittelbar gegebenen Symbole nach dem Garnrollenmodell bleiben dagegen in *ein und derselben,* nämlich der sensomotorischen Region. Stellvertreter und vertretende Erinnerungsspur stehen dabei in einem Verbund von Konnotationen. Die Engramme sind gleichartig, vielfach verknüpfbar - und damit verschieblich und »gegenseitig erreichbar«.

Das Garnrollenmodell bleibt sowenig auf die Übergangssymbolik (Garnrolle, Teddybär usw.) beschränkt wie die Sprache auf die Grundwörter bzw. Ein-Wort-Sätze. Gerade die Hoppeschen Untersuchungen machen deutlich, daß wir hier zwei verschiedene psychische Symbolorganisationen vor uns haben. Anschaulich greifbar im Gegensatz von »Sprachfiguren« und »Bildern«, extrem pointiert in der Gegenüberstellung von wissenschaftlichem Diskurs und sinnlich unmittelbar wirkenden Kunstwerken.

Wer die Eigenart und jeweilig vielgestaltige Weite der beiden Symbolgruppen arg der akzentuierten Verschiedenheit ihrer Bedeutungsträger sich verdeutlichen will, sei auf die scharfsinnig herausgearbeiteten Profile von »diskursiven Symbolen« versus »präsentativen Symbolen« bei Susanne K. Langer (1965) verwiesen.

Schon allein die Differenz der Lokalisationen macht klar, daß die Sprachsymbole unsinnlicher sind als die Symbole à la Garnrolle. Dafür aber bieten sie - dank der unbegrenzten Kombinatorik der Lautkomplexe - eine fast unerschöpfliche Fülle von Ab- und Vorbildungen menschlicher Praxisfiguren an. Die Verbindung der Wörter untereinander gestattet die Verknüpfung jeder nur denkbaren (d. h. sprachlich repräsentierten) Szene mit jeder anderen denkbaren, unabhängig von der momentanen Realsituation. Auf der Grundlage der Abbildung der Praxisfiguren im Sprachsystem können so im »Probehandeln« - wie Freud es genannt hat - Szenen zusammengestellt und durchgespielt werden, auch wenn sie nichts mit der momentanen Realsituation zu tun haben oder gar bloße Fiktionen sind. Die Systematisierung der Verhaltensrepräsentanz im Sprachsystem schenkt uns gerade durch die Distanz vor der Situationsgebundenheit die Möglichkeit von Planung und Reflexion. Sie reglementiert aber auch das Verhalten. Genauer, sie macht schon die Verhaltensentwürfe kontrollierbar, wobei die schärfste Form von Kontrolle darin besteht, die »Entwürfe«, die Erinnerungsspuren sozial anstößigen Handelns zu verdrängen, das heißt, ihnen den Zugang zum Sprachspiel, zum Probehandeln abzuschneiden. Die anstößigen Praxisformeln werden dann desymbolisiert, und das meint - dem zitierter Freudschen Modell - daß die Interaktionsspuren von den »Wortvorstellungen« abgetrennt werden, um als Sachvorstellungen (sprich: Erinnerungsspuren) allein im Ubw zu verbleiben.

Die Erinnerungsspuren, die trotz dieser Desymbolisierung ihre lebenspraktische Virulenz bewahrt haben und auf situative Reize hin anspringen, setzen sich um in unbewußtes Agieren, in leibliche Symptomatik. Freilich können auch da die ursprünglichen Interaktionsformeln nur in Kompromißformen (vgl. Freud, 1925, S.14; 1933, S. 96) zutage treten. Ja, die verpönten Erinnerungsspuren dürfen sich nicht einmal als Vorstellungsbilder äußern. Auch die Verbildlichung unterliegt dem Kompromißzwang: Im Traum, Tagtraum und in den Phantasien dürfen die unterdrückten Wünsche sich nur über die »benachbarten« Erinnerungsspuren, die unverfänglicher sind, bemerkbar machen.

Da aber geschieht etwas Interessantes: Die verbotenen Erinnerungsspuren machen sich jene Querverbindungen zunutze, die schon beim Garnrollenspiel, d. h. bei den sinnlich - unmittelbaren Symbolisierungen gebraucht wurden. Der Träumer »verschiebt« die Wunscherfüllung von der anstößigen Szene auf eine »strukturell« entsprechende, aber unanstößige - so wie das Kind das Trennungs- und Rückkehrerlebnis auf das »machbare« Garnrollenspiel verschob. Wenn auch die Gründe für das Ausweichen beide Male differieren, der Mechanismus ist derselbe: es wird dieselbe Verschiebung zwischen verwandten Engrammen in Anspruch genommen.

In mehrfacher Hinsicht freilich unterscheidet sich das Traumbild vom Garnrollenspiel. Beim Traum steht nicht *eine* Szene für die »OriginalSzene« (dem Erlebnis des Kommens und Weggehens der Mutter z. B.), vielmehr sammelt die Verschiebung im Netz der Erinnerungsspuren allerlei szenische Formeln zu mehr oder weniger widerspruchsvollen Komplexen zusammen. Das Resultat ist jenes dramatische Konglomerat, das uns der Patient erzählt. Und für gewöhnlich unterbleibt beim Traum die Umsetzung in einen realen bildlichen Bedeutungsträger. Der Traum muß mitteilbar gemacht werden über eine Verbindung zu Wortvorstellungen und Wörtern und d. h. über die »*Traumerzählung*«. Es kommt also nun doch zu einer Verbindung von Erinnerungsspuren und »Wortvorstellungen«, freilich nicht zur Verbindung zwischen »eigentlicher« Erinnerungsspur und »zugehöriger« Wortvorstellung, sondern von ersatzweise dazwischengeschobener und deren Namen. In unsere Skizze läßt sich das so einzeichnen:

Realität	latenter Inhalt verbotene Realszene	manifester Inhalt Traumerzählung
	↑↓	↑↓
Persönlichkeitsstruktur:	verdrängte Erinnerungsspur - Erinnerungsspur -	Erinnerungsspur Wortvorstellung

Kehren wir nochmals zu der Freudschen Aussage über die Traumdeutung zurück. Beachten wir, daß als via regia zur Kenntnis des Unbewußten die Traum*deutung* genannt wird, also ausdrücklich auf eine Interpretationsarbeit abgehoben wird, deren Arbeitsweg durch alle »stellvertretenden« Erinnerungsspuren hindurch sich von »Szene« zu »Szene« voranzutasten hat. Dieser Weg diktiert notwendigerweise dem psychoanalytischen Verstehen seine Eigenart: Die Interpretation darf sich nicht in der logischen Ordnung der »Wortvorstellung« verlieren, sie muß sich durch Sprachzusammenhänge hindurch immerfort darauf ausrichten, wofür die Erzählfiguren stehen: auf Erinnerungsspuren, d. h. auf Szenen. Die Interpretation muß sich auch der Verlockung des Augenscheins, der »psychologischen« Ausrichtung auf das Verhalten isolierter Akteure entziehen und den Blick auf das »Verhältnis« zwischen diesen Akteuren richten. Auch hier: sie muß szenisch vorgehen. Beide Male geriete das psychoanalytische Verstehen sonst in den Sog der Sprachordnung und das heißt des Bewußtseins, es verlöre sein Ziel, das Aufspüren unbewußter szenischer Arrangements, aus dem Auge. So wie die Abstinenz vom logischen Verstellen den Ausweg aus der Spielebene der Sprachfiguren zu deren fundamentum in re, nämlich den Formen der Lebenspraxis eröffnet, so vermeidet die Abstinenz von psychologischem Verstehen eine bloße Registrierung des Verhaltens isolierter Individuen. Das szenische Verstehen tastet sich demgegenüber zielstrebig durch die Szenen, auf die sich die Traumerzählung (als deren »Wort« und »Wortvorstellung«) unmittelbar bezieht, hindurch zu den »latenten«, tiefer verborgenen Erinnerungsspuren bis zum »Originalvorfall« hin (der ja sein Unwesen gleichfalls als »Erinnerungsspur« treibt). Von der Traumerzählung bis zum unbewußten Originalerlebnis führt die via regia durch Szenen hindurch. Das psychoanalytische Erkennen ist das Verstehen von Szenen.

Soweit der Traum. Aber haben wir uns nicht allzusehr von der gängigen psychoanalytischen Praxis entfernt? Bei der richtigen Einschätzung des Freud - Zitats von der via regia müssen wir uns doch wohl darüber klar sein, daß die Erkundung des Unbewußten zwar nach wie vor die zentrale Aufgabe der Psychoanalyse ist, aber die Traumdeutung nur noch eine untergeordnete Rolle spielt.

Hat der Freud - Satz demnach seine Gültigkeit verloren? Ich behaupte: nein, im Gegenteil. Leistung und Funktion von Träumen, Traumerzählung und Traumdeutung sind aufgegangen im Gesamt des Zusammenspiels von freier Assoziation des Patienten und Verstehen des Analytikers in gleichschwebender Aufmerksamkeit, eben weil die Psychoanalytiker gelernt haben, jedes Material nach dem Vorbild der Traumdeutung zu verstehen. Und indem die Traumdeutung ihre exklusive Rolle als via regia eingebüßt hat, hat sie sich als Paradigma des Umgangs mit den Mitteilungen des Patienten insgesamt etabliert. Während bei der Traumdeutung jedoch der »Bildcharakter« des Traumes (d. h. seine Zugehörigkeit zum sinnlich unmittelbaren Symbolsystem) das szenisch - dramatische Verhältnis von selbst nahelegt, muß sich die szenische Auffassungsweise bei der Patientenmitteilung unablässig gegen die vergegenständlichende

Betrachtungsweise durchsetzen. Zweifellos liegt eine der Hauptaufgaben jeder psychoanalytischen Ausbildung (aber nicht nur während der Ausbildungsperiode junger Analytiker, sondern lebenslang) in der Freisetzung des szenischen Verstehens gegen die Übermacht des vergegenständlichenden Denkens. Vom Alltagsbewußtsein bis in die feineren Verästelungen des wissenschaftlichen Denkens wird unser Blick unablässig von den zwischenmenschlichen »Verhältnissen« auf »Gegenstands«panoramen abgelenkt - und auf eine apparatistische Vergegenständlichung in Persönlichkeits»instanzen«.

Freilich trifft diese Blicktrübung mehr die Selbsteinschätzung von Theorie und Praxis der Psychoanalyse, und sie trifft die psychoanalytische Theorie stärker als die psychoanalytische Praxis. In der psychoanalytischen Praxis nämlich hat die »Natur des Gegenstandes« - wie in dem einen Freud - Zitat hervorgehoben - die Ausrichtung aufs Erzählerisch - Szenische immer schon gefordert. Genau genommen ist die Schärfung des »klinischen« Blicks fürs Szenische noch älter als die Psychoanalyse. Deren Vorläufer waren zunächst Analysen traumatischer Reaktionen. Das, was auf dem Grunde des Leidens aufgefunden und gesucht wurde, waren traumatische »Situationen«, wobei die entscheidende Entdeckung Breuers darin bestand, zu erkennen, daß das Zum - Verständnis - Bringen der Schlüssel*szene* nicht nur diagnostisch aufschlußreich, sondern auch therapeutisch wirksam war.

Und auch beim großen, die neue Wissenschaft so gründlich verändernden Fund der »Traumdeutung« schiebt sich die Einsicht ins Situativ - Dramatische bis in einzelne Formulierungen vor, so schon in der Vordiskussion:

> »Der Traum denkt also vorwiegend in visuellen Bildern, aber doch nicht ausschließlich. Er arbeitet auch mit Gehörsbildern und in geringerem Ausmaß mit den Eindrücken der anderen Sinne [...] aus diesen Bildern gestaltet der Traum seine Situation, er stellt etwas als gegenwärtig dar, er *dramatisiert* eine Idee, wie Spitta [. . .] sich ausdrückt« (Freud, 1900, S. 52 f.).

Zumindest Andeutungen für diese Blickschärfung finden sich auf jeder Station der psychoanalytischen Wissenschaftsgeschichte. Um eine nächste zu erwähnen: Je mehr sich die Psychoanalyse entfaltete, desto deutlicher profilierte sie sich als Konfliktlehre, als Beziehungspsychologie. Konfliktuöse Beziehungen aber kulminieren *in* Szenen, verdeutlichen sich *als* Szenen. Nennt man die Psychoanalyse eine Beziehungspsychologie, dann muß man die Modalitäten ihres Verstehens in einem szenischen Verstehen sehen.

Und eine weitere Station: zur wohl wichtigsten Einsicht des Selbstverständnisses der Psychoanalyse geriet im Laufe der Jahrzehnte die Erkenntnis, daß sich der psychoanalytische Prozeß um die Achse von Übertragung und Gegenübertragung dreht. Das aber heißt: Angelpunkt des psychoanalytischen Erkennens ist das Verhältnis von Analytiker und Analysand. Übertragung und Gegenübertragung bilden einen geschlossenen Situationszusammenhang, bilden eine zusammenhängende Szenerie. Auch da ist das Verstehen als szenisches unausweichlich.

Die Dominanz der »vergegenständlichenden« Betrachtungsweise ist in den letzten fünfzig Jahren mehr und mehr als Kernpunkt der »Krisis der europäischen Wissenschaften« (Husserl, 1936) und als Leittopos unserer Alltagsverblendung herausgestellt worden. Angesichts der allgemeinen Verfallenheit ans vergegenständlichende Denken ist es nicht verwunderlich, daß sich die Einsicht in den szenischen Charakter des psychoanalytischen Verstehens erst voll ausbilden konnte, als die zentrale Bedeutsamkeit des Zusammenspiels in »Übertragung und Gegenübertragung« offen zutage trat und damit das situative Grundmoment der Psychoanalyse unabweisbar sich darstellte.

Weshalb es dann freilich auch nicht erstaunen mag, daß das Modell des »szenischen Verstehens« zugleich in zwei ziemlich weit auseinanderliegenden Untersuchungsfeldern auftauchte, nämlich in Argelanders klinischer Analyse und in meiner wissenschaftstheoretisch-metatheoretischen Untersuchung der psychoanalytischen Operationsform. Zwar decken sich die Begriffe beide Male nicht ganz. Obgleich der Unterschied hier keine Rolle spielt (letzten Endes handelt es sich um eine Ergänzung), soll er doch kurz skizziert werden: Argelander spricht vom szenischen Verstehen als einer »Funktion des *Ichs*«, das die szenische Erfahrung konstruiert. Bei mir führte die Bestimmung des psychoanalytischen Erkenntnisgegenstandes zur Begründung der szenischen Struktur des *Es*: Das Es wird aus szenischen Beziehungsformeln (in einer Synthesis von Natur und gesellschaftlicher Praxisform) gebildet.

Mit dem Aufweis, daß das psychoanalytische Vorgehen im Ineinander von Verstehen und Deuten sich in seiner szenischen Eigenart dem Unbewußten anschmiegt, haben wir freilich noch nicht das Rätsel gelöst, wie solchem Verstehen der Sprung über die Trennungslinie zum sprachlos Unverständlichen gelingen kann, wie also die Hartmannsche These vom Unbewußten als einer Grenze fürs Verstehen aus den Angeln zu heben ist.

Ich zögere nicht zu sagen, daß dieses Grundrätsel sich nur durch eine Anerkennung des szenischen Charakters des psychoanalytischen Vorgehens *über das Verstehen hinaus* entschleiern läßt. Gehen wir von dem eben erwähnten Sachverhalt aus, daß das, worauf der Analytiker unablässig blickt, das »Verhältnis des Patienten zum Analytiker« ist und daß sich in diesem Verhältnis die Szenen der Realität draußen und die Szenen der Vergangenheit unablässig spiegeln. Der Analytiker ist niemals »außerhalb« der Erzählungen des Patienten. Nicht weniger entscheidend kommt hinzu, daß dieses Verhältnis vom Psychoanalytiker *real* eingenommen wird. Der Analytiker steht nicht in beschaulicher Distanz zum Patienten, um sich - wie aus einer Theaterloge - dessen Drama anzusehen. Er muß sich aufs Spiel mit dem Patienten einlassen, und das heißt, er muß selbst die Bühne betreten. Er nimmt real am Spiel teil. Dieser Sachverhalt hat aber eine entscheidende Konsequenz: Das Verhältnis des Analytikers zum Analysanden wird nicht vom Verstehen her über eine distanzierte Analyse des Mitteilungstextes begründet, sondern umgekehrt gründet das Verstehen vor und unterhalb von allen Verstehensprozessen selbst auf der lebenspraktisch unmittelbaren Teilnahme des Analytikers am Spiel des Patienten. Das analytische Verstehen ist deshalb genau besehen, keine

*Text*analyse, sondern Artikulation des eigenen Verhältnisses zum (Mitteilungs-)Text des Patienten. Nicht das Verstehen bildet das Zusammenspiel, sondern die Wirklichkeit des szenischen Zusammenspiels konstitutiert das Verstehen (vgl. Lorenzer, 1974). In »Sprachzerstörung und Rekonstruktion« (1970) habe ich diesen Schritt übers Verstehen hinaus noch sehr zurückhaltend als »unbewußte Teilhabe des Analytikers am Patienten« bezeichnet. In den späteren Publikationen habe ich der Bedeutung dieser Teilhabe besser Rechnung getragen in der These, daß die Basis der Analyse, aus der alles Verstehen überhaupt erwächst, das *unmittelbare Zusammenspiel*, das Sich-Einlassen aufs Spiel des Patienten ist. Im Sich-Einlassen auf das *Spiel* des Patienten (der dem Analytiker eine Rolle in seinem Drama zuweist) kommt der Psychoanalytiker auf den Boden der unbewußten, sprachexkommunizierten Wirkungsschicht. Dieses unmittelbare *Zusammenspiel* muß der Analytiker erreichen, nicht um agierend in einer folie à deux zu versinken, sondern um aus dem teilhabend-teilnehmenden Zusammenspiel, aus der eigenen Miterfahrung dieses Spiels die verdrängten und das heißt die von Sprache abgespaltenen, einmaterialisierten Verhaltensformeln wieder mit dem Gefüge der dazu »gehörigen« Namen verbinden zu können.

Wenn Freud davon sprach, daß der Analytiker mit dem Analysanden über sein Unbewußtes korrespondiert, so hat er genau dieses sprachlose Zusammenspiel angesprochen, das sich - wie könnte es anders sein - in intimen Szenen abspielt.

Ich fasse meine Überlegungen in drei Thesen zusammen.

1. Die Analyse der Mitteilungen des Patienten entspricht der Traumdeutung. Psychoanalytiker haben zunehmend gelernt, alle Mitteilungen nach dem Modell des Traumes zu entschlüsseln.

2. Die Psychoanalyse hat die beiden vordem bekannten Verstehensmodi, nämlich »logisches« versus »psychologisches« Verstehen, durch einen dritten Verstehensmodus ergänzt, nämlich das *szenische* Verstehen - nicht weil sie als einzige Wissenschaft sich dieser Verstehensform Bedie-

nen würde, sondern weil in ihrer Technik diese Form zentral steht und in voller Reinheit verwirklicht ist.

3. Das szenische Verstehen steht zentral, weil es das inszenierte Zusammenspiel zwischen Analytiker und Analysand aufgreifen und beim Namen nennen kann. Der Weg vom »szenischen Zusammenspiel« über das »Bildverstehen« zum »Benennen der Szene« ist die Zentralachse der psychoanalytischen Technik. Indem das szenische Spiel gespielt wird, stellt sich die Inszenierung auf drei Ebenen strukturell übereinstimmend ein: im szenischen Interagieren auf der tiefsten, nicht sprachlichen Ebene, im szenischen Verstehen auf der Ebene der Traumerzählung und, auf der höchsten Ebene, im Beim-Namen-Nennen der Szene. *Das szenische Moment verbindet das sprachlose Zusammenspiel mit den Bilddarstellungen und diese mit dem »Beim-Namen-Nennen«*. Es stellt die vertikale Verknüpfung der Tiefe mit dem Bewußtsein her - quer durch alle Barrieren, auch jener, an der - so ja schon Hartmann - ein bloß intellektueller Verstehenszugriff scheitert. Die Resymbolisierung und das heißt das Bewusstwerden des Unbewußten verläuft auf dieser Linie.

Summary

Language, life praxis, and scenic understanding in psychoanalytic therapy. - Freud stated that the repressed unconscious results from the separation of object representations from word representations. Lorenzer strips the seeming objectivism from this terminology by invoking other of Freud's texts. The object representations are memory traces of (as yet) nonverbalized interactions, that is, precipitates of experienced actions and models for future actions. By participating in the patient's game, the therapist can employ his scenic understanding to deal with all the presented material in analogy to the interpretation of dreams. Scenic understanding is, therefore, the royal road to the unconscious.

BIBLIOGRAPHIE

Freud, S. (1891): Zur Auffassung der Aphasien. Leipzig, Wien.

- (1895): Studien über Hysterie. GW I, 75-312.

- (1900): Die Traumdeutung. GW II/III, 1-642.

- (1915): Das Unbewußte. GW X, 263-303.

- (1916/17): Vorlesungen zur Einführung in die Psychoanalyse. GW XI.

- (1920): Jenseits des Lustprinzips. GW XIII, 1-69.

- (1921): Massenpsychologie und Ich-Analyse. GW XIII, 71-161.

- (1925): Die Verneinung. GW XIV, 9-15.

- (1926): Hemmung, Symptom und Angst. GW XIV, 111-205.

- (1933): Neue Folge der Vorlesungen zur Einführung in die Psychoanalyse. GW XV. Hartmann, H. (1927): Die Grundlagen der Psychoanalyse. Leipzig.

Hoppe, K. (1975): Die Trennung der Gehirnhälften. Ihre Bedeutung für die Psychoanalyse. Psyche, 29, 919-940.

Husserl, E. (1936): Die Krise der europäischen Wissenschaften und die transzendentale Phänomenologie. Hamburg (Meiner) 1977.

Langer, S. K. (1965): Philosophie auf neuem Wege. Frankfurt a. M.

Lorenzer, A. (1970): Sprachzerstörung und Rekonstruktion. Frankfurt a. M. (Suhrkamp).

- (1974): Die Wahrheit der psychoanalytischen Erkenntnis. Frankfurt a. M. (Suhrkamp).

- (1981): Das Konzil der Buchhalter. Frankfurt a. M. (EVA).

ALFRED LORENZER

Die Kontroverse Bloch-Freud. Eine versäumte Auseinandersetzung zwischen Psychoanalyse und Historischem Materialismus

Unter dem Stichwort der »eingeschüchterten Psychoanalyse« hat Helmut Dahmer (1983 a) im Panorama der Berührungsängste der Psychoanalyse vor der gesellschaftlichen Wirklichkeit erneut auch auf die so sträflich vernachlässigte Auseinandersetzung zwischen Psychoanalyse und kritischer Gesellschaftstheorie hingewiesen. An anderer Stelle (Dahmer, 1983 b) hat er die Notwendigkeit unterstrichen, solche Auseinandersetzungen von der tiefsten, grundlegenden Theorieschicht her aufzurollen, wobei es sich versteht, daß die Positionen beidseitig in Frage gestellt, in Bewegung gebracht werden müssen.

Ich möchte das, an einem Beispiel zeigen, an der von Ernst Bloch entfalteten Kontroverse mit der Psychoanalyse. Man könnte diese Kontroverse auch eine unterbliebene Begegnung von Bloch und Freud und - angesichts der fehlenden Resonanz seitens der Psychoanalytiker - ein Dokument der Selbstghettoisierung der Psychoanalyse nennen.

Es ist gewiß nicht zu kühn zu behaupten, daß Blochs Hauptwerk *Das Prinzip Hoffnung* auf diese Begegnung hin angelegt ist. Beginnt doch schon das Vorwort mit den Sätzen »Wer sind wir? Wo kommen wir her? Wohin gehen wir? Was erwarten wir? Was erwartet uns?« (Bloch, 1953-1959).

Gewiß, keine der Arbeiten Freuds könnte so anfangen, aber alle ließen sich unter diese Frage stellen. Deutlicher noch heißt es wenig später bei Bloch:

> »Der Haupttrieb Hunger muß hier herausgearbeitet werden, wie er zur verneinten Entbehrung, also zum wichtigsten Erwartungsaffekt: Hoffnung weitergeht. Ein Hauptgeschäft ist in diesem Teil die *Entdeckung und unverwechselbare Notierung des >Noch-Nicht-Bewußten<*. Das ist: eines relativ noch Unbewußten nach seiner anderen, vorwärts, nicht rückwärts gelegenen Seite. Nach der Seite

---

Der Aufsatz ist zuerst erschienen in: Lohmann, Hans-Martin (Hg.) (1984): Die Psychoanalyse auf der Couch. S. 60-74. Campus Verlag, Frankfurt/New York.

> eines heraufdämmernd Neuen, nie bisher bewußt Gewesenen, nicht etwa eines Vergessenen, als gewesen Erinnerbaren, verdrängt oder archaisch ins Unterbewußtsein Gesunkenen. Von Leibnizens Entdeckung des Unterbewußten über die romantische Psychologie der Nacht und Urvergangenheit bis zur Psycho-Analyse Freuds war bisher wesentlich nur die >Dämmerung nach rückwärts< bezeichnet und untersucht worden. Man glaubte entdeckt zu haben: alles Gegenwärtige ist mit Gedächtnis beladen, mit Vergangenheit im Keller des Nicht-Mehr-Bewußten. Man hat nicht entdeckt: es gibt im Gegenwärtigen, ja im Erinnerten selber einen Auftrieb und eine Abgebrochenheit, ein Brüten und eine Vorwegnahme von Noch-Nicht-Gewordenem; und dieses Abgebrochen-Angebrochene geschieht nicht im Keller des Bewußtseins, sondern an seiner Front. So geht es hier um die psychischen Vorgänge des Heraufkommens, wie sie vor allem für die Jugend, für Wendezeiten, für die Abenteuer der Produktivität so charakteristisch sind, für alle Phänomene mithin, worin Ungewordenes steckt und sich artikulieren will« (ebd., S.10).

Der aktuelle Gegenspieler wird beim Namen genannt: Freud. Und so verwundert es nicht, daß der erste Teil des Blochschen Werkes unter dem Titel »Kleine Tagträume« die Auseinandersetzung fast »freudianisch« so aufnimmt: »Ich rege mich. Von früh auf sucht man. Ist ganz und gar begehrlich. Schreit. Hat nicht, was man will.« Spielen die »Kleinen Tagträume« nur präludierend mit der Freudschen Thematik, so wird der zweite, »Grundlegung« genannte Teil schon deutlicher. Bereits im ersten Satz heißt es: »Wer treibt in uns an? Wir regen uns, sind warm und scharf. Was lebt, ist erregt, und zwar zuerst durch sich selbst. Es atmet, solange es ist, und reizt uns auf. Um immer wieder zu kochen, und zwar von unten her.« Weiter heißt es im zweiten Abschnitt:

> »Aus dem bloßen Innern greift etwas hervor. Das Drängen äußert sich *zunächst* als >Streben<, begehrend irgendwohin. Wird das Streben *gefühlt,* so ist es >Sehnen<, der einzige bei allen Menschen ehrliche Zustand. Das Sehnen selber ist nicht weniger vage und all-

> gemein als der Drang, doch es ist deutlich wenigstens nach außen gerichtet« (ebd., S. 49).

Noch näher ans Freudsche Thema rückt Bloch mit dem Zusammenhang von Leidenschaft und Leiblichkeit:

> »Der Trieb muß jemanden hinter sich haben. Wer ist aber der Reizbare, der sucht? Wer bewegt sich in der lebendigen Bewegung, wer treibt im Tier, wer wünscht im Menschen? Es geht hier sicher nicht überall ichhaft her; denn ein Trieb >überkommt< uns. Das bedeutet aber nicht, daß überhaupt kein einzelnes, in sich geschlossenes Sein da wäre, das die Triebe trägt, spürt und durch ihre Befriedigung Unlustgefühle abführt. Sondern dies Sein ist zunächst der lebendige einzelne Körper; er als reizbewegter, reizüberfüllter hat die Triebe, sie schweben nicht allgemein. Und frißt das Tier, so wird sein eigener Leib befriedigt, sonst nichts« (ebd., S. 52).

Und auch darin hält sich Bloch eng an die Freudsche Auffassung vom Trieb als einem inhaltlich bestimmten Erleben, wenn er schreibt:

> »Es wird ein >Suchen<, das hat und nicht hat, was es sucht, wird ein gezieltes Treiben... das Ziel also, worauf der Trieb geht, ist zugleich dasjenige, woran er... gestillt wird. Das Tier bezieht sich auf das Ziel in der Art seiner jeweiligen Begierde selbst, der Mensch malt es sich auch noch aus« (ebd., S. 50).

Mit diesen Aussagen ist freilich der Punkt der nächsten Nähe zu Freud eingenommen. Nun setzt die Distanzierung ein. So heißt es zwar:

> »So bleibt hier der geschlechtliche Trieb ... immerhin grundlegend. Das anständige Mädchen wird ihn bloß nicht wahrhaben wollen, das sittsame Ich unterdrückt den Sexus. Dadurch gärt und drängt er aber erst recht, er kann sich im vorhandenen oder erlaubten Leben nicht abreagieren. Der Sexus und seine Wünsche werden von den bürgerlichen Menschen, wie Freud sie vorfand, in ein dickes Gewebe von Verschwiegenheit, von Heuchelei und Lüge eingehüllt. Denn eben: die Libido unterliegt im Individuum selbst, nicht nur im gesellschaftlichen Cant, einer moralisierenden Zensur, die unser wahres Wesen

> nicht über die Schwelle des Bewußtseins treten läßt. Diese Zensur riegelt ab, sie verdrängt den sexuellen Antrieb, sie verleumdet ihn, sobald die Verdrängung nicht ganz gelingt, sie sperrt sich gegen seine Erkenntnis« (ebd., S. 59).

Aber dann geht es gleich weiter:

> »Hierbei bleibt für Freud die Libido wie der einzige Grundtrieb; so auch der wesentliche Inhalt des menschlichen Daseins; denn das Ich ist, wie bemerkt, doch nur Kontrollinstanz. Es prüft das von der Libido eingebrachte Gepäck, es zwingt die Libido, sich zu verstellen, gegebenenfalls sich ins Geistige zu >sublimieren<, aber das Ich selber ist unproduktiv. Indem die moralisierende Zensur verdrängt, beseitigt sie allerdings das Verdrängte nur an der Oberfläche. Die unerfüllten, gar totgeschwiegenen Wünsche sinken im Vorgang der *Verdrängung* lediglich ins mehr oder minder Unbewußte herab. Dort faulen sie, bilden neurotische Spannungen und Komplexe, ohne daß dem Leidenden die Ursache bekannt wäre« (ebd.).

Schärfer noch als die Libidotheorie, also Freuds Auffassung von der zentralen Bedeutung der Libido für das menschliche Erleben und die menschliche Lebensgestaltung, kritisiert Bloch das Freudsche Verständnis vom Unbewußten. So schreibt er:

> »Jeder Traum ist bei Freud die Erfüllung einer unbewußten Wunschphantasie ... jenes Unbewußten, das Freud statuiert und das - außer der Groteske seiner wesentlich nur libidinösen Inhalte - wesentlich ein Produkt oder zumindest ein Zufluchtsort der Verdrängung ist... Das Unbewußte ist bei Freud darum eines, in das lediglich etwas zurückgeschoben werden kann. Oder das bestenfalls, als Es, das Bewußtsein wie einen abgeschlossenen Ring umgibt: ein stammesgeschichtliches Erbwesen rundherum um den bewußten Menschen... Das Unbewußte der Psychoanalyse ist mithin, wie erkennbar, *niemals ein Noch-Nicht-Bewußtes,* ein Element der Progressionen: es besteht vielmehr aus Regressionen. Demgemäß macht auch das Bewußtwerden dieses Unbewußten nur Gewesenes kenntlich; das heißt: im *Freudschen Unbewußtsein ist nichts Neues. Das* wurde noch klarer, als C. G.

> Jung, der psychoanalytische Faschist, die Libido und ihre unbewußten Inhalte gänzlich auf Urzeitliches reduzierte« (ebd., S. 61).

Das ist ein scharfer Angriff. Wer die Psychoanalyse auch nur oberflächlich kennt, weiß, daß die Libidotheorie und die Lehre vom Unbewußten den Kern des Freudschen Persönlichkeitsverständnisses bilden. Zugleich weist die Formel vom Unbewußten als einem »Noch-Nicht-Bewußten« direkt auf die Mitte des Blochschen Denkens, auf konkrete Utopie, aufs Prinzip Hoffnung. Die Kontroverse zwischen Bloch und Freud berührt also beide Gedankengebäude zentral. Sie konfrontiert Psychoanalyse und Historischen Materialismus fundamental.

Freilich müssen zwei Annahmen Blochs vorab zurechtgerückt werden. Zum einen: Sexualität, Libido, Sexualtrieb werden von Bloch in einer Weise konkretistisch mißverstanden, die Freud unablässig richtigzustellen sich bemühte. Das, was Freud »Psychosexualität« nannte, ist nicht identisch mit Sexualität im Gemeinverstand, also mit dem »Liebesgenuß der Erwachsenen«, dessen begrenzte Lebenswichtigkeit Bloch gegen die durchschlagende des Hungers ausspielt in dem Satz: »Denn ein Mensch ohne Nahrung kommt um, während sich ohne Liebesgenuß immerhin eine Weile leben läßt. « Die Frontstellung Blochs gegen Freud in Sachen Hunger versus Libido ist mit der Korrektur des Blochschen Fehlverständnisses jedoch keineswegs entschärft. Bloch schreibt wiederholt und unzweideutig:

> »Sollen aber überhaupt Grundtriebe ausgezeichnet werden, so werden sie beim Menschen nach den einzelnen Klassen und Zeiten materiell weitgehend variiert sein, folglich auch intentional oder als Triebrichtung. Und am wichtigsten ist: die psychoanalytisch jeweils betonten Grundtriebe sind gar keine im strengen Sinne, sie sind zu partial. Sie schlagen nicht so eindeutig durch wie etwa - der Hunger, der *psychoanalytisch überall ausgelassene;* sie sind nicht so letzte Instanz wie der schlichte Trieb, sich am Leben zu erhalten. Dieser Trieb ist der Selbsterhaltungstrieb, er allein dürfte so grundlegend sein - bei allem Wechsel -, daß er die anderen Triebe überhaupt erst ins Werk setzt« (ebd., S. 71).

Wir werden auf diese Gegenüberstellung von Hunger und Libido noch zurückkommen.

Auch die andere Attacke gegen Freud, Blochs Angriff auf Freuds Begriff vom Unbewußten, schießt übers Ziel hinaus und das heißt: daneben. Die Gleichsetzung von Unbewußtem mit Verdrängtem nimmt nur die ältere, die topische Formulierung des Begriffs zur Kenntnis, nicht aber jene spätere, weitergefaßte, derzufolge das Verdrängte nur ein kleiner Anteil des Es ist. Dieser späteren, weiteren Fassung zufolge ist das System Unbewußtes, das Freud dann Es nannte, das breite Fundament der Persönlichkeit, aus dem das Ich als kleine Knospe herauswächst. Freilich ist dieses Es im Freudschen Selbstverständnis archaisch, phylogenetisches Erbe. Und so hat Bloch gegen Freud recht, wenn er sagt:

> »Bei Jung wird das Unbewußte begrüßt und völlig im Archaisch-Kollektiven angesiedelt, dazu mit schrankenloser Toleranz gegen alles betrachtet, was als Nebel, Numen oder Tabu darin herumwogt. Doch wieder auch: im Hauptpunkt steht der Lehrer Freud mit seinem pervertierten Schüler auf gleicher Ebene; beide fassen das Unbewußte lediglich als ein entwicklungsgeschichtlich Vergangenes, als ein in den Keller Abgesunkenes und nur darin Vorhandenes. Sie kennen beide, wenn auch mit höchst verschiedener Art und Ausdehnung der Regression, nur ein Unbewußtes nach rückwärts oder unterhalb des bereits vorhandenen Bewußtseins; sie kennen eben kein Vorbewußtsein eines Neuen« (ebd., S. 70f.).

Die Blochsche Frontstellung gegen die Annahme einer ungeschichtlich-archaischen Struktur des Unbewußten muß uns veranlassen, dieses zentrale psychoanalytische Theoriestück zu überprüfen.

Dazu ist ein kurzer Rückblick auf die psychoanalytische Wissenschaftsgeschichte notwendig. Erinnern wir uns, daß Praxis und Theorie der Psychoanalyse aus der Annahme einer Beschädigung von Psyche und Nervensystem durch traumatisierende Lebenseindrücke hervorgingen. Hinter den Symptomen der Patienten wurden traumatische Szenen entdeckt. Schritt für Schritt enthüllte der Forscher Freud diese traumatisierenden Szenen als Sexualdramen, die sich in der Kindheit abgespielt hatten. Mit der Einsicht, daß diese Sexualdramen und -attacken nicht reale Angriffe von Erwachsenen auf Kinder waren, sondern kindliche Phantasien - mit dieser Korrektur der ursprünglichen Ansicht verlagerte sich zunächst einmal die Richtung der Suche nach der Krankheitsursache von außen nach innen. Der Grund der Beschädigung wurde in einer persönlichkeitsinternen Dramatik gesucht. Die Sexualthematik mußte festgehaltenwerden; aus dem Sexualtrauma wurde aber das Triebdrama, wurden Triebschicksale. Wenn mit dieser Verinnerlichung des Dramas auch keine Mißachtung der äußeren Realität gefordert war, so begünstigte sie doch die verhängnisvolle Versuchung, den Einfluß sozialer Faktoren zu unterschätzen. Verhängnisvoll wurde das zumal an dem Punkt der psychoanalytischen Wissenschaftsgeschichte, an dem die psychoanalytische Krankheitslehre zur Entwicklungspsychologie wurde; das heißt an dem Punkt, an dem die psychoanalytische Theorie von der Frage nach dem Grund der Krankheit zur Begründung der sogenannten normalen Entwicklung überging, also Blochisch gesprochen von der Frage bewegt wurde: »Wer sind wir? Wo kommen wir her? Wohin gehen wir? Was erwarten wir? Was erwartet uns?« Bei der Frage nach dem Woher des Erlebens hielt Freud an der bereits eingeschlagenen Richtung einer Verinnerlichung der Ursachen fest: Die Hintergründe der Erlebnisentwicklung wurden in einer Triebinnerlichkeit, in der inneren Natur des Menschen beziehungsweise in archaischen Sedimenten aus der Prähistorie der Menschengattung gesucht.

Ich will mich nicht bei einer umfassenden Kritik des Freudschen Biologismus aufhalten, sondern stattdessen eine Gegenthese vorstellen. Sie lautet: Das Unbewußte, das Freud Es genannt hat, ist tatsächlich keineswegs archaisches Erbgut aus geschichtsloser Natur. Vielmehr werden die Gehalte dieses Unbewußten in jeder Ontogenese in unzähligen Bildungsschritten jeweils hergestellt, beginnend mit den ersten Regungen des werdenden Organismus in der Schwangerschaft, beginnend also auf der Stufe eines bewußtlosen, organismischen Zusammenspiels von mütterlichem und embryonalem Organismus. In diesem Zusammenspiel werden nämlich die Funktionen des werdenden Menschen angelegt und ganz konkret eingestellt. Denn der werdende Organismus funktioniert in dem Rahmen, der einerseits durch die Dispositionen seiner »Analyse« abgesteckt ist, andererseits durch die konkreten Impulse und Reaktionsweisen bestimmt wird, die über den mütterlichen Organismus an den Embryonen herangetragen werden und die ihn in ein organismisches Zusammenspiel verwickeln. Die Erbanlage, dieser Fetisch einer langen Wissenschaftstradition, ist nur ein Teilfaktor. Die Alternative von Analyse-Dominanz und Umwelt-Dominanz ist eine Scheinalternative. Denn von Anfang an entwickelt sich der werdende Organismus aus einem sozialen Zusammenspiel, das aber an den natürlichen Bedingungen des Organismus ansetzen muss und dort seine Grenze findet. Keine der Funktionsfiguren bildet sich unabhängig von dieser dialektischen Spannung zwischen natürlichen Gegebenheiten und sozialer Bestimmtheit. Nun muß man sich klarmachen, daß der Körper sich in seinem Funktionieren selbst bildet - aus den Funktionsfiguren entsteht die Körpergestalt. Und so wie keiner der Funktionskomplexe außerhalb dieser natürlich-sozialen Spannung entsteht, so entsteht auch keine Nuance der Körpergestalt unabhängig vom sozialen Formungsprozeß. Das gilt für die fundamentalen Lebensfunktionen ebensogut wie für die oberflächlichen und später eingespielten Verhaltensfiguren des Kindes und des Erwachsenen. Die basalen Funktionskomplexe aber bilden jenes Grundgeflecht, das wir mit Freud das Unbewußte, das Es nennen.

Weil diese funktionalen Grundkomplexe unmittelbares Resultat zahlloser intrauteriner und postnataler Interaktionen zwischen Mutter und Embryo beziehungsweise zwischen Mutter und Kind sind, habe ich sie »Interaktionsformen« genannt. Man hätte sie auch »soziale Aktionsmuster« oder »Grundfiguren des leib-seelischen Funktionierens« oder »Grundentwürfe des Körperbaus« nennen können. Jedenfalls ist beim Begriff der Interaktionsform dreierlei zu bedenken: 1. die sinnlich-unmittelbare Entstehung dieser Interaktionsmuster aus der

Mutter-Kind-Interaktion; 2. ihre gesellschaftliche Formbestimmtheit als Synthese von der Naturdisposition dieses Kindes und den unablässigen Zugriffen von Außen; 3. der Charakter dieser Interaktionsformen als Muster im Körper, als Modell des Verlangens und als Modell des Verhaltens.

Als Niederschlag vergangenen Interagierens sind die Interaktionsformen zugleich Modelle der gegenwärtigen Gestalt des psycho-physischen Lebens und Entwürfe zukünftigen Verhaltens. Wichtig in dieser Perspektive ist, diese Modelle als leiblich begründete, psycho-physische Grundformeln zu begreifen: Die fundamentalen Interaktionsformen bilden das Es.

Daß sich von dieser Interpretation der Freudschen Trieblehre - der Interpretation des Unbewußten als Gefüge von Interaktionsformen - die wesentlichen Gegensätze zwischen Bloch und Freud auflösen lassen, möchte ich im folgenden verdeutlichen.

Zunächst: Man muß der These, daß die Elemente des Unbewußten, die Grundmatrix leib-seelischen Verhaltens, in jeder Ontogenese hergestellt werden, die Einsicht hinzufügen, daß Erleben und bewußtes Erleben aus dieser Grundmatrix hervorwachsen. Damit verlieren zwei Aussagen Blochs ihren Gegensatzcharakter zur Freudschen Triebtheorie.

Erstens:

> »Besonders der Mensch trägt allemal mehrere Triebe mit sich. Denn er bewahrt nicht nur die meisten tierischen, er erzeugt auch neue; das heißt, nicht nur sein Körper, auch sein Ich ist affekthaft. Der bewußte Mensch ist das am schwersten zu sättigende Tier; er ist - in der Befriedigung seiner Wünsche - das Umwege machende Tier« (ebd., S. S4).

Und:

> »Gar im Lauf der Geschichte und ihren wechselnden Formen, sich mehrenden Ausmaßen der Bedarfsdeckung bleibt kaum eine Triebart sich gleich, und keine stellt sich als fertig dar. Mit den neuen Gegenständen erwachen verändert ausgerichtete Süchte und Leidenschaften, von denen gestern keiner etwas gespürt hatte. Der ohnehin erst erworbene Erwerbstrieb etwa hat sich in einem Um-

> fang gesteigert, der vorkapitalistischen Zeiten ganz fremd war; sogar die sexuelle Libido wird vielfach von ihm durchkreuzt« (ebd.).

Eben weil das konkrete Triebverlangen in seinen psychophysischen Grundelementen als Interaktionsform in jeder Ontogenese hergestellt wird, wandelt sich der Trieb im Laufe der Geschichte. Tatsächlich »bleibt keine Triebart sich gleich«.

Zweitens: Mit der Erkenntnis der Historizität des Es wird zugleich auch der Haupteinwand Blochs gegen die Psychoanalyse, der Hunger sei dem Sexualtrieb untergeordnet, hinfällig. Unsere These hebt jede Polarisierung von Liebe und Hunger auf. Wenn wir feststellen, daß die Grundkomplexe leib-seelischen Verhaltens aus dem Zusammenspiel von Innen und Außen hervorgegangen sind, so haben wir eine Definition des Triebes gefunden, in der dieser sich nicht mehr als innerliches Reizpotential gleichsam autonom nach außen richtet. In unserem Verständnis ist der Trieb immer an das Bedürfnis gebunden, denn er geht hervor aus der Spannung zwischen Innen und Außen - genauer noch: aus der Bedürftigkeit des Organismus nach dem mütterlichen Körper. Auch für uns gilt die Blochsche Gleichsetzung: »Trieb... ist das gleiche wie Bedürfnis«.

Nun ist der Mensch nicht nur - wie jedes Lebewesen - vom Austausch mit der Natur abhängig. Seine Bedürftigkeit ist von Anfang an eingeschmolzen in das organisierende Interagieren der Mutter-Kind-Einheit. Auf diese zwischenmenschliche Seite des Stoffwechsels des werdenden Menschen hat sich der Blick der Psychoanalyse konzentriert. Wenn diese Blickrichtung einseitig war, so ist die Isolation des Hungers aus dem Ineinander von Bedürfnisbefriedigung und Interagieren nicht weniger einseitig. Machen wir uns daran, beide Einseitigkeiten aufzuheben, wobei das Beispiel der an Liebeshunger und nicht an Nahrungsmangel zugrundegehenden Hospitalismuskinder verdeutlichen soll, was mit unserer These, Hunger sei nichts anderes als »die Mangelseite des Triebes«, gemeint ist. Das Blochsche Plädoyer für die Beachtung des Hungers als Grundtrieb im Gegensatz zur Freudschen Libidotheorie schafft eine falsche

Front. Tatsächlich ist Hunger, ist Sehnen, ist Bedürfnis nur die andere Seite des Triebes als einer verlangenden Zuwendung zur Welt, von der der Mensch abhängig ist. Hunger ist dementsprechend der Libido inhärent. Blochs Insistieren auf Hunger und Bedürftigkeit des Menschen hat das Verdienst, die halbvergessene Traumalehre, also die fundierende Bedeutung des Eingriffs von Außen in die Triebbildung uns vor Augen zu führen. Lustvolle Triebbefriedigung bleibt angewiesen auf Stillung. Mangel, Hunger sind Spuren traumatischer Beschädigung; sie müssen gegenläufig zur Triebbefriedigung im Triebbegriff gedacht werden.

Es versteht sich, daß sich das Problem des Selbsterhaltungstriebes in dieser Sicht ganz von selbst erledigt. Blochs Beschreibung des Selbsterhaltungstriebes ist für uns nichts anderes als die Beschreibung der Grundangewiesenheit des Menschen, die beim Embryonen jenes Spiel in Gang gesetzt hat, aus dem die leib-seelischen Abläufe als Triebmuster *und* Verhaltensmodelle hervorgegangen sind. Verweist das, was Bloch unter Selbsterhaltungstrieb faßt, auf die Entstehung von konkreten Trieb- und Verhaltensformen (also Interaktionsformen) aus Bedürftigkeit, so wird der perspektivische Zug der Interaktionsformen, das Treibende und Triebhafte, im Begriff des Selbsterweiterungstriebes konkretisiert:

> »Was dem Selbsterweiterungstrieb nach vorwärts vorschwebt, ist vielmehr, wie zu zeigen sein wird, ein Noch-Nicht-Bewußtes, ein in der Vergangenheit nie bewußt und nie vorhanden Gewesenes, mithin selber eine Dämmerung nach vorwärts, ins Neue. Das ist die Dämmerung, die bereits die einfachsten Tagträume umgeben kann; von da reicht sie in die weiteren Gebiete der verneinten Entbehrung, also der Hoffnung« (ebd., S. 86).

Hoffnung als die »verneinte Entbehrung«. Von diesem Gedankengang her ließe sich übrigens eine einleuchtende Beziehung zur psychoanalytischen Methodologie herstellen. Der Wahrheitsgehalt der psychoanalytischen Erkenntnis gründet ja gleichfalls auf der »verneinten Entbehrung«. Oder anders formuliert: Er entstammt, seinem Impuls wie seinem Inhalt nach, dem Widerspruch gegen unerträgliches Leiden.

Bleiben wir aber bei der Thematik des Unbewußten und beim Versuch, die beiden Sichtweisen aufs Unbewußte aufeinander zu beziehen und über das Konzept der y Wirkungspotentiale und praxisregulierende Systeme. Das basale unbewußte System ist leibnäher und affektbestimmender - eben weil es aus den Interaktionsformen der Ursprungsphase des Lebens gebildet ist. Es ist sprachferner, nicht nur weil die Wunsch- und Verhaltensformeln »vorsprachlich« in leiblichem Interagieren gebildet wurden, sondern weil in jenen Interaktionen das gesellschaftlich Allgemeine an die ganze individuell-besondere Natur »dieses« Individuums, d.,h. an seine Anlagedispositionen vermittelt werden mußte. Die Mutter, die das Kind auf dem Arm hat, mag in ihrem eigenen Bewußtsein noch so sehr normiert sein - dem Kind fehlt das regulierende Sprachsystem. Seine Verhaltensentwürfe verknüpfen sich noch spontan zufällig. Sie organisieren sich nach den Schwankungen der Körperbedürfnisse. Weil das Verhalten auch auf dieser vorsprachlichen Ebene nicht widersinnig verläuft, entwickelt sich so eine relativ sprachunabhängige Schicht von Verhaltensanweisungen, eine verhaltensbestimmende Sinnebene, zu der die Ebene der Sprachsymbole als Regulationsebene des Handelns erst später hinzutritt.

Die Tatsache, daß die Entwürfe dieser tieferen Matrix der Lebenspraxis leiblich-unmittelbar und nicht kopflastig über Sprachsymbole gebildet wurden, macht die Nähe dieser Matrix zum Strom der gesellschaftlichen Praxisfiguren und der Praxistransformation aus. Genau da gewinnt unsere Interpretation Anschluß an die Blochsche Auffassung vom Unbewußten als dem Reservoir eines »Noch-Nicht«.

Das muß genauer erläutert werden. Beginnen wir nochmals mit der Feststellung: 1. In den Interaktionsformen des Unbewußten sind die grundlegenden Lebensbedürfnisse aufbewahrt. Körperbedürfnis und seelisches Verlangen sind auf dieser Stufe noch ganz eins. 2. Diese lebenspraktischen Grundfiguren sind einerseits individuell ausgeprägt, andererseits von den gesellschaftlichen Praxisformen, die sinnlich-unmittelbar an das Kind herangetragen wurden, bestimmt. Individuum und Gesellschaft werden so schon in der Grundschicht leiblich-lebenspraktischen Verhaltens vermittelt. 3. Diese Matrix der Lebenspraxis muß man sich in einer sinnlichen Reichhaltigkeit und Umfänglichkeit denken, die weit über die starren Raster der Normen und sprachlich organisierten Begriffe hinausdrängen. Welchen Praxisbegriff man auch nehmen mag (von technischen Fertigkeiten und instrumentellen Geschicklichkeiten bis hin zu den Gesten liebevollen Umgangs der Menschen untereinander) - es werden unablässig Gebärden ausgetauscht und Handgriffe weitergegeben, ohne daß sie von Gebrauchsanweisungen eingefangen wären. Körperliche Arbeit und Liebe entziehen sich gerade in ihren subtilsten Ausdrucksformen der Sprachanweisung. Indem wir den Reichtum der Begierden und Sehnsüchte, der Wünsche, und des Verlangens identisch denken mit der vollen Vielfalt verschwiegen weitergereichter, mimetisch übereigneter Gebärden und Körperbewegungen, erschließt sich uns die Treffsicherheit des Freudschen Vergleichs des Es mit der gewaltigen Masse eines Eisbergs, dem das Ich nur als Spitze aufsitzt. Wenn wir dieses Bild von der Vielschichtigkeit der lebenspraktischen Matrix verbinden mit dem anderen zentralen Freudschen Grundgedanken von der Andersartigkeit und Widerborstigkeit dieser Matrix gegenüber dem Bewußtsein, so verstehen wir auch mit Bloch dieses Unbewußte als die große Schatzkammer der noch nicht domestizierten menschlichen Praxisfiguren - als Ort des »noch nicht erfüllten Begehrens«, der noch nicht realisierten Utopie. Im nicht reglementierten Zusammenspiel der Körper und im unmittelbaren Austausch der Gebärden werden Elemente einer neuen, zukunftsträchtigen Praxis entwickelt und weitergereicht.

Sobald wir den Freudschen Irrtum einer ungeschichtlichen Triebmatrix kritisch aufgelöst haben, sobald wir erkennen, wie das Unbewußte in vielen Sozialisationsschritten hergestellt wird, fällt die Trennwand zwischen der Freudschen und der Blochschen Erkenntnis vom Unbewußten in sich zusammen.

Mit Freud begreifen wir das Unbewußte, das Es, als ein zweites, sprachlich nicht diszipliniertes Sinnsystem, das Fundament der Persönlichkeit ist. Mit Bloch sind wir darin uneingeschränkt einig, daß dieses Triebfundament gesellschaftlich hergestellt wird, daß in diesem Fundament sich das menschliche Begehren als Teil des großen progressiven geschichtlichen Praxisstroms erweist und daß dieser Praxisstrom die Utopie noch nicht gelebten Lebens gegen die versteinerten Formen der sozialen Ordnungen durchsetzen will.

Ein so begriffenes Unbewußtes ist nicht bloße Biologie, Erinnerung an die animalische Abkunft des Menschen oder an prähistorische-Ablagerungen. Es ist aber auch nicht eine bloße Ansammlung der Trümmer beschädigten Lebens, sondern ebenso der Ort vorwärtsdrängender Praxismöglichkeiten, die hier ihren individuellen psycho-physischen Ausgangspunkt haben. Im Unbewußten ist das Wechselspiel von individuellleiblicher und kollektiver Praxis verankert.

Beide, Freud wie Bloch, haben ein kritisches Verhältnis zur sprachlichen Reglementierung und Disziplinierung des Menschen. Beider Utopie von einem besseren Leben wurzelt in einem Begriff von Sinnlichkeit, der sich als Widerstand gegen die Zumutungen unerträglicher sozialer Verhältnisse entziffern läßt.

BIBLIOGRAPHIE

Bloch, E. (1953-1959): Das Prinzip Hoffnung. Frankfurt/M. (Suhrkamp) 1959.

Dahmer, H. (1983 a): Die eingeschüchterte Psychoanalyse. Aufgaben eines psychoanalytischen Forschungsinstituts heute. In: H.-M. Lohmann (Hg.) (1983): Das Unbehagen in der Psychoanalyse. Eine Streitschrift. Frankfurt/M. (Qumran), 24-39.

- (1983 b): Über Psychoanalyse, Gesellschaft, Politik und Sexualität - ein Gespräch mit Helmut Dahmer. Journal Nr. 7, Psychoanalytisches Seminar Zürich (Tellstr.), 27-43.

ALFRED LORENZER

Der Analytiker als Detektiv, der Detektiv als Analytiker[1]

Übersicht: Anhand einiger Detektivgeschichten E. A. Poes weist der Autor auf die Parallelität in der analytischen Methode von Detektiv und Psychoanalytiker hin: Beide - Analytiker und Detektiv (im Poe'schen Verständnis) - beschränken sich bei der Aufklärung verborgener (unbewußter) Zusammenhänge nicht auf rationales, logisches Denken; der Kern eines Problems enthüllt sich ihnen vielmehr durch nicht-logisches Denken, durch szenisches Verstehen.

Der Vergleich von Analytiker und Detektiv ist so oft schon gezogen worden, daß es nahe läge, das weitere Ausmalen der Gemeinsamkeit beider der didaktischen Phantasie psychoanalytischer Ausbildungsseminare zu überlassen. Freilich gibt es zumindest einen Grund, den Vergleich nochmals - in methodologischer Perspektive - zu vertiefen. Nach wie vor liegt die Eigenart der psychoanalytischen Methode im Dunkel, aufgehellt lediglich über wissenschaftstheoretische Schlußfolgerungen, denen es an einem anschaulichen Zusammenhang mit der psychoanalytischen Praxis weithin mangelt. Es hat deshalb gewiß einigen Wert, mit dem Vergleich der beiden - ebenso ähnlichen wie verschiedenartigen - »Erkundungsweisen« zu spielen, kennen wir doch von der Psychoanalyse her den Nutzen solcher Vergleichungen: Was die eine Situation verbirgt, enthüllt die andere, jede in anderer Weise offen, jede in anderer Weise verschlossen, aufschlußreich nur im Alternieren.

Der Rückgriff auf das »Modell« des Detektivromans bietet sich um so mehr an, als das Genre der Detektivgeschichten und die psychoanalytische Aufklärung derselben geschichtlichen Problemsituation - dem mittleren bis späten 19. Jahrhundert - entstammen und bei alledem die Erstlinge jener Literaturgat-

Der Aufsatz ist zuerst erschienen in: Psyche (1985). Zeitschrift für Psychoanalyse und ihre Anwendungen. 39. Jg., S. 1-11.

[1] Bei der Redaktion eingegangen am 3. 2. 1984.

tung, die Detektivgeschichten des Edgar A. Poe (deren früheste 1842 erschien), eine Eigenart besitzen, die zum Methodenvergleich geradezu herausfordert: Sie sind gespickt mit methodologischen Erwägungen.

All das garantierte noch nicht den Nutzen eines Vergleichs. Soll der Vergleich mehr sein als ein methodologisches Übungsspiel, soll er ins Geheimnis von Form und Inhalt der psychoanalytischen Erkenntnis eindringen, so muß eine Übereinstimmung des Erkenntniszieles der beiden »Vorgehensweisen« bestehen. Freud hat diese Übereinstimmung schon knapp, aber präzise aufgezeigt. In der Analyse von Poes »Doppelmord in der Rue Morgue« schreibt Marie Bonaparte:

> »Wieviel Kriminalromane haben seit dem Jahre 1842, in dem der *Doppelmord in der Rue Morgue* geschrieben wurde, die folgenden Generationen von Menschen unterhalten, in Leidenschaft versetzt, erzittern lassen! Die unbewußte Wurzel des Interesses an all diesen Geschichten besteht - wie Freud mir gesagt hat - darin, daß die Forschungsarbeit des Detektivs die infantile Sexualforschung. reproduziert, die auf andere Gegenstände oder Themen verschoben wird« (M. Bonaparte, 1934, S. 374).

Allerdings, das Szenarium ist beim Freudschen Vergleich ganz »persönlichkeitsinnerlich«: Das neugierige Ich will dem Geheimnis der Sexualität und das heißt dem Geheimnis der eigenen Phantasien auf die Spur kommen. Dehnen wir die Szenerie aus. Erweitern wir das neugierige »Ich« des Analysanden um dessen Erkenntnispartner, den Analytiker. Und konzentrieren wir die »infantile Sexualforschung« auf die problematischen »Triebschicksale«. Wir haben dann die Parallelität des »Interesses an all diesen Geschichten« mit dem psychoanalytischen Erkenntnisinteresse bis zu den »unbewußte(n) Wurzel(n)« vorangetrieben.

Schauen wir uns das Vorgehen des Detektivs genauer an: In allen klassischen Kriminalgeschichten zeichnet sich der Detektiv dadurch aus, daß er beim Auswerten von Zeitungsnotizen, von Gesprächen und Mitteilungen *Szenen imaginativ nachbaut,* indem er seine *eigenen lebenspraktischen Erfahrungen* so lange als

Vorannahmen einsetzt, bis sich die *Szenen zur Szenenfolge*, zum glaubwürdig zusammenhängenden Drama ergänzen. Lebenspraktische Ungereimtheiten werden dabei zum Anstoß, szenische Arrangements so lange neu auszuprobieren, bis sich ein plausibler Handlungsablauf ergibt. In einer seiner Geschichten, nämlich dem »Geheimnis um Marie Roget«, hat Poe übrigens versucht, aus Zeitungsmeldungen eine Realgeschichte nachzukonstruieren. Und zwar so, daß er bei der zweiten Auflage seiner Erzählungen nicht ohne Stolz über eine Aufklärung des Realgeschehens schreiben konnte:

> »Doch mag hier die Bemerkung nicht ganz unangebracht sein, daß die Geständnisse von zwei Personen. (deren eine die Madame Deluc der Erzählung ist), abgelegt zu verschiedenen Zeiten und lange nach der Veröffentlichung, nicht nur die allgemeine Schlußfolgerung vollauf bestätigen, sondern auch sämtliche hypothetischen Haupteinzelheiten, aus denen sich diese Schlußfolgerung aufbaute« (Poe, 1979, S. 779).

Im Doppelmord in der Rue Morgue führt uns Poe das szenische Sich-Vorantasten detailliert vor: Das beginnt mit der vergleichenden Auswertung der Zeugenaussagen und geht weiter zur abwägenden Notierung der Einzelgestaltungen des räumlichen Szenariums auf die aufzubauende Tatszene:

> »Meine Erwägungen nahmen - a posteriori - folgenden Fortgang: Die Mörder entkamen durch eines dieser Fenster. Wenn dem so war, konnten sie die Schieberahmen nicht wieder von innen befestigt haben; wie sie vorgefunden wurden: - eine Überlegung, welche - da sehr naheliegend - dem Forschungsdrang der Polizei auf diesem Feld sogleich ein Ende setzte« (a.a.O., S. 756).

Wir sehen, der Zweck der verstehenden Rekonstruktion der Dramatik ist, den lebenspraktischen Sinn der Mitteilung herauszuschälen. Die Mitteilungen werden konsequent als *Abbildung von* und als *Anweisungen für* Lebenspraxis gelesen - nach Art einer sozialwissenschaftlichen Analyse von Lebensentwürfen. Freilich zielt das szenische Verstehen des Detektivs im Gegensatz zur sozialwissenschaftlichen Auswertung nicht auf allgemeine Regeln, sondern aufs Konkretisieren des Tatbestandes.

Dazu müssen die Mitteilungen, das heißt »Sprachformeln«, mir der »Lebens-Praxis« - mit möglichen Formen der Lebenspraxis - konfrontiert werden. Poes Detektiv spielt folgendermaßen mit lebenspraktischen Überlegungen:

> »Der Mörder war durch das Fenster über dem Bett entkommen. Nachdem es nach seinem Entweichen dann von selbst niedergefallen (oder auch vielleicht mit Fleiß geschlossen worden), ward es von der Feder arretiert; und es war der Halt durch diese Feder, welchen die Polizei fälschlich für den des Nagels verstanden hatte, - um danach sogleich jede weitere Erforschung für überflüssig zu erachten.« (a.a.O., S. 758)

Wir sehen: im Interesse an der konkreten Tatbestandsrekonstruktion unter Einsatz lebenspraktischer Deutungsmuster gleicht der Detektiv durchaus dem Analytiker. Doch damit nicht genug: Die Konfrontation mit der Lebenspraxis durchbricht beide Male den Rahmen des gesunden Menschenverstandes und das heißt der Objektivität des allgemeinen Denk- und Handlungskonsenses. Das erläutert Poes Detektiv folgendermaßen:

> »Meine unmittelbare Absicht ist, Sie dahin zu bringen, jenes *sehr ungewöhnliche* Geschick, von dem ich soeben sprach, jene Gewandtheit und Tatkraft mit jener *sehr sonderbaren* schrillen (oder rauhen) und *ungleichmäßigen* Stimme zu konfrontieren, über deren Nationalität sich keine zwei Personen einig werden konnten und in deren Äußerungen sich keine Silbengliederung entdecken ließ.
>
> Bei diesen Worten glitt mir ein undeutlicher und nurmehr halb gestalteter Begriff von dem durch den Sinn, was Dupin meinte. Es war, als stünde ich an der Schwelle des Begreifens, ohne jedoch die Kraft dazu zu haben, - wie sich ja Menschen zu Zeiten am Gestade der Erinnerung finden, ohne letztlich dieser Erinnerung fähig zu sein« (a.a.O., S. 760 f.).

Bei der Auswertung der Umstände der Mordtat wird Dupin noch deutlicher:

»In der Art, den Leichnam in den Kamin hinaufzustoßen, liegt etwas *überaus Outriertes,* das werden Sie mir zugeben, - etwas, das alles in allem mit unsern üblichen Begriffen von menschlicher Verhaltensweise nicht überein zu stimmen ist, selbst wenn wir uns unter den Tätern die verderbtesten Menschen vorstellen« (a.a.O., S. 763).

Verallgemeinern wir die Offenheit für das »überaus Outrierte«: Wir finden Detektiv und Analytiker identifiziert, beide müssen ihr Verstehen über die Grenzen des Immer-schon-Geltenden, Immer-schon-Verstehbaren ins Unverständlich-Abseitige ausdehnen. Sie müssen den Rahmen des Verstehbaren, Bewußten, Bewußtseinsfähigen transzendieren, um sich auf das »überaus Outrierte« zu konzentrieren. Die Suche des Detektivs wird eben gerade dadurch zur Metapher für psychoanalytische Hermeneutik, daß sie nicht innerhalb einer hermeneutischen Operation mittels bewußtseinsfähiger »Deutungsmuster« verbleibt. Denn die psychoanalytische »Tiefenhermeneutik« charakterisiert sich dadurch, daß sie ausgerichtet ist auf die »ungewöhnliche« Sinnebene unterhalb der Regeln des Bewusstseins - ausgerichtet auf den »Sinn der Symptome« (Freud, 1916, S. 264), der im Unbewußten gründet. Die »tiefenhermeneutische« Suche nach der zweiten, »outrierten« Sinnebene grenzt Poe - am Schluß der Geschichte vom »Doppelmord in der Rue Morgue« - ab von einer hermeneutischen Operation, die sich innerhalb der logisch-objektiven Deutungsmuster bewegt. Dupin distanziert sich vom Polizeipräfekten, der als Vertreter eines logozentrischen Verstehens fungiert:

»›Lassen wir ihn reden‹, sagte Dupin, der es nicht für nötig befunden hatte, eine Antwort zu geben. Lassen wir ihn plaudern; es wird sein Gewissen erleichtern. Ich bin befriedigt, ihn in seinem eignen Reich besiegt zu haben. Gleichviel - daß er bei der Lösung dieses Geheimnisses versagte, ist mitnichten das Wunder, für welches er es hält; denn in Wahrheit ist unser Freund der Präfekt um einiges zu schlau, um tief und gründlich zu sein. Seiner Weisheit mangelt es an stützender *Ausdauer*. Sie ist ganz Kopf und nicht: Körper - wie die Bilder der Göttin Laverna, - oder bestenfalls ganz Kopf und Schultern, wie ein Dorsch. Aber im ganzen ist er doch eine gute Kreatur. Ich mag ihn vorzüglich auf Grund einer schier meisterlichen rhetorischen Kunstfertigkeit, mit welcher er sich denn auch seinen Ruf als Geistesriese erworben hat. Ich meine die ihm eigentümliche Weise, *de nier ce qui esi et d'ezpliquer ce qui n'est pas*<« (Poe, a.a.O., S. 777).

Doch kehren wir nochmals zurück zur allerersten methodischen Ausrichtung des Detektiv-Analytikers, zur *sinnlich-lebenspraktiscben* Fundierung in einem »szenischen Verstehen«. Sie wird uns in einen der Geschichten Poes gerade dadurch drastisch vor Augen geführt, daß die Enträtselung eines Schatzgräberbriefes zunächst als streng logische Textanalyse nach dem Modell einer Dechiffrierung aufgrund semantisch-syntaktischer Regeln demonstriert wird. Das Dokument der Enträtselurig sieht so aus:

»53 = = + 305))6";4826)4 =.)4 =);806";48 + 8/60))
85;;]"8+83(88)5"+;46(;88"96"?;8)"=
(;485);5"+2: " = (;4956"2(5" - 4)8/8";4069285);)6 + 8)
4 = = ;1(=9;48081;8 :8 = 1;48 + 85;4)485 + 528806"81
(=9;48;(88;4(= ?34;48)4 = ;161;:188;= ?;« (a.a.O., S.901).

Natürlich fängt die Entschlüsselung als sprachlogische und das heißt auch sprach-handlungspragmatische Dekodierung an.

Interessant aber, wie die Textanalyse den Rahmen einer pragmatisch ausgerichteten Sprachanalyse überschreitet und szenisch wird, indem der Analytiker einen Blick aufs Szenarium wirft: Der Dechiffrierende gerät an das Wort »Bishop's Hostel«. Er strengt seinen Scharfsinn an, aber er würde wieder in einer Sackgasse landen, käme ihm nicht eine alte Negerin - als Repräsentantin der lebenpraktisch unmittelbaren Erfahrung - zu Hilfe. Hören wir:

> »Wie ich nun keinerlei Auskunft darüber gewann, war ich schon auf dem Punkte, meinen Forschungsbereich auszudehnen und systematischer vorzugehen, als mir ganz plötzlich eines Morgens der Gedanke durch den Kopf fuhr, das besagte »Bishop's Hostel« könnte etwas mit einer alten Familie namens Bessop zu tun haben, welche vor undenklichen Zeiten im Besitze eines Herrenhauses gewesen war, wohl vier Meilen nördlich der

> Insel. So begab ich mich denn hinüber zu der Pflanzung und nahm unter den älteren Negern am Platze meine Erkundigungen wieder auf. Schließlich sagte mir eine der betagtesten Frauen, sie habe einmal von einem Ort gehört, der Bessop's Castle genannt worden sei, und meinte, sie könnte mich wohl hinführen; nur sei es gar kein Kastell, und auch keine Herberge, sondern ein hoher Felsen« (a.a.O., S. 909).

Doch nochmals wartet eine Enttäuschung auf den Textanalytiker:

> »Das >Kastell< bestand aus einer wirren Ansammlung von Klippen und Felsen - von welchen letzteren einer durch seine Höhe wie auch durch seine abgesonderte und künstliche Erscheinung besonders auffiel. Ich kletterte bis zu seiner Spitze empor und fühlte mich dann ziemlich ratlos, was als nächstes nun zu tun wäre« (a.a.O., S. 910).

Schließlich aber wird unser Textanalytiker »sinnlich unmittelbar«:

> »Während ich noch mit Gedanken beschäftigt war, fiel mein Blick auf einen schmalen Vorsprung an der Ostwand des Felsens, vielleicht eine Elle unterhalb des Gipfels, auf welchem ich stand. Dieser Vorsprung ragte wohl achtzehn Zoll weit heraus und war nicht mehr als einen Fuß breit, während eine Nische im Felsen darüber ihm eine rohe Ähnlichkeit mit einem der hohlrückigen Lehnstühle verlieh, die bei unsern Vorfahren in Gebrauch waren. Ich hegte keinen Zweifel, daß hier der >Teufelssitz< gefunden sei, den das Manuskript erwähnte, und nun hatte ich das Gefühl, das Geheimnis des Rätsels voll zu erfassen« (a.a.O.).

Gerade dieses Beispiel mag uns als hübsche Illustration dafür dienen, wie Sprachverstehen *und* sinnliche Erfahrung, sinnlich erfahrene Lebenspraxis, zusammenwirken, weil sie zusammen gehören - sofern sie nicht auseinandergerissen sind. Eben diese mögliche Zerreißung von Sprachsinn und Handlungssinn aber begründet den Wert und Nutzen des szenischen Verstehens. Denn: Es sucht seine Erfüllung nicht in der Vertiefung des *lo-*

gisch Erwartbaren, sondern in einer merkwürdigen Wendung zum *Unüblich-Irrationalen* hin.

Wenden wir uns nochmals dem Unterschied Dupin - Polizeipräfekt zu. Dem Polizeipräfekten mangelt es keineswegs an Wirklichkeitssinn, an abwägendem Kontakt mit dem Leben. Ganz im Gegenteil: Der Polizeipräfekt ist kein lebensferner Buchmensch und Dupin kein Lebensroutinier. Eher verhält es sich umgekehrt - dem Präfekten werden sein Scharfsinn und seine Lebensgewandtheit zum Verhängnis. Die besseren aller späteren Detektivgeschichten haben genau das zum Schema erhoben: Die Tatbestandsrekonstruktion der Polizei ist bestechend plausibel, gut begründet und so lückenlos, wie eben nur Tatbestandsrekonstruktionen lückenlos sein können. Sie haben den gesunden Menschenverstand samt aller wissenschaftlichen Vertiefungen für sich, während sich die Vermutungen des Detektivs, der charakteristischerweise mit dem Stigma des Außenseiters gezeichnet ist, zunächst absurd-irrational ausnehmen. Gegen alle Regeln des gesunden Menschenverstandes hat irgend etwas den Detektiv »irritiert« und auf eine »ausgefallene«, »abweichende« Deutung des Sachverhalts gebracht. Gegensätzlich zum polizeilich erhobenen Tatzusammenhang tut sich ihm ein anderer, zweiter Tatzusammenhang auf. Übertragen auf unser Problem und verallgemeinert heißt das: Tiefenpsychologisches Verstehen sucht ausdrücklich nach einem zweiten Sinnzusammenhang unterhalb der bewußten Motivationsebene.

Freud hat diesen »zweiten Sinnzusammenhang« das »Unbewußte« genannt und scharf vom bewußten Sinnzusammenhang getrennt. Er hat allen Versuchungen, das Unbewußte als bloße Dépendance des Bewußtseins anzusehen und damit das Unbewußte zur bloßen Façon de parler herabzusetzen, stets eine entschiedene Absage erteilt. Die unbewußte Sinnebene unterscheidet sich ihm zufolge *qualitativ* von den bewußtseinsfähigen Handlungsentwürfen. (Angesichts der sprach- und handlungstheoretischen Aufweichung der Unterscheidung von Bewußtsein und Unbewußtem ist gerade heute an diese entschiedene Grenzziehung zu erinnern.)

Mit der Anerkennung des Unbewußten als eigenständig-nichtlogischer Verhaltensregulation des Menschen, mit der Anerkennung der Aufspaltung menschlicher Lebensorientierung in *zwei verschiedene, verhaltensanweisende Sinnsysteme* wird mit einem Schlag der maßgebliche Zweck des szenischen Verstehens klar: Während die bewußten Handlungsentwürfe sprachlich erschlossen werden können, vermögen wir die unbewußten und das heißt von Sprache abgetrennten Verhaltensentwürfe nur über Verhaltensinszenierungen zu ahnen. Eben diesen Ausgriff ins Territorium jenseits des logisch Verregelten führt uns die Figur des Detektivs als Fähigkeit *szenischer Phantasie* vor Augen: Lassen wir uns das am »Doppelmord in der Rue Morgue«zeigen:

» >Wenn Sie nun, zusätzlich zu all diesen Dingen, die wunderliche Unordnung im Zimmer noch gebührend durchdacht haben, so sind wir weit genug gekommen, um uns ein geschlossenes Bild zu machen; erstaunliche Gewandtheit, übermenschliche Stärke, brutale Wildheit, eine Metzelei ohne Motiv, eine *grotesquerie* in einer Greueltat, der aber auch alles Menschliche fremd ist, und eine Stimme, deren Tonfall die Ohren von Menschen vieler Nationen fremdländisch anmutete und die aller bestimmten oder faßlichen Silbenbildung entbehrte. Was hat sich mithin daraus ergeben? Welchen Eindruck vermochte ich in Ihrer Phantasie zu wecken?< Ich spürte, wie es mich eiskalt überlief, als Dupin mir diese Frage stellte. >Ein Wahnsinniger< «, sagte ich, >hat diese Tat begangen - irgend ein rasender Irrer, welcher aus einer nahe gelegenen *Maison de Santé* entwich« (a.a.O., S. 764).

Nach einigen Zwischenschritten der Aufklärung läßt Dupin den Freund - und den Leser - am Resultat seiner phantastischen Grenzüberschreitung teilnehmen.

» >Dies<, sagte ich, >ist nicht der Abdruck, einer menschlichen Hand.<

>So lesen Sie denn<, erwiderte Dupin, >hier diesen Abschnitt bei Cuvier.<

Es handelte sich um einen sehr genauen anatomischen und allgemein beschreibenden Bericht über den großen, lohfarbenen Orang-Utan der Ostindischen Inseln. Die riesige Statur, die übel gewaltige Stärke und Gewandtheit, die wilde Grausamkeit und die nachahmenden Neigungen dieser Säugetiere sind hinreichend allgemein bekannt. Mit einem Mal begriff ich voll die Greuel dieser Mordtat<« (a.a.O., S. 766).

Wir sehen: Kritische Sensibilität gegenüber den Widersprüchen des manifesten Textsinnes wird ergänzt durch die Offenheit für das Outrierte. Kritische Schärfe muß ergänzt werden durch Phantasie und durch eine Imagination abweichend-abartiger Lebensentwürfe. Diese szenische Imagination füllt nicht nur Lücken des manifesten Textes aus, sie verdankt sich nicht mehr bloßer Widerspruchsanalyse, sie ist nicht bloße Umkehr der herrschenden Regeln, sondern läßt einen unvermittelt anderen Textsinn anklingen und sich zusammenfügen zu Figuren, die schließlich Gestalt werden - wie die Straßen eines versunkenen Dorfes auf dem Grunde eines Sees.

Bereits die erste Detektivgeschichte der Literatur, eben der »Doppelmord in der Rue Morgue«, stellte 50 Jahre vor der Psychoanalyse diese faszinierende Doppelnatur der menschlichen Lebensentwürfe ins Licht. Der wirklich-wirksame Tatzusammenhang dieser Geschichte fällt ganz und gar aus dem Rahmen des bewußten menschlichen Verhaltenskonsens heraus. Der unbewußt wirksame, wirkliche Tatzusammenhang wird zunächst als Tat eines Ausländers vermutet, dann als Tat eines Wahnsinnigen, schließlich als die Tat eines Affen, und das heißt, sie wird als »tierisch« erkannt. Das Tierische symbolisiert das vom menschlichen Konsens Ausgeschlossene, das als untermenschlich verworfene »Unbewußte« des Menschen.

Das heißt für die Einschätzung unserer Methode: Die Fähigkeit szenischer Phantasie ist die Imagination von Lebensentwürfen jenseits des konsensuell Verregelten. Eine kühne Leistung! So kühn, daß wir fragen müssen: Worin gründet die Gewißheit eines solch waghalsigen imaginativen Übergriffs?

Auch das verrät uns Poe: Die Vorannahmen müssen sich zu einer geschlossenen Gestalt zusammenfinden. Die Interpretation muß sich als Rekonstruktion zusammenhängender Lebensentwürfe bewähren, sie muß einen in sich geschlossenen Lebenszusammenhang erkennbar machen. Diese Erkenntnis wird freilich nicht nur imaginativ-intuitiv gewonnen, sie bildet sich vielmehr im Wechselspiel von Phantasie und Theorie, geht dabei aber nie deduktiv-subsumierend, »hypothesenvalidierend« von Theorie aus. Hier liegt eine Grenze zur Analogie: Psychoanalyse findet ihre Theorie nicht »bei Cuvier« abgebildet, sie bildet vielmehr Theorie nach dem Muster der Metaphorik der Freudschen Metapsychologie.

Den Vergleich mit der psychoanalytischen Theoriebildung stellt ein anderes Bild bei Poe her. Poe macht eine höchst aufschlußreiche Bemerkung zur Basis eines Verstehens, nämlich der Fundierung des Verstehens in einem »lebenspraktischen Zusammenspiel« wie ich das genannt habe (Lorenzer, 1970). Poe sieht »die geistige Fähigkeit, welche man gewöhnlich die analytische nennt,« in der Inszenierung des dubiosen Zusammenspiels in einer Whistrunde:

> »Gewöhnlicher Hilfsquellen beraubt, versetzt sich der Analytiker in den Geist seines Gegners, identifiziert sich mit ihm und wird so nicht selten, gar auf einen Blick, der einzigen Methode gewahr (zuweilen einer wahrhaft absurd einfachen), mit welcher er irreführen oder zu Fehleinschätzuhgen verleiten kann« (Poe, 1979 S. 725).

Im Gegensatz zu dieser abstoßenden Ausrichtung des szenischen Verstehens hat Chesterton in der Gestalt des Father Brown die menschenfreundliche Alternative eines hilfsbereiten Verständnisses vorgeführt. Seine Menschenkenntnis stammt aus der Intimität der Seelsorge.

Angesichts der wohlvertrauten Analogie von Beichtstuhl und psychotherapeutischem Sprechzimmer scheint Brown alle Chancen zu haben, als Modell des tiefenhermeneutischen Verständnisses gelten zu dürfen. Vermutlich wird es deshalb verblüffen, wenn ich die größere Nähe zum psychoanalytischen Vorgehen nicht bei Chesterton, sondern bei Poe sehe: Das Verstehen des Poeschen Detektiv-Analytikers ist szenisch konkreter - szenisch konkret im doppelten Sinne: es wurzelt unmittelbar im *Zusammenspiel* mit dem zu Verstehenden - seinem Kontrahenten im Kartenspiel -, und es bringt dieses Zusammenspiel selbst auf den Begriff, insoweit der Analytiker-Spieler *daraus* seine strategischen Schlüsse zieht. Father Brown dagegen nimmt nur abstrakt Kenntnis von den Abgründen der menschlichen Seele. Er wird zum Seelenkenner, zum Persönlichkeitstheoretiker, der an die aufzuklärenden Fälle seine psychologischen Hypothesen anlegt. Sein Verfahren changiert zwischen psychologischem Verstehen und psychologischem Erklären. Poes Analytiker hingegen versteht, was er mit den anderen zusammen erlebt. Er läßt sich auf eine Interaktion mit dem anderen ein und sucht die Szene, an der er selbst teil hat, zu verstehen. Das ist szenisches Verstehen und szenisches Begreifen nach Art der Analyse.

Freilich ist das szenische Verstehen beim Poeschen Analytiker verkürzt um jene Rückwendung, um derentwillen das szenische Verstehen in der Psychoanalyse überhaupt angelegt ist: die Weitergabe des Verstandenen an den zu Verstehenden. Indem der Spieler-Analytiker Poes dies unterläßt und damit das Zusammennspiel mit dem anderen aufkündigt, zerreißt er die szenische Interaktion mit dem Ziel, den anderen zum Objekt seiner Machtverfügung zu machen. Dieser Gefahr muß der Analytiker entgehen. Er entgeht ihr, indem er das *szenisch-konkrete Verstehen* als *»szenisch-konkretes Deuten des Verstandenen«* seinem Partner zurückgibt. Das szenische Verstehen muß in szenische Deutung übergehen - was schon Freud klar herausgestellt hat, indem er die *Deutungen in »Konstruktionen«*, das heißt in Rekonstruktionen *von Szenen* gipfeln ließ.

Wir sehen: Der szenische Charakter ist der rote Faden, der sich vom Zusammenspiel über die einzelnen Verstehensschritte bis zur Deutung hindurchzieht und auch die Theoriebildung bestimmt. Der szenische Charakter verhilft dem vom Bewußtsein zugedeckten Lebensentwurf zu seinem Recht, weil solches Verstehen unterhalb des sprachlich organisierten Verblendungszusammenhangs ansetzt.

Doch damit taucht eine andere Frage auf: Wenn sich das so verhält, weshalb läßt sich ein so skizzierter Emanzipationsprozeß dann überhaupt mit Sprache ein? Weshalb läßt sich der Psychoanalytiker so entschieden auf Sprache ein, wenn er doch dem Zugriff der Sprachrationalität entgehen, dem nicht-logisch verregelten Irrationalen zum Recht verhelfen will? Was will diese auf den ersten Blick paradox anmutende Bevorzugung des Erzählens und Deutens von Erzählungen erreichen? Eine erste Antwort ist schnell zur Hand: Zwar ist das aktuelle Zusammenspiel zwischen Analytiker und Analysand fons et origo des analytischen Verstehens, aber es kann dies zureichend nur sein als Sammelpunkt der Übertragungsströme. Die Reaktualisierung der alten, lebensgeschichtlich gewordenen Szenen, aber auch die Verbilderung des unmittelbar aktuellen Interagierens zwischen Analytiker und Analysand verlangen den ständigen Wechsel der Darstellungsbühne. Unentwegt müssen Tatfiguren an den verschiedensten Orten in Gegenwart und Vergangenheit aufgesucht und verglichen werden. Nur indem die Szenen auf den drei Ebenen - der therapeutischen Interaktion, der aktuellen Interaktionen der gegenwärtigen Lebenswirklichkeit des Patienten draußen und seiner Vergangenheit - auftauchen und alle drei Ebenen in stetem Wechsel miteinander verbunden und gegeneinander abgeglichen werden, interpretieren sich diese Szenen gegenseitig und enthüllen so einen verborgenen Lebensentwurf. Kein anderes Ausdrucks- und Darstellungsmittel als das *Erzählen* bietet diese frei flottierende Beweglichkeit.

Die andere Antwort auf unsere Frage ist nicht weniger wichtig. Sie kann vom Freudschen Satz »Wo Es war, soll Ich werden« ausgehen: Es kommt nicht darauf an, alles beim alten, nämlich außerhalb von Sprache und Bewußtsein zu belassen. Die therapeutische Absicht zielt ja darauf, Unbewußtes bewußt zu machen, d. h. nicht-sprachliche Verhaltensentwürfe in Sprache einzuholen. Diese therapeutische Absicht macht sich gerade im Eingehen auf die Erzählungen die eigentümliche Verwandlungskraft der Sprache zu eigen, nämlich das im Körper umtreibende *Verlangen* zunächst in erzählbare Bilder, dann aber auf die Höhe *sprachsymbolisch* benannter Lebensentwürfe zu heben. Die aus der Reflexion ausgeschlossenen, nichtbewußtseinsfähigen Impulse sollen über das szenische Verstehen, das beiden Bereichen - der sinnlich-unmittelbaren Interaktion und der Sprache - angehört, mit der Sprache verbunden werden. Die bloß beschreibbaren Szenen sollen - wieder oder auch erstmals - ihren *Namen* bekommen.

Noch einmal können wir den Chevalier Dupin zu Hilfe holen: Ihm ging nicht bloß - wie seinem Freunde - ein halbgestalteter Begriff durch den Sinn, als er die Spuren sah. Er fand vielmehr den Namen des Täters in der Beschreibung des Tieres, oder, genauer gesagt, er fand im Begriff des Tieres zugleich den Namen der Szene, er konnte damit *den Szenen des Unbewußten ihren Namen geben.*

Schließen wir, nachdem wir so ausgiebig von Edgar Poe belehrt wurden, mit dem merkwürdigen Vorspruch, den er der Erzählung vom »Doppelmord in der Rue Morgue« vorangestellt hat:

> »Welch' Lied die Sirenen sangen oder welchen Namen Achill annahm, da er sich unter Frauen verbarg, sind wohlverwirrende Fragen, doch liegen sie nicht jenseits *aller* Mutmaßung« (Poe, 1979, S. 723).

Summary

The analyst as detective, the detective as analyst. - With reference to a detective story by Poe, the author points out the parallels between the psychoanalyst's and the detective's analytic methods. In clarifying hidden connections neither the analyst nor the detective limits himself to rational, logical thought; rather the heart of the problem discloses itself through non-logical thinking, through scenic understanding.

BIBLIOGRAPHIE

Bonaparte, M. (1934): Edgar Poe. Eine psychoanalytische Studie, Bd. II. Wien (Internationaler Psychoanalytischer Verlag).

Freud, S. (1916): Vorlesungen zur Einführung in die Psychoanalyse. GW XI.

Lorenzer, A. (1970): Sprachzerstörung und Rekonstruktion. Frankfurt a. M. (Suhrkamp).

Poe, E. A. (1979): Das gesamte Werk, Bd. 2. Herrsching (Pawlak Verlagsgesellschaft).

ALFRED LORENZER

Die Zerstörung der Sinnlichkeit
Der Beitrag des Christentums zur gegenwärtigen Krise der Symbole - eine kulturwissenschaftliche Analyse

Was ich Ihnen vortrage ist keine theologische Untersuchung, sondern eine kulturwissenschaftliche Analyse, deren Resultate gleichermaßen den Katholiken wie den Nicht-Katholiken, Christen wie Nicht-Christen einleuchten müssen. Natürlich hat eine solche kulturwissenschaftliche Betrachtung der Wechselwirkung zwischen religiösen Symbolen und Menschen auszugehen vom religiösen Selbstverständnis der Betroffenen, sie muß die religiöse Überzeugung gelten lassen, ohne sie in Frage zu stellen, aber auch ohne sie bestätigen zu wollen. Anders formuliert: Meine Untersuchung beschäftigt sich nicht mit dem Wahrheitsgehalt der Kirchenbotschaft, sondern mit ihrer Form, und zwar genauer: mit dem Unterschied zwischen der alten vorkonziliaren Form der Vermittlung der kirchlichen Botschaft und der nachkonziliar-neuen Form.

Ich nehme an, daß einigen von Ihnen die wissenschaftlich-nicht-theologische Betrachtung eines Glaubensgegenstandes zweifelhaft erscheinen muß. Aus der Reihe der Gesichtspunkte, die mein Vorhaben untermauern, möchte ich nur einen geltend machen, der uns für den Augenblick genügen mag, nämlich den: das Zweite Vatikanische Konzil selbst stützte sich auf eine psychologisch-wissenchaftliche Begründung. An den entscheidenden Stellen der Verhandlungen und Texte tauchen Hinweise auf psychologische Begründungen nicht nur beiläufig unterstützend, sondern konstitutiv als Direktiven für die geplanten Veränderungen auf, wie z.B. in Artikel 34 der Konstitution über die Liturgie, wo es von den Riten ganz allgemein heißt:

> „Die Riten mögen den Glanz edler Einfachheit an sich tragen und knapp, durchschaubar und frei von unnötigen Wiederholungen sein. Sie seien der Fassungskraft

---

Der Aufsatz ist zuerst erschienen in: Hohenheimer Protokolle (1986), S. 17-31, herausgegeben von der Akademie der Diözese Rottenburg-Stuttgart.

> der Gläubigen angepaßt und sollen im allgemeinen nicht vieler Erklärungen bedürfen."[1]

Ja schon die Generaldevise des Konzils, nämlich der „aggiornamento" macht unzweideutig, daß es sich bei der ins Zentrum gestellten Pastoralproblematik um einen Stock mit zwei Enden handelt: zwar geht es einerseits um Offenbarung und Glaubenslehre, andererseits aber um die Psychologie der Gläubigen. So heißt es in der Einleitung zum Kommentar zur Liturgiekonstitution von P. Jungmanne[2]:

> „Inzwischen hat die Welt sich gewandelt. Nicht nur die lateinische Sprache, auch die wesenhafte Frömmigkeitsweise der römischen Liturgie, die zur Liturgie der ganzen abendländischen Welt geworden ist, ist dem christlichen Volk fremd geworden. Daneben hat der Aufstieg der Naturwissenschaften und der Technik das Gewicht der diesseitigen Werte und damit die Versuchung zu einem rein innerweltlichen Denken gewaltig gesteigert. Soll die christliche Botschaft noch vernommen werden, muß sie mit neuer Deutlichkeit und Klarheit verkündet werden, vor allem in der allsonntäglichen Versammlung der Gläubigen - in der Liturgie."

Kurz gesagt: es wird auf der einen Seite - inhaltlich - auf die christliche Botschaft abgehoben, auf der anderen Seite aber wird ausdrücklich thematisiert, wohinein die christliche Botschaft zu vermitteln ist: in die Denkformen der gegenwärtigen Menschen, wobei der genannte Kommentar ganz zu recht den alten christlichen Widerspruch gegen die Selbstgenügsamkeit weltlicher Verhältnisse zugespitzt sieht im Widerspruch gegen die herrschende Denkform, gegen ein „innerweltliches Denken". Dieses innerweltliche Denken sieht er verknüpft mit dem Aufstieg von Naturwissenschaft und Technik. Ich zitiere nochmals:

> „Daneben hat der Aufstieg der Naturwissenschaft und der Technik das Gewicht der diesseitigen Werte und

[1] Constitutio de sacra liturgia, S.39.
[2] Constitutio de sacra Liturgia, S.10.

> damit die Versuchung zu einem rein innerweltlichen Denken gewaltig gesteigert."

Die Fronten erscheinen geklärt. Die pastorale Basis der Reform wäre in sich auch widerspruchsfrei-kohärent und einsichtig begründet, käme uns nicht der eine, schon zitierte Satz aus Artikel 34 wie das Indiz einer tiefreichenden inneren Widersprüchlichkeit in die Quere:

> „Die Riten sollen im allgemeinen nicht vieler Erklärungen bedürfen."

Was wird da verlangt? Nach welchem Richtmaß ist die Ritenreform ausgerichtet worden? Nun, ganz offensichtlich an dem Richtmaß einer rationalen Durchsichtigkeit, die auch das innerweltlich orientierte Denken der Naturwissenschaften und der Technik kennzeichnet. Die Devise: „Die Riten sollen im allgemeinen nicht vieler Erklärungen bedürfen" ist die Generalkapitulation vor eben jener Innerweltlichkeit, der die christliche Botschaft ja aber doch widersprechen soll. Denn eben dieses „Erklären", dieses „Alles-rational-in-den-Griff-bekommen-wollen" ist der harte Kern jener Wissenschaften, die dann auch nur das gelten lassen, was ganz und gar rational durchsichtig ist.

Welch später Sieg einer Aufklärung! Errungen zu einem Zeitpunkt, da der Glanz des aufklärerischen Weltbegreifens allenthalben verblaßt.

Doch geht es bei diesem Sieg nicht nur - und nicht einmal in erster Linie - darum, daß mit der Durchrationalisierung der Riten implizite das Fragwürdig-Geheimnisvolle der christlichen Botschaft, deren offenkundige Irrationalität, einem glanzlosen Rationalismus ausgeliefert wird - ich komme darauf noch zurück. Entscheidender ist zunächst, daß mit der Auslieferung der Riten an das rationalistische Ideal der Durchsichtigkeit der Rationalismus gesteigert wird zu jener Vollständigkeit des In-den-Griff-Nehmens, auf dessen Bedenklichkeit schon vor einem halben Jahrhundert die Kritik der Frankfurter Schule aufmerksam gemacht hat. Das In-den-Griff-Bekommen, das rationalistische Streben nach allseitiger, totaler Durchsichtigkeit operationalisiert und instrumentalisiert ja nicht nur die Erkenntnismittel, sondern es sucht auch den Erkenntnis*inhalt* in den Griff zu bekommen, wobei es die Naturausbeutung als Naturbeherrschung legitimiert und von der Naturbeherrschung zur Beherrschung des Menschen fortzuschreiten trachtet. Herbert Marcuse hat das so umrissen:

> „Ich möchte den zuinnerst instrumentalistischen Charakter dieser wissenschaftichen Rationalität darlegen, kraft dessen sie *a priori* Technologie ist und das Apriori einer *spezifischen* Technologie - nämlich Technologie als Form sozialer Kontrolle und Herrschaft. (...) Die Prinzipien der modernen Wissenschaft waren a priori so strukturiert, daß sie als begriffliche Instrumente einem Universum sich automatisch vollziehender, produktiver Kontrolle dienen konnten; der theoretische Operationalismus entsprach schließlich dem praktischen. Die wissenschaftliche Methode, die zur stets wirksamer werdenden Naturbeherrschung führte, lieferte dann auch die reinen Begriffe, wie die Instrumente zur stets wirksamer werdenden Herrschaft des Menschen über den Menschen *vermittels* der Naturbeherrschung. Theoretische Vernunft trat in den Dienst praktischer Vernunft... Die Verschmelzung erwies sich als vorteilhaft für beide. Heute verewigt und erweitert sich die Herrschaft nicht nur mittels der Technologie, sondern *als* Technologie, und diese liefert der expansiven politischen Macht, die alle Kulturbereiche in sich aufnimmt, die große Legitimation."[3]

Und ein anderes Zitat:

> „Die unaufhörliche Dynamik des technischen Fortschritts wurde vom politischen Inhalt durchdrungen und der Logos der Technik in den Logos fortgesetzter Herrschaft überführt. Die befreiende Kraft der Technologie - die Instrumentalisierung der Dinge - verkehrt sich in eine Fessel der Befreiung, sie wird zur Instrumentalisierung des Menschen."[4]

Wie kommt es, daß die Kirche just in diesem geschichtlichen Moment, da sich das instrumentalistisch-manipulative Unheil eines totalisierten Rationalismus abzeichnet, den Kern ihres

---

[3] Marcuse, S.172.

[4] Marcuse, S.173.

Kultes, das Ritual und seinen Inhalt, das Numinose, an das rationalistische Ideal der Erklärbarkeit ausliefert? Die sozioökonomischen und soziokulturellen Beweggründe, die hinter diesem Verfall an den Zeitgeist stehen, habe ich, zumal im Abschlußkapitel meines Buches, ausführlich erörtert - ich muß das hier übergehen, um in der kurzen Zeit, die mir zur Verfügung steht, wenigstens in Umrissen die Struktur der Veränderung und deren Folgen vorstellen zu können.[5]

Ich möchte den Umbau des Rituals kennzeichnen durch zwei Begriffe, die als Merkmale eines zusammenhängenden Sachverhalts ineinander übergehen. Es sind dies

- die Pädagogisierung des Kultes und
- die Verbalisierung des Numinosen.

Beginnen wir bei der Pädagogisierung des Kultes. Sie nimmt sich zunächst aus als ein emanzipatorischer Schritt der Unterrichtung, der Belehrung und d.h. des Teilnehmenlassens der Gläubigen am Lehrgehalt der vermittelten Botschaft:

> „In der liturgischen Bewegung geht es darum, die wieder eifriger gepflegte Predigt enger mit der Messe zu verbinden und sie nach Inhalt und Form wieder ihrem Rahmen einzufügen. (...) Einige wünschten freien Raum für die in manchen Ländern übliche fortlaufende Behandlung von Katechismusabschnitten. (...) es soll damit nicht eine bloße Exegese des gelesenen Abschnitts verlangt sein, sondern im freien Anschluß an den Text einer der Lesungen oder auch an eine anderweitige Einzelheit in Wort oder Ritus der Liturgie selbst soll eine gewiß weniger systematische, aber darum nicht unvollständige Unterweisung für das religiöse und sittliche Leben der Gläubigen geboten werden. Sie wird in den beiden Festkreisen des Kirchenjahres mehr den Heilstatsachen und ihren Auswirkungen zugewendet, außerhalb derselben aber um so mehr für alle Fragen der sittlichen Lebensordnung offen sein.“ [6]

[5] Vgl. dazu Lorenzer, Konzil.
[6] Konstitution, S. 113.

Es vollzieht sich eine Umgewichtung der Liturgie hin zur Wortverkündung.

> „Gegenüber einem einseitigen, zum Teil gegenreformatorisch bedingten 'Sakramentalismus' stellt die Konstitution häufig und betont die Wirkkraft des Wortes ins Licht."[7]

Damit vollzieht sich eine Neugewichtung zu einer Wortverkündigung, die auf eine fortwährende Christenlehre abgestellt ist, eine curriculare Lehrveranstaltung, eine zwar nicht gerade „systematische", „aber darum nicht unvollständige Unterweisung für das religiöse und sittliche Leben der Gläubigen". Ein Dauerunterricht, dessen erzieherische Absicht fatale Ähnlichkeit hat zu jener protestantischen Pastoralpädagogik des 18. Jahrhunderts, über die sich schon Goethe lustig gemacht hat. Die christliche Botschaft wird umgesetzt in die kleine Münze lebenspraktischer Verhaltensanweisungen. Brauchbar, pragmatisch. Die Wirkkraft des Wortes ist abgestellt auf Unterweisung.

Welcher Unterschied zwischen derartig auf Unterweisung ausgerichteten durchrationalisierten Texten und der ganz und gar anderen, nämlich kultischen Absicht der alten sakralen Texte, in denen sich Geschichte niedergeschlagen hat in Bildern, deren Wirkkraft sich eben nicht in sofortige didaktische Brauchbarkeit umsetzen läßt. Ich zitiere aus einer Studie über das römische Missale:

> „Wie gelangt (...) der Mittwoch nach dem zweiten Fastensonntag bei der Station der heiligen Cäcilia zu dem Evangelium von den beiden Söhnen des Zebedäus, die im Reiche Christi zur Rechten und zur Linken zu sitzen begehren und denen die Prophezeihung geschieht, daß sie den Leidenskelch Christi durch Martertod trinken werden? Den Schlüssel gibt die Geschichte der Heiligen der Kirche (der römischen Stationskirche A.L.). Neben Sankt Cäcilia wurde das Brüderpaar Tiburtius und Valerianus in der Stationskirche verehrt, und diese haben als Genossen des Martyriums Cäcilias den Leidenskelch des

[7] Konstitution, S.20.

> Herrn getrunken. Auf einem Bilde des Papstes Paschalis I. krönte in dieser Kirche ein Engel die heilige Cäcilia, die von Tiburtius und Valerianus umgeben war. Sollte ein ähnliches Gemälde oder Apsismosaik die Wahl des Evangeliums geweckt haben? In der Lection ertönt das rührende Gebet des Vaters der Esther, Mardochäus, für die Rettung seines Volkes. Durch Esthers Fürsprache beim König wurde das Gebet wirksam gemacht. Esther vertritt hier als Retterin des Volkes die Stelle der heiligen Cäcilia, die durch ihre Fürbitte die Stadt Rom beschützt."[8]

Ich muß es mir versagen, den Unterschied der Textstruktur ausführlicher zu analysieren. Aber ich glaube, es wird Ihnen schon von dem eben zitierten Hinweis her deutlich, daß wir zwei ganz verschiedene Symbolqualitäten vor uns haben. Die eben zitierte alte Textur hat bildhaft-poetische Qualität, die angestrebten Unterrichtungstexte tendieren zu pragmatisch-zweckbestimmter Diskursivität.

Nun blieb die Reform nicht beim Verbal-inhaltlichen der Botschaft stehen, nicht bei der Veränderung der Texte, sondern sie hat ja vor allem die rituelle Vermittlung der Botschaft angegriffen, um das Ritual in den Dienst der Unterweisung zu stellen. Die Pädagogisierung des Kultes schlägt durch zur Pädagogisierung des Rituals. Das heißt vorweg: Das Ritual wird didaktisch operationalisiert, es wird instrumentalisiert, es wandelt seinen kultischen Charakter in den eines Einflußinstrumentes. Dafür ein paar Beispiele nur. Zunächst ein eigener Eindruck aus einer Kirche in Mexico City:

In der aus der frühen spanischen Kolonialzeit stammenden Barockkirche war ein Altartisch an der Stelle der ehemaligen Chorschranke aufgebaut worden. Davor waren starre Kirchenbänke neu errichtet. Der Prieser zelebrierte die Messe - zum Volk hin selbstverständlich -, ... Lesungen und rituelle Handlungen unterbrach der Zelebrant immer wieder mit Befehlen wie „Jetzt knien wir nieder!", „Jetzt stehen wir auf!", „Jetzt setzen wir uns!" - mit Erfolg: die Gemeinde stand jeweils folgsam auf, kniete nieder usw. Zugleich waren die Lesungen und Texte

---

[8] Grissar, Missale, S.29.

eingebunden in einen Dialog, der die gedankliche Teilnahme unter Kontrolle nahm, einen Dialog, bei dem „jedes Glied zu sprechen, zu singen und zu tun hat, was ihm zukommt". Inhaltlich und formal handelt es sich also um einen Dialog, für den Kainz den treffenden Namen eines „Kollektivmonologs" gefunden hat.

An diesem Beispiel wird die Umfunktionierung des Rituals augenfällig. Verklammerte ehedem das Ritual den liturgischen Text mit dem Gesamt der bildhaft-poetischen Symbole und evozierte es damit den poetischen Gehalt des Mythos, so erlosch inzwischen nicht nur diese Einbeziehung, verlor nicht nur der mythische Text seine präsentative Charakterisierung zugunsten einer diskursiv-ideologischen, sondern kehrte sich das Verhältnis von Bestimmung und Bestimmtheit zwischen Text und Ritual geradezu um: Das Ritual tritt nun als Disziplinierungsübung in den Dienst der ideologischen Textvermittlung. Dieser „Funktionswandel" des Rituals, seine Indienstnahme als Träger einer ideologisierten Liturgie bekundete sich bei einer schon disziplinierten Gemeinde in einem Gottesdienst in einer Altstadtkirche Neapels in folgender Weise:

Über dem Portal ist ein rotes Transparent ausgespannt mit einem schwarzen fünfzackigen Stern - keinem Kometen, wohlgemerkt - und dem Weihnachtstext „Das Wort ist Fleisch geworden". In der Kirche sind die alten Seitenkapellen verstellt durch Plakatwände mit Texten, plakativen Bildzeichnungen und stilisierten Köpfen: die Gemeinschaft der Völker um Christus. Die Messe verläuft wie oben geschildert, nur daß sich hier die Befehle erübrigen - Aufstehen, Knien, Hinsetzen funktionieren von selbst. Dafür beweist der Priester reichlich motorisch-akustische Bewegung: Bei den frei gestalteten Predigtstücken nimmt er das Mikrophon vom Ständer, um vor der Gemeinde agitierend auf und ab zu gehen.

Eine andere Nuance zeigte sich während einer Sonntagsmesse in der Kirche Santo Domingo in Oaxaca. Die Kirche aus dem 16. Jahrhundert gilt als eine der schönsten Barockkirchen Mexikos, wobei die Rosenkranzkapelle besondere Beachtung genießt. In dieser Rosenkranzkapelle mit lückenlos reicher Ornamentierung der Wände, in der zwischen den Seitenaltären - mit reichem Altaraufbau - die Wand überzogen ist mit Arabesken und Blattornamenten bis hin zu der zartfarbenen Medaillondecke, waren die Altarkörper samt den Altarstufen herausgerissen worden: Nacktes, grob abgeschlagenes Mauerwerk trat hervor. Geschehen war dies, um Platz zu schaffen für starre Kirchenbänke in strenger Reihung vor dem im vorderen Drittel aufgebauten Altarpodest. Die Gläubigen saßen in Reih und Glied auf den Kirchenbänken. Der zelebrierende Priester trug ein Mikrophon um den Hals. Ein zweiter Priester agierte seitlich zur Bankreihe mit beweglichem Mikrophon, die Gesänge intonierend, Tempo und Ablauf des kollektivmonologischen „Dialogspiels" lautstark regelnd, die Gemeinde fest im Blick wie ein Fußballtrainer seine Mannschaft.

Wohlverstanden, ich möchte hier nicht Auswüchse anprangern, sondern in diesen Grotesken das Bedenkliche des ganz durchschnittlich Üblichen sichtbar machen, nämlich die Instrumentalisierung des Kultes im Dienste der Volksbelehrung, der Volkserziehung.

Stand die Belehrung ehedem als Auslegung am Rande und im Dienste des Kultes, so kehrt sich die Situation um, das Ritual wird zum Instrument der Verhaltenseinprägung und das heißt der Disziplinierung der Gläubigen. Der Umbau des Rituals zum Instrument lebenspraktischer Disziplinierung wirkt nun seinerseits aber auf die religiösen Inhalte zurück: Sie werden unmittelbar umstandslos zur autoritativ-lebensanleitenden Ideologie.

Damit sind wir beim zweiten Punkt angelangt: Der Verbalisierung des Numinosen - wobei der Begriff „Numinosum" in unserer - ausdrücklich kulturwissenschaftlichen Perspektive nicht aufs Christliche eingeengt verstanden werden soll, sondern generell auf die auszeichnende Eigenart von Ritual und Sakrament anspielt, nämlich darauf: ausgerichtet zu sein auf die zentralen Lebensrätsel. Was das bedeutet, möchte ich Ihnen im Anschluß an Susanne Langer kurz darstellen. Die Philosophin hat diesen Sachverhalt eindrucksvoll umrissen. Langer führt von den Wurzeln des Rituals in grauer Vorzeit folgendes aus: Was in Ritual und Mythos ausgedrückt wird, sind nicht einzelne Lebenserfahrungen, sondern sind die „Lebenssymbole“ selbst. Anders formuliert, es sind die zentralen Problembereiche des Leib-Seele-Verhältnisses, der Auseinandersetzung mit dem anderen Menschen in der Liebe und mit dem „anderen“ in Macht und Tod.

> „Sie sind Teil des unablässigen menschlichen Suchens nach Begreifen und Orientierung. In ihnen verkörpert sich ein dämmerndes Wissen von Macht und Willen, von Tod und Sieg, sie verleihen seinen dämonischen Ängsten und Idealen aktive und eindrucksvolle Form.“[9]

> „Das Ritual ist der primitivste Widerschein ernsthaften Denkens, ein später Niederschlag gleichsam einer imaginativen Einsicht ins Leben. Daher ist es seinem Wesen nach feierlich, wenn auch mitunter Freuden- oder Triumphriten in bloße Ausgelassenheit, Ausschweifung und Zügellosigkeit ausarten können“.[10]

> „Sympathetische Magie, die aus dem mimetischen Ritual entspringt, gehört hauptsächlich der stammesgebundenen, primitiven Religion an. Es gibt jedoch einen Typus von Zeremoniell, der sich auf allen Stufen von der wildesten bis zur zivilisiertesten Frömmigkeit, vom blinden Zwangsverhalten durch magische Beschwörung bis zu den Höhen bewußten Ausdrucks behauptet: das ist das Sakrament.“[11]

Es führt mithin ein Weg

> „von diesem primitiven Sakramentalismus bis zu einer wirklichen Theologie, einem Glauben an Olympier, ... oder an ein himmlisches Jerusalem, wo ein dreieiniger Gott thront.“[12]

Kurzum, es geht um die Formulierung der zentralen subjektiven Konfliktsituationen, der „Grundsituationen“, „Grundzustände“, die in Ritual und Mythos „verbildlicht“ werden, um als „kollektiv gültige" Lösungsformeln zu dienen. Im Ritual

---

[9] Langer, Philosophie, S.159 f.
[10] Langer, Philosophie, S.161.
[11] aaO. S.164.
[12] aaO. S.167 f.

kann sich das Individuum in seinem Verhältnis zum Leben insgesamt ausdrücken:

> „In erster Linie ist es eine *Artikulation* von Gefühlen. Das Endergebnis solcher Artikulation ist nicht eine einfache Gemütsbewegung, sondern eine komplexe, permanente innere *Haltung*. Diese Haltung - die Antwort des Verehrenden auf die durch die Heiligensymbole verliehene Einsicht - durchherrscht, als seine emotionale Struktur, jedwedes individuelle Leben. Ein deutlicheres Medium, um diese innere Haltung zu erkennen, als die formalisierte Gebärde gibt es nicht; in dieser kryptischen Form wird sie erkannt und gewährt dem Stamm oder der Gemeinde ein starkes Gefühl von Zusammengehörigkeit, Rechtlichkeit und Sicherheit. Ein regelmäßig geübter Ritus bedeutet die ständige Wiederholung von Empfindungen gegenüber den „ersten und letzten Dingen"; er ist kein freier Ausdruck von Gemütsbewegungen, sondern die disziplinierte Übung „richtiger Haltung".[13]

Von Ritual und Mythos gilt:

> „Das Ritual beginnt mit motorischen Haltungen, die, so persönlich sie zunächst auch sein mögen, zugleich veräußerlicht und damit allgemein zugänglich werden. Der Mythos hingegen entspringt in der Phantasie."[14]

Aus diesen Zitaten wird schon ersichtlich, weshalb Langer dem Ritual und Mythos einen so ausgezeichneten Platz einräumt: In beiden Symbolgruppen bündelt sich die Lebensorientierung. Der Mythos ist der Versuch, die unaussprechlichen Grundlagen der Identität in Bilder zu fassen, also über die Grenzen der rational-diskursiven Erkenntnismöglichkeiten hinauszugehen. Im Ritual wird Identität in „Lebenssymbolen" dargestellt, und zwar nicht vage intellektuell, sondern sinnlich unmittelbar, leiblich. Das schließt für Ritual und Mythos eine weitere Auszeichnung ein: als bildhafte Symbole sind sie Vorposten auf dem Weg der Vermittlung von Sinnlichkeit und Bewußtsein. Sie sind Marksteine der symbolischen Fassung der

---

[13] aaO. S.155.

[14] aaO. S.152.

Sinnlichkeit. Sie sind dies jedoch nicht individuell-lebensgeschichtlich isoliert, sondern „kollektiv verbindlich". Ritual und Mythos markieren am Punkt des Individuums die Stelle, an der sich die beiden großen Bewegungen der Symbolbildung fundamental kreuzen: die Linie von der unbewußten Sinnlichkeit zum Bewußtsein und die Spannung zwischen Individualität und Kollektivität, wobei diese Bewegungen das Individuum da treffen, wo Körperlichkeit, Emotionalität und Bewußtsein noch ungetrennt zusammen sind: in den leiblichen Gesten. Damit ist eine weitere Besonderheit verbunden: In diesem Kontext ist der Mensch selbst Mittel der Darstellung. Bedeutungsträger ist die menschliche Geste, womit das Ritual in eine Reihe mit Tanz, Pantomime, Theater gestellt ist. Und auch hier hat das Ritual den Vorrang der vollen Konfrontation mit den „Lebensrätseln" und der stärkeren Verdichtung von Individualität und Kollektivität in der „Tiefe des Gemüts". Nochmals ein Zitat von Langer:

> „Zunächst dürften die „Tanz" - Handlungen den Charakter des Pantomimischen gehabt haben - erinnernd an das, was die große Erregung hervorgerufen hatte. Ihre allmähliche Ritualisierung bewirkte, daß das gefeierte Ereignis in den Gemütern festgehalten wurde. Anders ausgedrückt: es muß konventionelle, bestimmten Gelegenheiten zugeordnete Tanzweisen gegeben haben, die mit dieser Art von Gelegenheit so innig assoziiert waren, daß sie alsbald deren Begriff vergegenwärtigten und verkörperten - mit anderen Worten, es müssen symbolische Gesten entstanden sein."[15]

Erinnern wir uns: Vor dem Konzil entfaltete sich am Altar die historisch gewachsene Choreographie eines sakralen Tanzes mit bedeutsamen (aber nicht rationalistisch durchsichtigen) Gesten, dem Sprechgesang der lateinischen Texte, der Intonation von Hymnen und Gesängen, auf die der Chor antwortet. Mit zum Spiel gehörte die unalltägliche Fülle der Altaraufbauten. Das Geschehen am Altar war eine Einheit aus sakral verhülltem Text, Gesang, ritueller Gestik, Musik, Weihrauchdämpfen, fest-

[15] Langer, Philosophie, S.133.

lichem Raum, als einem „Theater" in jenem vorzüglichen Sinne, der bis in die Antike zurückweist. Die Liturgiereform hat diese Einheit ins Herz getroffen. Was das Konzil hervorbrachte, war keine Veränderung, sondern ein qualitativer Umschlag. An die Stelle der alten Kultur eines sinnlich-bildhaften Symbolgefüges trat eine ad hoc erfundene Lehrveranstaltung.

Kurzum, die Reform hat das Kunstwerk „Ritual" von Grund auf zerschlagen und dadurch die Liturgie voll ideologisiert: als Lehrveranstaltung mit didaktisch eingerichteten, curricular gegliederten Texten. Im übrigen konnte eine solche Reformoperation wie die des Zweiten Vatikanischen Konzils tatsächlich nur zur Zerstörung führen: Die Ambition, in ein kulturell gewachsenes Kunstwerk einzugreifen durch Beschlußfassung einer Versammlung von Funktionären, ist entweder naiv oder größenwahnsinnig, vergleichbar nur jener Kulturverachtung, die sich im Erfinden von Kunstsprachen austobt. Deshalb ist der Einwand, das Konzil habe in einer Art „Kulturrevolution" Altes aufgelöst, um Neues an dessen Stelle zu setzen, von vornherein absurd. Da, wo die Auflösung von Versteinerungen notwendig und geschichtlich angemessen wäre, müßte diese sich von unten und in kritischer Umbildung aus der Spannung von neuem Formbedürfnis und alter Formsprache entfalten, nicht aber als „Planung von oben", als intellektuelle Neugestaltung, die so kreativ ist, wie wenn der Kulturausschuß einer Stadtverordnetenversammlung sich anmaßen würde, die Dramen fürs städtische Theater selbst zu verfassen.

Die rationalistische Zerstörung des Zugangs zum Numinosen und die Zerstörung der Sinnlichkeit gehören zusammen, sie sind Produkte desselben Appeasement an den Zeitgeist.

Letzten Endes läßt sich der Kulturkampf des Zweiten Vatikanischen Konzils als Kampf gegen die „Phantasie" formulieren. Als Kampf gegen die „Phantasie von unten" wird dieser Kulturkampf verhängnisvoll für die politische und soziale Zukunft.

Gerade weil Sinnlichkeit nicht so hurtig in - kollektive - Symbole gefaßt werden kann, wie Meinungen zu ideologischen Figuren zusammenschießen, wiegt jede Zerstörung des Gewachsenen schwer, insbesondere für die Gruppen der „Sprachlosen" und deren Beitrag zur „Phantasie".

Die Brutalität des Eingriffs mag die Gegenüberstellung zweier Szenen veranschaulichen, die den Unterschied zwischen der „altgewachsenen" und „neureglementierten" Volksfrömmigkeit grell sichtbar macht: die Szene einer Dorfkirche bei Oaxaca und das Szenarium in der neuerbauten Basilika von Guadalupe.

32 Kilometervon Oaxaca entfernt an der Straße nach Mitla wird in der Rosenkranzkapelle der Dorfkirche von Tlacolula (mit einer prächtigen, silberüberzogenen altersgeschwärzten Stuckdecke) ein Wallfahrtskreuz verehrt. Am Festtag - im September -, der den Platz vor der Kirche zu einem Festplatz mit Bratstellen, Buden mit Rosenkränzen, Heiligenbildern, Kerzen, Süßigkeiten und Früchten macht, ist der Wallfahrtsaltar übersät mit Blumen. Die Wallfahrer gehen ein und aus, bringen neue Blumen zum Altar mit einer eindrucksvollen Geste: mit den Blumen wird das Kreuz berührt, dann streicht man mit ihnen den Mitgekommenen, den Frauen, Männern, Kindern, zärtlich über das Gesicht.

Vergleichen wir mit diesem sicherlich weder vom Heiligen Stuhl noch irgendeinem Bischof kanonisierten Ritual die neugeregelte Volksfrömmigkeit an dem illustren und exemplarisch bedeutsamen Ort der neuen Basilika von Guadalupe, die die baufällige alte Basilika ersetzt.

Die neue Basilika wurde am 12. Oktober 1976 eingeweiht, in Anwesenheit eines Kardinallegaten und von 150 Kardinälen, Erzbischöfen und Bischöfen. Die neue Basilika ist ein Rundbau mit einem Zeltdach - mit den Dimensionen, dem Aussehen und dem Charme einer Radrennhalle. Konziliar korrekt erhebt sich in ihrer Mitte ein Altar, hochgebaut am Rande einer dahinter aufsteigenden steinernen Rundtribühne, amphitheatralisch besetzt mit Reihen von Ledersesseln (nach Fabrikherren-Art) für die Geistlichkeit. Davor im Parterre das Halbrund der Bänke der Gläubigen. Konzilsgetreu lenkt nichts von dem - natürlich - leeren, mit Kerzenleuchtern umstellten, Altartisch ab. Die Halle ist schmucklos, mit zwei Ausnahmen: einem Gehänge von „künstlerisch gestalteten" elektrischen Lampen - wie wir das von anspruchsvollen Mehrzweckhallen kennen - und dem, exzentrisch zur Achse der Kirche angebrachten Gnadenbild der Madonna von Guadalupe. Da dieses Gnadenbild - ein Bild auf einem Tuch - relativ hoch angebracht ist (es würde sonst von der Ledersessel-Tribüne verdeckt), ist es in einem vergoldeten Rahmen mit schräg nach vorn geneigten Glasscheiben (in der Art, wie in der modernen Warenhausarchitektur die Schaufenster im ersten Stock angeordnet sind) ausgestellt. Der Zugang zum Gnadenbild ist für diejenigen, die sich nicht mit Blicken aus erheblicher Distanz über den Altar und die Tribüne hinweg begnügen wollen, möglich durch einen Korridor, der sich als schmale Schlucht zwischen der Wand (mit dem Gnadenbild) und der ein paar Meter hohen Hinterfront der Marmortribüne der Geistlichkeit durchzieht. Verehrende Volksfrömmigkeit ist recht beengt, verfügt aber über einen beachtlichen technischen Komfort: Das Gnadenbild selbst hat einen elektrischen Aufzug für jene Fälle, da es zu den kirchlichen Prozessionen von seinem Platz genommen werden soll. Für die Volksverehrung ist der Korridor vorbereitet durch vier Reihen von Rollbändern, denselben Rollbahnen aus Aluminium und mit Gummilaufbändern, die man im Flughafen Frankfurt zum Passagiertransport installiert hat. Der Boden der Wallfahrtsrollbahn besteht also aus Aluminiumrippen. Der Versuchung, vor dem Gnadenbild zu knien, ist mithin ein Riegel vorgeschoben. So ballen sich denn die knieenden Gläubigen vor dem Anfang und nach dem Ende der Laufbahn.

Ohnehin ist die Volksfrömmigkeit in ihre konziliaren Schranken verwiesen: Wallfahrtsgruppen, die mit ihren Blumenkränzen in die Basilika einziehen, nehmen ihren Weg in erbärmlicher Einsamkeit zwischen Putzfrauen, die mit übergroßen Mops den Marmorfußboden unablässig auf Hochglanz halten. Das verirrte Häuflein der Gläubigen hat Gelegenheit, den Blumenschmuck, ihre farbig wilden Kränze, abzustellen: an einer marmornen Stellwand, weitab vom Gnadenbild - Relikte einer zum Aussterben verurteilten Kultur, obsolet in dieser technisch perfektionierten Massenversammlungshalle.

Der Psychiater Friedrich Mauz (317) hat in den vierziger Jahren in die Schizophreniebehandlung das meditative Verfahren der „lösenden Bilder" eingeführt: das „Ansprechen von Erinnerungsbildern" aus der Vergangenheit der Patienten. Nicht von ungefähr reihte er hier religiöse Szenen ein - den Weihnachtsabend, den Fronleichnamszug als sommerliches Fest mit Weihrauch und Birkenduft, Blumenteppichen, Goldgewändern, Kirchengerät, geschmückten Fenstern usw. Kaum anzunehmen, daß der technische Terror der Wallfahrtsrollbahn von Guadalupe in diese „lösenden Bilder" passen würde.[16]

Vergleicht man die beiden Szenarien miteinander, dann wird mit einem Schlag die Tiefe des „Verrats an der Sinnlichkeit" erkennbar. Was sich in der Dorfkirche von Tlacolula abspielte, war ein Fest der Zärtlichkeit, die in der modernen Wallfahrtsmaschinerie von Guadalupe erbarmungslos zerrieben wird.

Freilich hat die Konzilskirche mit ihrem Verrat an der Sinnlichkeit ein leichtes Spiel gehabt. Die Intellektuellen aller Lager sind auf demselben Auge blind. Jedoch nicht nur die Intellektuellen, die insgeheim alle in der Tradition des lustfeindlichen Protestantismus und der rationalistischen Aufklärung stehen, sondern jedermann im Schatten der fatalen Antithese von Sinnlichkeit und Bewußtsein: Sinnlichkeit reduziert auf Sexualfunktionalität, und Bewußtsein geronnen zu asketischer Gedankenblässe, unter Ausklammerung der sublimierten Erotik, deren Affektkultur ein entfaltetes Spielfeld von „kollektiven" Symbolen erfordert. In der christlichen Welt hatten sich im religiösen Leben Nischen dieser Kultur erhalten. Das Konzil hat keine Mühe gescheut, um diese „heidnischen Nischen" auszuräumen. Im Vergleich der Szenen von Tlacolula und Guadalupe zeigt sich, wie nahtlos sich das Konzil und seine Folgen in die Angestellten-Kultur der verwalteten Welt einfügen.

Es ist in beiden Fällen derselbe Feind, der aufs Korn genommen wird: nichtreglementierte, nicht marktvermittelte Sinnlichkeit, zumal im offensichtlich verpönten Zusammenhang von Sinnlichkeit und Geschichte und zumal als Sinnlichkeit unkon-

[16] Vgl. Mauz, Der psychotische Mensch.

trollierter Gruppen; einer Sinnlichkeit, die die Übereinstimmung zwischen objektiv-verordnetem Zeichensystem und den Lebensentwürfen im Individuum stören würde.

Es ist tragisch, daß die römische Kirche in eben dem Augenblick ihr Ritual intellektualistisch preisgegeben hat, in dem der Rationalismus der Aufklärung als Verhängnis durchschaut wird.

Man muß sich klarmachen: Sinnlichkeit und Phantasie sind keine biologischen Potentiale, sondern das Resultat von Bildungsprozessen, und zwar von solchen, bei denen neben und unterhalb der weitgehend herrschaftsfunktionalen Sprachsymbole eine sinnliche Symbolik in relativer Unabhängigkeit sich entfaltete. Es ist zwar zutreffend, daß solche sinnlichen Symbolsysteme immer wieder entstehen können - ich habe am Beispiel der Blues und Spirituals der amerikanischen Negersklaven das angedeutet. Aber: Zum einen basiert auch diese scheinbar spontan aufbrechende Kultur auf einer alten Tradition, der musikalischen afrikanischer Stämme, der die Sklaven entstammten. Zum anderen läßt sich das „von oben her“ nicht anleiten. Sinnliche Symbolsysteme können „von oben her“ zwar vernichtet, sie können von oben her auch reglementiert werden, sie können aber nicht einfach verfügt werden. Weil eine „Kulturrevolution von oben“ die Mitsprache der Sprachlosen zerstört, ist sie darüber hinaus aber nicht nur ethnozentrisch verhängnisvoll, sondern weltweit bedenklich als Versteinerung einer Trennung von Kopf und Hand. Die verbalistische Aushöhlung des Rituals ist Moment einer solchen Versteinerung.

Es ist tragisch, dass die römische Kirche in eben dem Augenblick ihr Ritual intellektualistisch preisgegeben hat, in dem der Rationalismus der Aufklärung als Verhängnis durchschaut wird.

Es ist tragisch, daß sie in dem Moment die geschichtlich gewordenen sinnlichen Symbolsysteme - von der Liturgie bis zum Raum und zur gewachsenen Verbindung von Ritual und Musik - aufgegeben hat, da die Bedeutung der geschichtlich gewordenen Kultur als Widerstandspunkt gegen eine konsumistische

Manipulation der Menschen - wie Pasolini das genannt hat - aktuell wurde.

Es ist tragisch, daß sie alle sinnlichen Spiele verabschiedete zugunsten einer didaktisch pädagogischen Lebensregulierung in eben dem Augenblick, da alle reglementierende Didaktik als Methode herrschaftsfunktionaler Zurichtung der Menschen durch die Menschen ihre zerstörerische Wirksamkeit zu enthüllen beginnt.

Wenden wir den Blick von der Konzilskritik auf die Zukunft. Ich möchte „von außen" denen, die „in der Kirche" Verantwortung tragen zu bedenken geben:

1. Wir alle - Christen wie Nicht-Christen - kommen aus einem weitgehend christlich bestimmten Zusammenhang. Die Geschichte des „christlichen Abendlandes" ist unsere gemeinsame Geschichte, die sich in sichtbaren Symbolen darstellt, genauer gesagt, die über sichtbare Symbole in den Menschen zu erlebter Geschichte wird - emotional, nicht nur kognitiv. Mögen den Christen die Kirchenbauten vorwiegend „Gotteshäuser" sein, für alle sind sie geschichtliche Zeugnisse, die in den Menschen den kollektiven Erlebniszusammenhang herstellen.

2. Die Erlebnisstärke ist an die Form gebunden - und Formbildung ist ein komplexes kollektives Vermögen, ist kulturelle Praxis, die keine jähen Brüche erträgt. Die Sorge für den überkommenen „Kulturbesitz" ist ein zentrales Merkmal einer lebendigen kulturellen Auseinandersetzung. Galten die Bilder, Plastiken und sakralen Räume im Mittelalter als „biblia pauperum", so sollten sie gerade in ihrer bestehend überkommenen Form als „biblia omnium" heute erhöhten Schutz genießen.

LITERATUR

Constitutio de sacra liturgia, Konstitution über die heilige Liturgie, Lateinischer Text aus: *Acta Apostolicae Sedis* (56) (1964) S. 97-138, deutsche Übersetzung, hrsg. im Auftrag der deutschen, österreichischen und schweizerischen Bischöfe von den liturgischen Kommissionen der Bischofskonferenzen Deuschlands, Österreichs und der Schweiz, verbesserte Fassung. Vorwort von Prälat Dr. Johannes Wagner, Trier, und Einleitung und Kommentar von Universitätsprofessor Dr. Josef Andreas Jungmann SJ, Innsbruck im Auftrag des liturgischen Instituts in Trier.

Die Konstitution des II. Vatikanischen Konzils über die heilige Liturgie, lateinisch-deutscher Text mit einem Kommentar von Emil Josef Lengeling, in: *Lebendiger Gottesdienst,* Heft 5/6.

H. *Grissar* S.J., Das Missale im Licht römischer Stadtgeschichte. Stationen, Perikopen und Gebräuche. Freiburg 1925.

S.K. *Langer,* Philosophie auf neuem Wege. Frankfurt 1965.

Alfred *Lorenzer,* Das Konzil der Buchhalter. Die Zerstörung der Sinnlichkeit. Eine Religionskritik. Frankfurt 1981.

H. *Marcuse,* Der eindimensionale Mensch. Neuwied 1970.

F. *Mauz,* Der psychotische Mensch in der Psychotherapie, in: Archiv f. Psychiatrie 181 (1948) 337-341.

ALFRED LORENZER
Psychoanalyse als kritische Theorie

Das Verhältnis zur Psychoanalyse gehört so sehr zu den Grundinteressen der Frankfurter Schule, daß eine Auseinandersetzung mit der zentralen Gestalt Horkheimer nicht daran vorbeigehen kann. Freilich

- daß Psychoanalyse als »Hilfswissenschaft der Geschichte«[1] in Dienst genommen
- und unter Psychologie auf fortgeschrittenstem Stande bei Horkheimer allemal die Psychoanalyse gemeint war,
- daß dieser Psychoanalyse eine entscheidende Rolle bei der Abwehr ökonomistischer Vereinfachungen des dialektischen Materialismus zugedacht war,

all das ist zu wohlbekannt, als daß man es in diesem Kreise erörtern müßte.

Zu erinnern ist allenfalls an die intensive personelle Wechselbeziehung zwischen den Mitgliedern des Instituts für Sozialforschung und dem Kreis Frankfurter Psychoanalytiker, angefangen von der Gründung des ersten Frankfurter Psychoanalytischen Instituts in den Räumen des Instituts für Sozialforschung und der Verbindung vor allem zwischen Horkheimer und Landauer in wechselseitiger Anregung. Die personellen wie sachlichen Verflechtungen, in die Erich Fromm, Frieda Fromm-Reichmann, S. H. Fuchs, Leo Löwenthal, Heinrich Meng und andere einzubeziehen sind, zeigen im Rückblick ein so enges Gewebe, daß eine neue Untersuchung darüber, wie es zur Verleihung des Goethe - Preises an Sigmund Freud kam, wie von selbst zur Frage drängte, ob »die Anregung, den Goethe-Preis an Freud zu verleihen, aus diesem Kreis [kam]? Der Gedanke liegt nahe...«[2]

---

[1] Max Horkheimer, >Geschichte und: Psychologie<, in: *Zeitschrift für Sozialforschung*, Band 1, Leipzig 1932, S. 135.

[2] Schivelbusch, *Intellektuellendämmerung*, Frankfurt am Main 1985, S. 102.

Zu erinnern ist an diese intensive Wechselbeziehung vor allem deshalb, weil auch sie zu den flüchtigen Episoden der Berührung von Psychoanalyse und kritischer Sozialwissenschaft gehört, die seit den zwanziger Jahren immer wieder aufgeflakkert sind, einen Moment lang eine beidseits faszinierte Szene erhellten, dann aber ebenso schnell wieder erloschen sind. Freilich, die Frankfurter Schule macht darin insofern eine Ausnahme, als das Interesse an der Psychoanalyse von dort her nie völlig verschwand, dieses Interesse vielmehr sich immer wieder - bis hin zu zentralen Theorieproblemen der Psychoanalyse - zu Wort meldete, ohne jedoch (und das kennzeichnet auch hier das Episodische) bei der institutionalisierten Psychoanalyse einen breiteren, theoretisch nachhaltigen Widerhall zu finden.

Ich gehe noch einmal in die dreißiger Jahre zurück, um auf der Seite der Frankfurter Schule die Verbundenheit mit der Psychoanalyse im Kern ihrer Theorie auszumachen. Ich möchte das an Horkheimers Aufsatz >Traditionelle und kritische Theorie< aufzeigen. Gerade weil dieser Aufsatz die Abkunft der kritischen Theorie aus der Kritik der politischen Ökonomie *wissenschaftstheoretisch* formulierte, bietet er die Gelegenheit, die psychoanalytische Theorieform mit der von Marx herkommenden kritischen Theorie zu vergleichen, ohne von vornherein durch den Unterschied von Aufgabenstellung, Untersuchungsgegenstand und Erkenntnisziel verwirrt zu werden. Dieser Unterschied war es ja, der die Marxisten der verschiedensten Generationen und Fraktionen so erfolgreich in der Ablehnung der Psychoanalyse fixierte und der verhindert hat, daß die genaue Übereinstimmung im Wesen der Erkenntnis beidseits erkannt wurde.

Sehen wir uns diese Gemeinsamkeit an: Was die Kritik der politischen Ökonomie mit der Psychoanalyse vereint, ist, daß beide die Phänomene auf die darin enthaltenen sozialen Verhältnisse befragen. Im einen Fall geht es um ökonomische Prozesse, gesellschaftliche Institutionen und Ideen, die auf soziale Verhältnisse zurückgeführt werden, im anderen - psychoanalytischen - Falle um menschliche Verhaltensweisen, die auf darin wirksame Lebensformen, also gleichfalls soziale Verhältnisse, hin untersucht werden. Den Inhalt bilden mithin beide Male konkrete soziale Figuren, die aber in beiden Fällen nur hervortreten, wenn der täuschende Augenschein der Untersuchungsgegenstände durchdrungen wird. Im einen wie im anderen Fall löst die kritische Erkenntnis die Faktizität der Daten auf und stehen soziale Inhalte zur Debatte. Beide Male geht es bei diesem Erkenntnisprozeß zugleich um Veränderung: um Veränderung der gesellschaftlichen Wirklichkeit

- durch Änderung der wirksamen sozialen Verhältnisse oder
- Veränderung des menschlichen Verhaltens durch Änderung der Lebensentwürfe.

Diese Anlage auf Veränderung hin - Freud faßte sie für die Psychoanalyse unterm Stichwort des »Junktims zwischen Forschen und Heilen«[3] gibt den Ausschlag dafür, daß in beiden Fällen die Erkenntnisprozesse sich nicht »im rein geistigen Bezirk« abspielen, sondern mit »dem Kampf um bestimmte Lebensformen in der Wirklichkeit«[4] zusammenfallen. Und weil es um inhaltlich bestimmte Lebensformen geht, sind beide Analysen parteilich. Auch in der Psychoanalyse ist das Ziel der Veränderung nicht beliebig. Psychoanalytische Erkenntnis wie therapeutische Praxis können nicht wertneutral auf ein unter allen Umständen gelingendes psychisches Funktionieren abzielen. Auch die Psychoanalyse muß sich am Ziel »richtigen Lebens« orientieren. Für die Psychoanalyse ist ebenso wie für die kritische Theorie verpflichtend, was Horkheimer folgendermaßen formuliert hat: Die kritische Theorie »folgt [...] in der Bildung ihrer Kategorien und allen Phasen ihres Fortgangs ganz bewußt dem Interesse an der vernünftigen Organisation der menschlichen Aktivität, das aufzuhellen und zu legitimieren ihr selbst auch aufgegeben ist. Denn es geht ihr nicht nur um Zwecke, wie sie durch die vorhandenen Lebensformen vorgezeichnet sind, sondern um die Menschen mit all ihren Möglichkeiten.«[5]

---

[3] Sigmund Freud, >Nachtrag zur Frage der Laienanalyse<, in: *Gesammelte Werke*, Band XIV, Frankfurt am Main [4]1968, S. 102.

[4] Max Horkheimer, >Nachtrag< (1937), in: *Kritische Theorie*, herausgegeben von Alfred Schmidt, Band II, Frankfurt am Main 1968, S. 193.

[5] Ibid.

Freilich teilt der Psychoanalytiker mit dem kritischen Theoretiker auch das Dilemma der Selbstbefangenheit in den vorhandenen Ideen und Lebensformen. Gerade weil der Psychoanalytiker nicht außerhalb der herrschenden Verhältnisse steht, und weil der Untersuchungs- wie der Erkenntnisgegenstand der Psychoanalyse konkrete und das heißt historisch bedingte Lebensformen sind, ist ihm kein Modell richtigen Lebens an die Hand gegeben. Die verwirrenden Umstülpungen der Sexualtabus in diesem Jahrhundert, diese merkwürdige Umkehr von der Sexualunterdrückung zur »repressiven Entsublimierung der Sexualität«, kann uns exemplarisch darüber belehren, wie wenig ein für allemal auszumachen ist, in welcher Richtung die Entfaltung der menschlichen Möglichkeiten liegt, wo der Weg der Hoffnung sich öffnet. Keinesfalls läßt sich dies aus den Phänomenen selbst ablesen. Was gestern Indiz der Befreiung war, kann heute Merkmal gesellschaftlicher Unterdrückung sein.

Dennoch ist der Psychoanalytiker nicht orientierungslos. Nicht die positive Kenntnis richtigen Lebens, sondern die kritische Wendung gegen die Erfahrung eines unerträglichen Lebens ist der Ansatz psychoanalytischer Erkenntnisbildung: die im Zusammenspiel mit dem Analysanden gewonnene Erfahrung beschädigten Lebens und die systematische Verarbeitung dieser Erfahrung. Das Leiden des Analysanden drängt als sinnlich spürbarer Widerspruch gegen Zumutungen durch das Bestehende auf Abschaffung des Unerträglichen. Die Erkenntnis benutzt keine andere Grundlage als die sich in der analytischen Situation regende Abwendung vom Bestehenden. An den Platz einer Vorstellung richtigen Lebens tritt also die Zielphantasie eines weniger unerträglichen Lebens.

Nun, auch diese Lage teilt der Psychoanalytiker mit der kritischen Theorie. Ich zitiere Horkheimer: »Die kritische Theorie hat bei aller Einsichtigkeit der einzelnen Schritte und der Übereinstimmung ihrer Elemente mit den fortgeschrittensten traditionellen Theorien keine spezifische Instanz für sich als das mit ihr selbst verknüpfte Interesse an der Aufhebung des gesellschaftlichen Unrechts. Diese negative Formulierung ist, auf einen abstrakten Ausdruck gebracht, der materialistische Inhalt des idealistischen Begriffs der Vernunft.«[6] Die eindrucksvolle methodologische Übereinstimmung zwischen kritischer Gesellschaftstheorie und Psychoanalyse korrespondiert allerdings mit einer frappierenden Gegensätzlichkeit der Untersuchungs- und Praxisfelder. Der Blick auf die gesellschaftliche Objektivität durch die kritische Theorie kontrastiert mit der Untersuchung der Persönlichkeitsstruktur in der Psychoanalyse. Die Analysen unterscheiden sich also dadurch, daß sie zwar beide das Verhältnis von Individuum und Gesellschaft erkennen wollen, aber mit ihren Untersuchungen am jeweils anderen Pol ansetzen. Für die Psychoanalyse heißt das, ihr Ansatzpunkt sind die Mitteilungen des Patienten, ihr Erkenntnisziel ist die Inwendigkeit der Individuen. Natürlich ergeben sich aus dieser gleichsam gegenläufigen Erkenntnisbewegung und diesen, unterschiedlichen »Schauplätzen«[7] der Erforschung auch methodische Unterschiede. Ich möchte darauf im einzelnen nicht eingehen, da diese Differenz die Grundübereinstimmung in der Zuordnung der Psychoanalyse zu dem Bereich kritischer Theorie, im Gegensatz zur traditionellen, nicht in Frage stellt, die Forschungsperspektiven von kritischer Gesellschaftstheorie und Psychoanalyse nicht voneinander trennt, sondern verbindet. Beide ergänzen sich. Sie sind letzten Endes aufeinander angewiesen. In >Materialismus und Metaphysik< schreibt Horkheimer: Es »stecken in dem von uns als objektiv bezeichneten subjektive und in den sogenannten subjektiven auch objektive Faktoren, und zwar so, daß wir zum historischen Verständnis einer bestimmten Theorie das Ineinanderspielen beider, als menschlicher und außermenschlicher Individueller und klassenmäßiger, methodologischer und gegenständlicher Momente darzustellen haben, ohne jedes dieser Momente von den anderen in seiner Wirksamkeit restlos isolieren zu können.«[8] Natürlich läuft die

---

[6] Max Horkheimer, >Traditionelle und kritische Theorie, in: *Kritische Theorie,* Band II,1. c., S. 190.

[7] Unveröffentlichte Vorgespräche zur *Dialektik der Aufklärung.* Gesprächsaufzeichnung vom 1. November 1939.

[8] Max Horkheimer, >Materialismus und Metaphysik<, in: *Kritische Theorie,* Band I, 1. c., S. 50.

Verbindung beider Perspektiven nicht auf deren Aufhebung in einer schlechten Synthese aus Soziologie und Psychoanalyse hinaus. Vielmehr ist »die insistente, aber getrennte Arbeit in beiden Bereichen«[9] - so Horkheimer und Adorno - geboten. Und Adorno wiederum: »Wer Psychologie und Soziologie starr auseinanderhält, eliminiert wesentliche Interessen beider Disziplinen: Das der Soziologie an ihrem wie immer auch vermittelten Rückbezug auf lebendige Menschen, das der Psychologie an dem gesellschaftlichen Moment noch ihrer monadologischen Kategorien.«[10]

Die Verbundenheit von kritischer Theorie und Psychoanalyse darf uns aber nicht zu einen harmonistischen Deutung der Liaison beider verführen. Bemerkenswerterweise gibt es eine Reihe von Vorbehalten und kritischen Einwendungen der Frankfurter gegen die Psychoanalyse, vor allem seitens des von Anfang an der Psychoanalyse so aufgeschlossen gegenüberstehenden Horkheimer. Gerade Horkheimers Kritik enthält eine Sprengkraft, angesichts derer es überaus verwunderlich ist, daß seine Argumentation keinerlei Resonanz innerhalb der Psychoanalyse gefunden hat. Schon allein dieser Widerspruch zwischen Angriff und Reaktion muß uns neugierig machen auf seine Kritik. Ich wähle eine Stelle aus dem Aufsatz >Die Psychoanalyse in der Sicht der Soziologie< aus dem Jahre 1968. Das Zitat leitet die Schlußbemerkung ein. Es heißt da: »Mir sei zum Schluß [...] eine philosophische Bemerkung gestattet, die auf das Ziel der Therapie sich bezieht. [...] Was dem Kranken fehlt, worunter er leidet, soll behoben werden. Einordnung in die Gesellschaft, Anpassung ans Bestehende, Fähigkeit zur Arbeit, zum Genuß, in der herrschenden Wirklichkeit gilt höchst verständlich als die therapeutische Aufgabe. [...] Meine Frage lautet jedoch: Gibt es nicht geschichtliche Perioden, in denen reibungslose Einfügung, lust- und arbeitsreiches Leben, den Begriff des Richtigen, somit der Gesundheit, widerstreiten; lassen soziale Konstellationen sich denken, in denen ein normales Le-

[9] Max Horkheimer/Theodor W. Adorno, Vorrede zu: *Freud in der Gegenwart*, in: *Frankfurter Beiträge zur Soziologie*, Band 6, Frankfurt am Main 1957, S. X.

[10] Theodor W. Adorno, >Postscriptum<, in: *Kölner Zeitschrift für Soziologie und Sozialpsychologie*, 18. Jahrgang, S. 42.

ben ohne psychische Symptome pathologisch, wahnhaft ist? Der erfahrene Analytiker pflegte dem Patienten mitzuteilen, soweit er die Welt nicht ändern könne, habe er, auch wo religiöse und moralische Prinzipien es erschwerten, sich abzufinden. Ist die Vorstellung allzu gewagt, daß der Begriff von seelischer Gesundheit eine Konzeption des Rechten, Richtigen, Vernünftigen in sich selbst bewahren könne, die den Widerstand gegen übermächtige soziale und politische Kräfte nicht a priori als Wahn ausschließt; trugen die Märtyrer ehemals, gestern und heute, notwendig das Stigma der Krankheit? Ferner: nach denn heutigen Stand der Terminologie trägt Grausamkeit pathologischen Charakter in der Gesellschaft, in der ihre blutige Betätigung mit dem Strafgesetz kollidiert. War sie unter Hitler krankhaft? Sollte die Idee der Gesundheit mit der Ausübung der Folter unvereinbar sein, gleichviel ob von der Gesellschaft getadelt oder approbiert? Gleichviel ob sie Schuldgefühle oder legitimen Genuß produziert? *Ist Arbeits- und Genußfähigkeit ein genügendes oder allzu positivistisches, allzu realitätsgerechtes Kriterium?* Des Bedenklichen solcher Reflexionen bin ich mir wohl bewußt. . . «[11]

An diesem Zitat fällt nun eine bemerkenswerte Unsicherheit auf. Klare Entschiedenheit verbindet sich hier mit einer eigentümlichen Vorsicht. Die kritischen Bemerkungen werden in der Frageform vorgebracht: »Gibt es nicht... ?« Und: »Ist die Vorstellung allzu gewagt... ?«, »Trugen die Märtyrer notwendig... «, bis hin zu: »Des Bedenklichen solcher Reflexionen bin ich mir wohl bewußt, meine jedoch... «

Fragen wir unsererseits: Woher diese Zaghaftigkeit? Drückt sich in ihr ein freundliches Entgegenkommen aus, der anderen Seite das Verständnis zu erleichtern, dem psychoanalytischen Kollegium die Chance zur Selbstbesinnung zu geben? Ich denke, das ist allenfalls die halbe Wahrheit. Es sind dazu hier noch andere Gründe anzunehmen. Einen gewichtigen Grund vermute ich darin, daß diese Kritik den Kritiker in eine schwierige

[11] Max Horkheimer, >Psychoanalyse in der Sicht der Soziologie<, in: *Gesellschaft im Übergang. Aufsätze, Reden und Vorträge 1942-1970*, herausgegeben von Werner Brede, Frankfurt am Main 1968, S.142 f.

Lage bringt, indem sie an einen wunden und deshalb abgewehrten, abzuwehrenden Punkt des gegenwärtigen psychoanalytischen Selbstverständnisses rührt. Dieser empfindliche Punkt wird durchaus namhaft gemacht, so im Nachruf auf Ernst Simmel, von dem Horkheimer sagt: »Er wollte näher an die unbewußten Quellen unseres Handelns herankommen, sie dort fassen, wo sie mit biologischen Kräften zusammenfallen, nicht sie in die Sprache einer letztlich rationalistischen Ich-Psychologie des gesunden Menschenverstandes übersetzen.«[12]

An anderer Stelle - in der Vorrede zu den Freud - Feiern des Jahres 1956 - heißt es nicht weniger deutlich: Freud wird »durch Herrichtung zum zweiten Mal verdrängt, wobei der mythologisierende Obskurantismus und der mit Oberflächenphänomenen der Ich-Psychologie zufriedene Positivismus mühelos sich verständigen.«[13]

Allerdings richtet sich solche Kritik allemal an die Adrèsse der Freud - Revisionisten, die sich von der Orthodoxie getrennt hatten. Die orthodoxe Psychoanalyse mochte sich nicht betroffen fühlen - obwohl in den bislang nicht veröffentlichten Vorgesprächen zur *Dialektik der Aufklärung* zwischen Horkheimer und Adorno die Kritik schon weitergegangen war. Da zielt sie nicht nur auf die revisionistische Fraktion der Psychoanalyse, sondern richtet sich an die Psychoanalyse als Ganzes. Es heißt da: »Es ist möglich, den positivistischen Charakter einer großen Anzahl analytischer Motive zu identifizieren. Das analytische Ich ist die positivistische Bewußtseinseinheit.«[14] Freilich, auch da bleibt offen, ob und inwieweit der Positivismus im Sachverhalt oder im Begriff steckt: Nochmals also: Weshalb diese Vorsicht? Ich füge eine Vermutung ein: Die »positivistische Bewußtseinseinheit >Ich<« hatte sich bereits so sehr zum Mittelpunkt und Markenzeichen der psychoanalytischen Orthodoxie entwickelt, daß eine scharfe Frontstellung dagegen den Kritiker seiner Gesprächspartner im psychoanalytischen Lager beraubt hätte. Be-

[12] Max Horkheimer, >Ernst Simmel und die Freudsche Philosophie<, in: *Psyche,* 5/6, 1978, S. 486.
[13] Vorrede zu: *Freud in der Gegenwart,* 1. c., S. XI.

[14] Unveröffentlichte Vorgespräche zur *Dialektik der Aufklärung,* 1. c.

denkt man, welche Rolle die Psychoanalyse für Horkheimer bei der Korrektur der mechanistisch - ökonomistischen Vereinfachungen des dialektischen Materialismus spielte, so kann man ermessen, wie prekär die Gefahr des Gesprächsabbruchs war. Aber bestand dieses Gespräch überhaupt noch? War das Verstummen nicht schon eingetreten? Sind die zögernd und doch dringlich vorgebrachten Fragen und ist die Resonanzlosigkeit nicht schon ein genügend deutliches Anzeichen dafür? Tatsächlich trifft der Vorwurf »einer rationalistischen Ichpsychologie des gesunden Menschenverstandes« längst schon auf die herrschende psychoanalytische Orthodoxie zu.

Wie aber kam es dazu? Wie kam es zur Verschiebung des psychoanalytischen Interesses aufs Ich? Um diese Frage beantworten zu können, müssen wir allerdings tief in die Frühgeschichte der Psychoanalyse zurückgehen, zur Traumdeutung. Freuds Buch *Die Traumdeutung* fällt - was zumeist übersehen wird - aus dem Rahmen seiner anderen Schriften insofern heraus, als er hier die Betrachtungsperspektive wechselt. Geht es in den anderen Schriften (von den kulturpsychologischen abgesehen) zumeist um die Darstellung von Krankheitsentwicklung, um Neurosenlehre und Entwicklungslehre, so wird hier eine erkenntnispsychologisch - erkenntnistheoretische Blickrichtung eingenommen. Nicht die Symptombildung sondern die Selbsterkenntnis und die Erkenntnisformen des verstehenden und deutenden Analytikers stehen hier vorrangig zur Debatte - womit die Eigenart des Untersuchungs- und Erkenntnisgegenstandes der Psychoanalyse vollends und unzweideutig ins Licht trat. Hatte vordem die Freudsche Erkenntnis noch geschwankt zwischen einer Diagnose von Funktionsabweichungen (nach psychiatrischem Muster) und dem Verstehen von Seeleninhalten (in der Art der Novellen), so war nun entschieden: Die psychoanalytische Erkenntnis richtet sich ausschließlich auf Bilder, auf die Inhalte von *Erlebnisszenen.* Und das hieß im Lichte der schon gewonnenen Einsichten: auf unbewußte Inhalte, die in Bildern aufsteigen, in ihnen symbolisiert werden. Immerhin blieb die Einschätzung der Traumarbeit insoweit dem Modell der Erfahrung mit den Patientenerzählungen verhaftet, als die

Traumbilder zunächst als Produkte individueller Mitteilung verstanden wurden. Zu diesem ursprünglichen Ansatz kam aber folgendes hinzu - doch hören wir dazu Freud selbst: »Infolge dieser Entdeckungsgeschichte war die Symbolik der Traumsprache so ziemlich das letzte, was mir am Traum zugänglich wurde, denn für die Kenntnis der Symbole leisten die Assoziationen des Träumers nur wenig. [...] die Symbolik des Traumes... Im vollem Umfang habe ich dieses Ausdrucksmittel des Traumes erst später gewürdigt, zum Teil unter dem Einflusse der Arbeiten des zu Anfang so sehr verdienstvollen, später völlig verwahrlosten W. Stekel. Der enge Anschluß der psychoanalytischen Traumdeutung an die einst so hoch gehaltene Traumdeutekunst der Antike wurde mir erst viele Jahre nachher klar.«[15]

Sehr viel später, nämlich heutzutage, fügen wir an: Damit verstärkt sich eine verhängnisvolle Entwicklung. Das Unbewußte verlor durch den von Stekel eingeführten Symbolobjektivismus weitgehend seine individuelle Bedeutung - und seinen inhaltlichen Rückbezug auf die Realität. Es wurde zum Behältnis objektiv-transsubjektiver Imagination, ja transkulturell geschichtsloser Imagines. Mit der Individualität der Traumsymbole verschwand auch ihre gesellschaftlich - geschichtliche Bestimmtheit. Weil aber daran festgehalten werden mußte, daß die Imagines aus dem Unbewußten heraus Denken, Fühlen und Wollen bestimmen sollen, begann sich ein ebenso geschichtsloser wie subjektloser Irrationalismus auszubreiten, dem gegenüber die Vernunft zum bloßen Täuschungsinstrument der Rationalisierungen wurde. Jung hat diese Position verallgemeinert und ausgebaut. Bei ihm wird das Unbewußte zur Quelle lebensbestimmender archaischer Emanationen. Ernst Bloch umreißt das in Kürze so: »Bei Jung wird das Unbewußte begrüßt und völlig im Archaisch-Kollektiven angesiedelt, dazu mit schrankenloser Toleranz gegen alles betrachtet, was als Nebel, Numen oder Tabu darin herumwogt.«[16]

[15] Sigmund Freud, >Zur Geschichte der psychoanalytischen Bewegung<, in: *Gesammelte Werke*, Band X, Frankfurt am Main [hoch 4]1967, S. 58.

[16] Ernst Bloch, *Das Prinzip Hoffnung*, Band I, Frankfurt 1967, S. 70.

Den offiziellen Streitpunkt zwischen Freud und Jung bildete zwar Jungs Preisgabe der Sexualtheorie. (Das gleiche gilt für die Abspaltung Adlers von Freud.) Unterhalb dieser Problematik aber schwelte bei beiden - und das möchte ich als These hier einführen - ein anderer Konflikt, den Jung und Adler gegensätzlich lösten: das Verhältnis von Unbewußtem, Bewußtsein und Realität. Die Jungsche irrationalistische Lösung deutete ich schon an. Hier überflutet das Unbewußte das Bewußtsein. Der Bereich des bewußten Handelns wird zum bloßen Anhängsel des Unbewußten. Bei Adler dagegen verhält es sich umgekehrt. Adlers Bemühungen, »zugunsten der Ichtriebkomponente die libidinöse Regung zu verleugnen«[17] - so Freuds Urteil - , münden ein in eine Entwertung des Unbewußten. Zwar fungiert das Unbewußte - selten erwähnt - noch als Abfallkorb rationalen Handelns, es hat aber keine inhaltlich ausgeprägte Eigenständigkeit mehr - was im Begriff »Individualpsychologie«, das heißt Psychologie einer ungeteilten Persönlichkeit, ja zum ausdrücklichen Markenzeichen erhoben wurde. Grob vereinfacht läßt sich sagen: Bei Jung ist das Bewußtsein ein Anhängsel des Unbewußten, bei Adler dagegen wird das Unbewußte ein Anhängsel des Bewußtseins. Jener löst die Persönlichkeit irrationalistisch auf, dieser rationalistisch.

Der Schaden der Vereinseitigung blieb aber nicht auf die Spannung Bewußtsein - Unbewußtes beschränkt. Es schwelte spätestens nach Freuds Arbeit *Die kulturelle Sexualmoral und die moderne Nervosität* untergründig die Frage nach der sozialen Verursachung - nach dem Zusammenhang von Persönlichkeitsbildung und gesellschaftlichen Prozessen. Die Vereinseitigungen nach der irrationalistischen oder der rationalistischen Seite griffen dahin aus. Sie entschieden begrifflich über das Verhältnis von Individuum und Gesellschaft. Die irrationalistische Lösung mythologisiert dieses Verhältnis. Sie löst die Individuen als Erfolgsorgane archaischer Lebensweisen aus der bestehenden Gesellschaftsordnung heraus. Der Rationalismus Adlerscher Prägung löst dagegen die Individuen auf fatale

[17] Freud, >Zur Geschichte der psychoanalytischen Bewegung<, 1. c., S. 96.

Weise in die bestehende gesellschaftliche Ordnung auf: Die herrschenden Normen geben die Leitlinie der Persönlichkeit ab.

Daß die Psychoanalyse den beiden Vereinseitigungen gegenüber einen Mittelweg einschlagen mußte, versteht sich. Notwendigerweise hatte sie die Eigengeltung beider Territorien, des Bewußtseins und des Unbewußten, zu betonen. Freud wehrte sich - wie stets zuvor und stets danach - das Unbewußte zur *façon de parler* herabzusetzen. Er weigerte sich, die Würde der Vernunft preiszugeben. Indessen, auch er konnte das Verhältnis von Individuum und Gesellschaft in der Triebstruktur nicht erkennen; freilich entzog er sich dem Problem nicht, er hielt es fest - in mystifizierter Form. Marcuse hat den Rang dieser Mystifikation gewürdigt in der Bemerkung: Freuds Biologismus ist Gesellschaftstheorie in einer Tiefendimension, die von den neo-freudianischen Schulen konsequent verflacht worden ist.«[18]

Allerdings, Marcuses Würdigung spiegelt die schwierige Problemlage wieder. Gewissermaßen segnet er die Freudsche Mystifikation ab - als ob sie eine Lösung des Problems wäre. Sie war aber lediglich eine Verhüllung des Problems, >wie, Triebstruktur und gesellschaftliche Ordnung zusammenhängen<. Auf der Höhe der Marcuseschen Reflexion ließ der Freudsche Biologismus sich metaphorisch durchhalten, in der psychoanalytischen Praxis hielt er - aus guten wie aus schlechten Gründen - nicht stand. Die psychoanalytische Orthodoxie rückte Schritt für Schritt von Freuds biologistischer Mystifikation ab. Jedoch - und das ist ihr Versagen - sie vermochte die biologistische Mystifikation Freuds nicht kritisch aufzulösen, um so das Irrationale des Unbewußten und die Rationalität des Bewußtseins in ein dialektisches Verhältnis zu bringen. Nicht von ungefähr gerieten ihre Fraktionen in den Sog der Jung-Adlerschen Polarisierung. Die Schule der Melanie Klein (und auch Lacan) näherten sich der irrationalistischen Seite, die weitläufige Bewegung der psychoanalytischen Ich - Psychologie geriet auf die andere, rationalistische Seite. Vor allem die ichpsychologische Fraktion - die dominierende Gruppe der modernen Psychoanalyse -

[18] Herbert Marcuse, *Eros sind Kultur*, Stuttgart 1957, S. 13.

rückte vom Freudschen Biologismus ab und näherte sich immer mehr den revisionistischen Positionen an: Klaus Horn hat dies in einem Aufsatz mit dem kennzeichnenden Titel >Der insgeheime Kulturismus der psychoanalytischen Orthodoxie<[19] thematisiert. Wir können seiner Kritik die Feststellung hinzufügen: Das alte Spiel, das wir von Adler, von Fromm her kennen, wiederholte sich. Die sozialkritische oder jedenfalls sozialpsychologisch aufgeschlossene Moderne faßt den Zusammenhang von Persönlichkeit und soziokulturellen Prozessen ins Auge - indem sie der grundlegenden Frage nach dem Verhältnis von Triebstruktur und Gesellschaft aus dem Wege geht. Zwar wird das Es als Quelle der Triebimpulse und symbolischen Botschaften festgehalten, aber der Kontakt dieses »Es« zur Realität, das heißt zum Wechselverhältnis von Persönlichkeitsstruktur und Gesellschaftsstruktur, wird eingegrenzt auf eine Einbahnstraße, auf der die Triebimpulse vom Es durchdringen, während von der Realität, das heißt von den gesellschaftlich kulturellen Prozessen her nichts einfließen kann. Und auch das, was vom Es her kommt, erscheint immer mehr als Rohmaterial, das erst seine rechte Form erhalten muß. Von wem? Nun, vom Ich, das zunehmend zur dominierenden Instanz der Persönlichkeit und der psychoanalytischen Würdigung wird.

Schritt für Schritt wurde die Bedeutung dieses Ich ausgebaut, bis es schließlich als autonome Handlungsinstanz voll inthronisiert war. Zwar war vom Trieb weiterhin die Rede - eben als Rohmaterial. Zwar behielt auch der Freudsche Satz, daß das Ich sich aus dem Es heraus entwickele, weiter seine Geltung, aber wie das geschieht und wie es überhaupt geschehen kann, das blieb ebenso unbedacht, wie umgekehrt die Frage offen und abgewehrt blieb, wie die Realität und das heißt, wie gesellschaftliche Prozesse sich im Es niederschlagen. Alles Interesse der sozialpsychologisch so fortschrittlichen und vom alten Freudschen Biologismus so hochmütig sich abgrenzenden modernen Psychoanalyse konzentrierte sich aufs Ich.

[19] Klaus Horn, >Der insgeheime Kulturismus der psychoanalytischen Orthodoxie<, in: Alfred Lorenzer, Helmut Dahmer, Klaus Horn u.a., *Psychoanalyse als Sozialwissenschaft*, Frankfurt am Main 1971.

Nun hatte all dies seine Konsequenzen. Die Umzentrierung aufs Ich vergeistigte zwangsläufig das Persönlichkeitsbild und distanzierte eine derart fortgeschrittene Psychoanalyse ganz von selbst von der alten, numehr als grobschlächtig verachteten *physiologischen* Orientierung, der Freud zeitlebens angehangen hat. Die zunehmende Zentrierung psychoanalytischer Praxis und Theorie aufs Ich, auf die Ich - Analyse, führte notwendig zu einer Abwertung der Triebheorie. Das vorläufig letzte Kapitel dieser Ablehnung des Freudschen Biologismus, der physikalistischen Sprache Freuds ist die von Roy Schafer und anderen ganz offen geforderte Abschaffung der Freudschen Metapsychologie zugunsten einer modernen Handlungstheorie. Was Horkheimer gegen die revisionistische Randgruppe über den »fragwürdigen Sieg der Psychoanalyse in der modernen Massenkultur« gesagt hat, trifft längst für den orthodoxen Kern der angelsächsisch dominierten Psychoanalyse zu: »Freuds Ansatz war der einer materialistischen Psychologie. Wo die viktorianische Ideologie von der Erhabenheit der Liebe sprach und sie gegenüber dem Leiden, das die sexuellen Triebwünsche mit sich bringen, verhärtete, sprach Freud von erogenen Zonen und bediente sich einer physiologischen Terminologie. Im Eifer, das Physische vom Psychologischen herzuleiten, wird Freuds Tendenz, die höchsten Werte von materiellen Prozessen abzuleiten, das Psychologische ins Physiologische, ja sogar Physikalische aufzulösen, heute beinahe übersehen. Die erstere Tendenz, die einen Teil von Freuds Arbeiten charakterisiert, hat sehr viel weniger materialistische, kritische Implikationen und ist darum für die herrschenden Ideologien weitaus ungefährlicher. Wo Freud von >Lebensnot<, also von materiellen Bedingungen als den Ursachen bestimmter psychischer Konflikte sprach, sind wir versucht, bei der >Ich - Schwäche< und anderen abgeleiteten Komplexen, die sehr viel leichter zugänglich sind, stehen zu bleiben. Aber in einem intellektuellen Klima, in dem das theoretische Kernstück der Psychoanalyse, Freuds biologischer Materialismus, als eine Art Aberglaube, als nichtverifizierbar und als untauglich, damit rasch zum Erfolg zu kommen, verworfen wird, ist es um so notwendiger, an der Freudschen Orthodoxie in diesem Sinne festzuhalten und der Verfälschung entgegen zu wirken, der so oft bedeutende Schulen des Denkens in den Geistes- und Sozialwissenschaften zum Opfer gefallen sind.«[20]

Die Entwertung der Trieblehre hat aber noch weitergehende Folgen. Je mehr der Triebgrundlage der Persönlichkeit ihre inhaltlich determinierende Bedeutung abgesprochen wird, desto mehr wird der Trieb zur Lebenskraft und desto mehr tritt an die Stelle einer Konflikttheorie, die sich ehedem auf den Zusammenprall von sinnlichen Wünschen und Bewußtsein konzentrierte, eine Selbst - Psychologie. Mit der Entwertung der Inhaltlichkeit des Triebes, der inhaltsbestimmenden Bedeutung des Unbewußten fällt aber auch die Widerständigkeit der Persönlichkeit gegen dasjenige weg, was ihr die Gesellschaft in ihrer jetzigen Situation zumutet. Kurzum, wir haben nun das ganze Tableau der rationalistischen Ich - Psychologie des gesunden Menschenverstandes beisammen - nun allerdings als herrschende Lehrmeinung der psychoanalytischen Orthodoxie. Diesen »insgeheimen Kulturismus« sich einzugestehen, so weit freilich will auch die moderne Ich - Psychologie nicht gehen. Zumindest soviel ist vom alten revolutionären Pathos der Freudschen Psychoanalyse noch übrig geblieben, dass man nicht offen in eine Feier der Angepaßtheit einschwenkt. Also bleibt nur der positivistische Ausweg: Das Ich wird zur Maschine, zum Instrument der Auseinandersetzung mit der Realität unter dem - wie David Rapaport das genannt hat - »adaptiven Gesichtspunkt«.[21]

Zu kritisieren ist daran nicht, daß die Betrachtung auf Erlebnismechanismen eingeht, sondern daß dies ohne Ansehen des *Inhalts* geschieht. Es wird von Realitätsanpassung geredet ohne Rücksicht darauf, an welche Realität angepaßt wird: Halten wir dagegen die Forderung fest: Die grundlegende Wendung der alten Freudschen Psychoanalyse gegen unzumutbar - unmenschliche Lebensformen muß sich auch in der Strukturdiagnose niederschlagen. Anpassung an schlechte Realität darf nicht als Persönlichkeitsleistung vorgestellt werden, sie

[20] Horkheimer, >Ernst Simmel und die Freudsche Philosophie<, 1. c., S. 486.
[21] D. Rapaport, *Die Struktur psychoanalytischer Theorie*, Stuttgart o. J., S. 61.

muß als Beschädigung erkannt und auch strukturell ausgewiesen werden.

Ich muß meine Kritik der ich - psychologischen Orientierung der Psychoanalyse, zu der noch, Wichtiges zu sagen und aus der alten Frankfurter Kritik abzuleiten wäre, hier abbrechen. Eine Frage soll aber noch geklärt werden: Weshalb konnte die psychoanalytische Orthodoxie das Problem des Verhältnisses von Triebstruktur und Gesellschaft nicht lösen? Die Antwort ist einfach: Weil sich dieses Problem von der Psychoanalyse allein gar nicht lösen läßt, so wenig es umgekehrt ohne die psychoanalytische Erfahrung angegangen werden kann (was wiederum die von mir kritisierte Horkheimersche Vorsicht rechtfertigt).

Wie aber steht es mit der gegenseitigen Angewiesenheit von Psychoanalyse und kritischer Gesellschaftstheorie? Gegenstand der psychoanalytischen Erkenntnis ist - wie wir uns klargemacht haben - das Verhältnis von Indivi-duum und Gesellschaft, allerdings *im* Individuum - als individuelles Verhaltensmuster, als Lebensform individuellen Erlebens. Von welchen Ereignisformen dieses Erleben bestimmt ist, darüber kann die auf die Analyse des Erlebens eingegrenzte Psychoanalyse allenfalls Vermutungen anstellen; denn eine Erlebnisanalyse kann nicht zugleich Ereignisanalyse sein. So wie die kritische Gesellschaftstheorie, nach Horkheimers Worten, die Psychoanalyse als Hilfswissenschaft braucht, wenn sie die Erlebnisstruktur in ihre Betrachtung einbeziehen will, so benötigt die Psychoanalyse die kritische Gesellschaftsanalyse, als Hilfswissenschaft, um die soziale Struktur der Ereigniswelt zu erkennen. Das aber heißt: Nur in einem solchen Arbeitsbündnis kann die Psychoanalyse das Verhältnis von Triebstruktur und Gesellschaft begreifen. Daß umgekehrt die Soziologie in gleicher Weise die Psychoanalyse benötigt - das ist originäre Frankfurter Einsicht.

Zwei Konsequenzen haben sich für unsere eigene Arbeit daraus ergeben, nämlich: Zurück zu Freud, zurück zur metapsychologischen und triebtheoretischen Position, und: Erneuerung der Bemühung, Psychoanalyse und kritische Geseellschaftstheorie zuvermitteln - entlang der zentralen Frage, wie die Triebstruktur gesellschaftlich hergestellt wird. Es kommt darauf an, die physiologische Grundlegung der Psychoanalyse zu bewahren, der soziologisierenden Vereinfachung des Kulturismus zu widerstehen und, vor allem dem Psychologismus des psychoanalytischen Positivismus nicht nachzugeben.

Zusammenfassung und Nachtrag zur Diskussion

Ich möchte keine Spekulationen darüber anstellen, was geschehen wäre, wenn die Psychoanalyse dem »Ich« gegenüber dieselbe kritische Position eingenommen hätte wie Horkheimer - statt just jene >Formalisierung< des Ich theoretisch abzusegnen, die jener unter dem Titel der »instrumentellen Vernunft« kritisierte. Lassen wir diese Frage offen, begnügen wir uns damit, den ich - psychologischen Problemlösungen Alternativen entgegenzuhalten.

Zunächst: Es gilt, das Es als Fundament der Persönlichkeit, als Gegenstruktur zum Ich, als >Sinnstruktur< gegen alle ich - psychologischen Aufweichungen wiederherzustellen. Ein zum bloßen biologischen Material herabgesetztes Es könnte allenfalls durch Krankheit und Tod der Realitätszumutung Grenzen setzen, oberhalb dieser Verweigerungsmöglichkeit würde es zum Spielgut einer durch nichts als Unlustvermeidung bestimmten Anpassungsmechanik der Ich-Funktionen. Das Es muß als eigenständige Sinnstruktur, als Gefüge von konkreten Handlungs- und Erlebnisanweisungen relegitimiert werden, entsprechend dem von Freud festgehaltenen Grundsatz, das Es nicht zur *façon de parler* herabzusetzen, sondern ihm eine in jeden Akt hineinwirkende verhaltensdeterminierende Bedeutung zuzuerkennen.

Gegen Freud ist freilich klarzumachen, daß diese >Sinnstruktur< in jeder Ontogenese von Grund, auf hergestellt wird. Freud konnte sich geschichtliche Veränderungen allenfalls lamarckistisch, als Veränderungen des Erbgutes, denken. Sein

Biologisimus ergab sich daraus schon, daß er zwar analytisch zwischen - physiologisch greifbarem - Trieb und - psychologisch notierbaren - Triebrepräsentanzen unterschied, real aber zeitlebens (schon seit den Tagen seiner Aphäsiestudie) die Trennung von Physis und Psyche ablehnte. Die Auffassung einer psychophysischen Einheit gilt pointiert fürs Es - und ist festzuhalten. Zugleich muß die >psycho-physische< Triebstruktur als Produkt eines gesellschaftlichen Herstellungsprozesses begriffen werden. Ich habe den Sozialisationsprozeß des Es schon mehrfach dargestellt[22], hier möchte ich nur auf einen Punkt aufmerksam machen: Natürlich ist auch diese basale Einsozialisierung nicht völlig abgetrennt von der Sprache. Dennoch kann sich die Eigenständigkeit der Sinnstruktur >Es< gegenüber der späteren sprachvermittelten Sinnstruktur auf drei Momente stützen:

1. Wir müssen die Einsozialisierung der unbewußten Sinnstruktur als erste, basale Einwirkung auf das embryonale Lebewesen denken. Es ist gesellschaftliche Formbildung von Natur, vom Ausgangspunkt der organismischen Entwicklung an, leiblich-direktes Zusammenspiel mit Folgen, physiologischer Reiz-Reaktions-Zirkel, der formprägend die nachfolgenden organismischen Funktionen und über das Funktionsspiel die Form des Organismus bestimmt. In physiologischen Spielformen, die vor jeder Erlebnisfähigkeit (weil noch vor jeder höheren nervösen Organisation) die späteren Erlebnisformen begründen.

2. Diese pränatalen (aber auch postnatalen) Basalerfahrungen sind Niederschläge eines intimen leiblich - unmittelbaren Ineinanderwirkens zweier Lebewesen, das weit über die gestische Grammatik der sprachlichen Handlungsanweisungen hinausreicht. Es ist »Praxis« weit über den Erfassungsbereich der Sprache hinaus: Alltagspraxis, Lebenspraxis, die Nuancierungen enthält, die nicht oder

[22] Alfred Lorenzer, *Zur Begründung einer materialistischen Sozialisationstheorie*, Frankfurt am Main 1972; *Die Wahrheit der psychoanalytischen Erkenntnis*, Frankfurt am Main 1974; >Exkurse<, in: *Das Konzil der Buchhalter*, Frankfurt am Main 1981.

noch nicht der Reglementierung durch Sprache unterworfen sind.

3. Natürlich trifft den Embryonen keine unterschiedslose Flut beliebiger Eindrücke; schließlich ist ja gerade die intrauterine Frühzeit der Menschen (wie anderer Säugetiere) durch die Einbettung des werdenden Organismus in einen anderen (artgleichen) Organismus einer systematischen Geschlossenheit der Eindrücke unterworfen. Darauf baut auch die Annahme, daß durch die Zwangseinheit von mütterlichem und kindlichem Organismus die mütterlichen Sprachstrukturen zur Wirkung gelangen. Gleichgültig aber, wie hoch wir diesen Anteil einzuschätzen haben, für die sprachbestimmten wie für die nicht sprachbestimmten Reaktionsfiguren gilt: Sie bilden zusammen ein in sich einigermaßen abgestimmtes System, ein einsozialisiertes, soziale Zusammenhänge abbildendes und deshalb >Sinn-System<. Daß dieses Sinn-System im kindlichen Organismus nicht einfach der Abklatsch der mütterlichen Muster ist, muß gegen die sprachobjektivistischen, kulturistischen und ökonomistischen Einschätzungen der Persönlichkeitsbildung geltend gemacht werden. Die individuell besondere, von der >Anlageprogrammatik< des jeweiligen Lebewesens konkret vorgegebene Ausgangslage allein schon bedingt eine Differenz zwischen dem mütterlichen und dem embryonal - kindlichen System. Die Zufälligkeit in der Abfolge der Reize, die an das neue Lebewesen herantreten, begründet darüber hinaus die eigene Lebensgeschichte - schon *in utero.*

Der Biologismus Freuds, der sich gegen die Annahme einer gesellschaftlichen Herstellung des Unbewußten zu sperren scheint, ist freilich so unangreifbar nicht, wie uns das Freunde wie Feinde der Psychoanalyse glauben machen wollen - wenn wir den Physiologen Freud zu Rate ziehen. Der Physiologe Freud, der zum tiefen Bedauern der ich - psychologisch - psychoanalytischen Moderne im Analytiker Freud auch nach 1897 fortwirkte, bietet uns den Begriff der »Erinnerungsspur« als

Element der fundamentalen Persönlichkeitsstruktur. In der Aphasiestudie (jener vorpsychoanalytischen Arbeit zur Neuropathologie der Sprachstörungen aus dem Jahre 1891) ist das Gefüge der Erinnerungsspuren synonym mit dem Begriff der »Objekt - Assoziationen« bzw. »Objektvorstellung«. Diese »Objektvorstellungen« der Aphasiestudie tauchen in der (für die psychoanalytische Theorie zentralen) Arbeit über das Unbewußte wieder auf als »Sachvorstellungen« mit der genauen Bestimmung: »Die unbewußte [Vorstellung, A. L.] ist die Sachvorstellung allein.«[23]

An anderer Stelle habe ich ausführlich dargestellt, mit welcher Berechtigung sich sagen läßt: Szenische Erinnerungsspuren bilden das Unbewußte, oder: »das Gefüge der szenischen Erinnerungsspuren ist das Unbewußte«[24]. Das Geschehen gräbt *ab ovo* seine Spur ein. Das Geschehen, das ist das Zusammenspiel innerhalb der Mutter - Kind - Dyade, das heißt, es ist der uranfängliche, intrauterine Austausch der Organismen, des mütterlichen - einhüllenden - Organismus und des embryonal - fötal - kindlichen Organismus. Der Physiologe Freud gibt, beim Wort genommen, also sehr wohl einen Hinweis auf die soziale Struktur des Unbewußten; er zeigt uns, wie diese physiologischen Grundfiguren als verhaltensbestimmendes Unbewußtes lebenspraktisch hergestellt werden. So gelesen macht Freud klar, wie körperliche und soziale Strukturen in einer eigenständigen, weil eigenständig sinnlich - unmittelbar einsozialisierten Sinnebene aufgebaut werden, und wie das werdende menschliche Individuum in eine Praxisgemeinschaft eingeführt wird. Diese Praxisgemeinschaft besteht vor der Individualität in der Interaktion der Mutter - Kind - Einheit (die Erinnerungsspuren lassen sich deshalb auch als Interaktionsforrnen bezeichnen). Das Individuelle geht dieser Praxisgemeinschaft allenfalls als Set einer individuellen Planvorgabe (in der chromosomalen Ausstattung) voraus. Diese Planvorgabe bedarf jedoch der Praxisgemeinschaft, um in einer Vielzahl von Schritten des Zu-

[23] Sigmund Freud, >Das Unbewußte<, in: *Gesammelte Werke*, Band X, l.c., S. 300.
[24] Alfred Lorenzer, >Sprache, Lebenspraxis und szenisches Verstehen in der psychoanalytischen Therapie<, in: *Psyche*, XXVII, Jahrgang 1983, S. 97-115.

sammenspiels realisiert zu werden. Subjektive Praxis ist unterschieden von objektiven Praxiszusammenhängen, aber eingebettet in sie. Die Eigenständigkeit der mütterlich - embryonalen Praxisgemeinschaft und erst recht die Eigenständigkeit des in praktisch - dialektischer Auseinandersetzung daraus hervorgehenden Systems unbewußter Praxisentwürfe im Embryonen - Föten - Kind erlauben es, festzustellen: Praxisgemeinschaft rangiert vor jeder Sprachgemeinschaft. Das subjektive Praxissystem des >Embryonen - Föten - Kindes< unterscheidet sich in wichtigen Momenten von den Abdrücken der Sprachgemeinschaft im Kinde. Diese Unterscheidung begründet im Menschen die inhaltliche Differenz zwischen dem Unbewußten und dem Bewußtsein, zwischen Es und Ich.

Zum zweiten Punkt. Die Eigenständigkeit des Es als unbewußte nichtsprachliche Sinnstruktur bleibt lebenslang bestehen. Eben dies macht die inhaltliche Differenz zwischen Triebbegehren und den bewußten subjektiven Normen und Werten aus. Im übrigen bleibt diese Eigenständigkeit auch im Ich insofern gewahrt, als sie bei der Ichbildung aufgehoben werden muß.

Wenden wir uns der Frage der Bildung des Ich aus dem Es zu, selbstverständlich unter Verzicht auf alle die verhängnisvollen Theoriekonstruktionen wie »Ichkern«, »Autonomie des Ich« und dergleichen ichpsychologische Verirrungen. Auch bei dieser Frage finden wir beim Physiologen Freud alle entscheidenden Mittel zur Problemlösung schon beisammen. Ich komme nochmals auf die Übereinstimmung zwischen der Aphasielehre und dem metapsychologischen Hauptwerk aus dem Jahre 1915 zurück. Der von mir schon teilweise zitierte Satz lautet vollständig: »Die bewußte Vorstellung umfaßt die Sachvorstellung plus der zugehörigen Wortvorstellung, die unbewußte ist die Sachvorstellung allein.« Auch hier ersetzen wir den Begriff der Sachvorstellung durch den der »Erinnerungsspur« oder - wie wir nach der vorstehenden Diskussion nunmehr genauer sagen können - durch den Begriff des »unbewußten Praxisentwurfes«. Desgleichen ersetzen wir den Begriff »Wortvorstellung« durch >Sprachfigur<.

Zeichnen wir die Formel in eben dieser Fassung auf:

unbewusste Praxisentwürfe (Interaktionsformen) +
Sprachfigur-Bewusstsein

Wir haben damit das Modell der Ichbildung niedergeschrieben. Elemente der unbewußt einsozialisierten >tiefen< Sinnebene der Triebstruktur (Interaktionsformen) werden mit Sprachfiguren zusammengefügt und bilden zusammen ein Ichelement. Der Vorgang selbst ist bekannt: In der >Spracheinführung< wird in einer realen Szene (einer Mutter - Kind - Szene etwa) diese reale Szene mit einem Wort >benannt< (z. B. Mama). Es geschieht genau das, was Freud in einem Schaubild seines Aphasiebuches[25] so skizziert hatte:

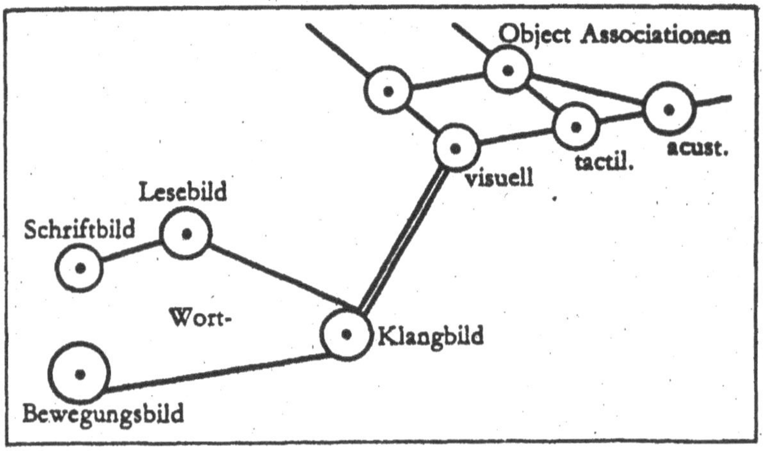

Die verschiedenen sinnlichen Eindrücke, die in dem szenischen Gefüge der »Objektassoziationen« bzw. »Erinnerungsspuren« gebündelt sind (und im Gehirn zu einem senso - motorischen Komplex vereinigt wurden), werden mit dem Lautkomplex, dem Wort - Klangbild - Lesebild - Schriftbild - Bewegungsbild zusammengefaßt. Der Lautkomplex seinerseits hat sein leibliches Substrat in den Sprachzentren.

[25] Sigmund Freud, *Zur Auffassung der Aphasien*, Leipzig/Wien 1891, S. 79.

Nochmals: Zusammen bilden die beiden Komplexe das Bewußtsein.

So also gewinnen die unbewußten Praxisentwürfe den Anschluß an Sprachfiguren - und gewinnt die Sprache ihren Anschluß an die Körpervorgänge und erlangt auf diese ihren entscheidenden Einfluß. Daß die Sprachen Systeme der Praxisregulierung sind, Systeme von Lebensentwürfen enthalten, ist bekannt. Diese Einsicht ist lange genug vertreten worden mit dem Anspruch, Sprache allein reguliere die Lebenspraxis. Das Freudsche Modell erlaubt eine ungleich aufregendere Annahme: Es treffen zwei Sinnsysteme, zwei Entwurfssysteme sozialen Verhaltens aufeinander. Das ist zunächst unproblematisch, zumal der Lautkomplex sich noch kaum abhebt von der Beifügung eines Signals zu einer Praxisfigur (freilich mit der Besonderheit, daß das >Signal< nachgesprochen, also übernommen wird). Allmählich aber ändert sich im Fortschreiten, das heißt mit den Verknüpfungen der Sprachfiguren zu einem - syntaktisch gegliederten - Gefüge die Lage. Schritt für Schritt enthüllt sich der Praxissystematische Charakter der Spracheinwirkung, bis schließlich das Netz der Sprache so umfassend um die subjektive Praxis geknüpft ist, daß der verhaltensanweisende Charakter der in Sprache enthaltenden Regeln und der mit Sprache vorgebrachten Lebensentwürfe die menschliche Intentionalität zu bestimmen beginnen.

Im Zuge dieser Entwicklung ereilt das Kind das Schicksal des Konflikts zwischen den beiden Sinnsystemen. Gerade in diesem Konflikt präsentiert sich die Eigenständigkeit der beiden Sinnebenen aufs nachdrücklichste. Ich komme darauf zurück.

Sieht man sich die Freudsche Verbindungsformel an, so wird deutlich, daß in diesem Grundmodell der Bewußtseinsbildung das Modell der *Ichbildung als Symbolbildung* vorgestellt wird. Die Wortvorstellung steht für die Praxisfigur - so läßt sich der erste Eindruck jedenfalls fassen. Bei näherem Betrachten erweist sich die Angelegenheit freilich als komplizierter und eindrucksvoller zugleich: Gerade weil das >Wort< seinerseits Lebensentwürfe enthält, die sich mit den Lebensentwürfen der Praxisfigur verbinden und die über diese Verbindung ihren Anschluß an die körperlichen Prozesse finden müssen, steht nicht eines einfach fürs andere, sondern beide Teile bilden eine geschlossene Einheit, ein Symbol. Dem entspricht ja eben die Freudsche Auffassung vom Bewußtsein als der Einheit von Sachvorstellung und Wortvorstellung. Um die Einheit der beiden Sinnebenen im einheitlichen szenischen Entwurf bewußt intendierter Handlung zu kennzeichnen, habe ich für diesen komplexen Lebensentwurf den Begriff der »symbolischen Interaktionsform« vorgeschlagen.

Wenn wir das Ich als Gefüge von symbolischen Interaktionsformen bezeichnen, als Gefüge von komplexen Lebensentwürfen, in denen in einer bestimmten Situation die Differenz der beiden Sinneben - unbewußte Praxis und praxisanweisende Sprache - aufgehoben ist zu einer einheitlichen Handlungsanweisung, dann sollten wir auch da den >Physiologen< Freud in Erinnerung behalten - das Ich ist in zwei verschiedenen Hirnarealen verankert; es besteht ja aus unbewußten Praxisfiguren (sensomotorischen Assoziationen) einerseits und aus sprachmotorisch - sprachsensorischen Assoziationen andererseits. Beide zusammen bilden das Bewußtsein, beide zusammen sind - auf der neurophysiologischen Betrachtungsebene - das >Ich<.

Es gibt unterhalb der sprachsymbolischen Interaktionsformen noch eine Schicht von Protosymbolen. Von Freuds »Garnrollenbeispiel« her habe ich diese Symbolebene als Verbindung zweier unbewußter Praxisentwürfe - zweier sensomotorischer Komplexe - entwickelt.[26] Ich muß auf eine ausführliche Darstellung hier verzichten, obwohl sich gerade bei dieser Symbolschicht Querbeziehungen zu den Überlegungen der >Frankfurter Schule< ergeben würden.

Das Ich als Symbolgefüge. Die Verdrängung (und andere Abwehrprozesse) als Ichzerstörung, als Desymbolisierung - in der Folge des Konfliktes und aufgrund der Unvereinbarkeit der beiden Sinnsysteme angesichts einer »bestimmten Situation«. Die Konsequenz dieser, punktuellen Ichzerstörung (»punktuellen Sprachzerstörung«) ist eindeutig: Dem anstößigen Lebensentwurf aus der »tieferen Sinnebene« wird der Zugang zum

---

[26] Alfred Lorenzer, >Exkurse<, 1. c.; *Psyche,* 1983, 1. c.

Bewußtsein und zum intentionalen Handeln verwehrt. Die Einheit von unbewußtem Praxisentwurf und Sprache *im* Ich, *als* Ich, wird aufgelöst. Das Ich wird partiell zerstört. Die wieder unbewußt gewordenen Lebensentwürfe verlieren aber keineswegs ihre verhaltensbestimmende Kraft, sie setzen sich im Symptom durch.

Freud hat die Symptombildung als »Wiederkehr des Verdrängten«, als »Kompromißbildung« bezeichnet. »Kompromiß« zwischen wem? Zwischen Es und dem gesellschaftlichen Konsens - und das heißt der »Sprache«. Das Symptom ist also ein eigentümliches Zerrbild der Symbolbildung, des Ich, ein falsches Symbol, weil es ein falsches, um seinen >ursprünglichen< Sinn gebrachten Es enthält. Zugleich ist das Symptom »ein Stück falsches Ich« - als Rationalisierung; in der Rationalisierung wird diesem Gebilde ja eine unzutreffende Sprachfigur zugeordnet. Freilich ist hier die systematisch - regulative Kraft der Sprache gebrochen. Die Rationalisierung als bloßes Deckblatt des Verhaltens. Ein blindes und zugleich kraftloses »Ich«. Dynamisch gesehen trifft die Bezeichnung »falsches Es« den Kern der Sache besser.

Es gibt allerdings auch. ein »falsches Ich«, das in vollem Umfang die verhängnisvolle Doublette des echten, Es und Wertkonsens versöhnenden Ich ist: die Verbindung von »falscher Befriedigung« und »falschem Bewußtsein« in der Weltanschauung. Dazu muß ich auf genauere Ausführungen an anderem Orte[27] verweisen, ich kann hier nur soviel andeuten: In der Unterscheidung von echtem und »falschem Ich« ist psychopathologisch genau der Punkt getroffen, den die Kritische Theorie in der *Authoritarian Personality* und der »Antisemitismusdiskussion« anvisierte: Die reaktionär - falsche >Lösung< eines sozialen Problems wird mit einer Ersatzbefriedigung (einem >Symptom< also) verbunden: fatal befriedigend und verblendend verblendet, aber eben deshalb unauflöslich.

---

27 Alfred Lorenzer, *Das Konzil der Buchhalter*, l. c., cf. Kapitel IV und VIII.

Die Unterscheidung von echtem und »falschem« Ich ist - neben der Anerkennung des Es als einer geschichtlich-konkreten zweiten »Sinnebene« - die Voraussetzung für die Erneuerung des Gesprächs zwischen Kritischer Theorie und Psychoanalyse.

ALFRED LORENZER

»... gab mir ein Gott zu sagen, was ich leide« -- Emanzipation und Methode[1]

Übersicht: Der Autor zeichnet die Verlagerung der therapeutischen Aktivität vom Arzt zum Patienten, die mit Breuers Behandlung der Anna O. und deren »Entdeckung« der *talking cure* ihren Anfang nahm, historisch nach. In der Erzählung des Patienten wird der gesellschaftliche Kontext von Leidens- und Lebensgeschichte deutlich. Anders als im Verständnis traditioneller Wissenschaft bedeutet Heilen in der Psychoanalyse die Aufhebung der künstlichen Trennung von Individuum und Gesellschaft im Arzt-Patient-Verhältnis und die Überführung von Leidens- in Lebensgeschichte.

Zwischen der Gründungsadresse in der Friedrich-Ebert-Anlage und seinem endgültigen Domizil war das Sigmund-Freud-Institut ein paar Jahre lang in der Feldbergstraße untergebracht. Ein Intermezzo und dennoch eigentümlich bedeutungsvoll. Ist das Haus Feldbergstraße 22 doch nur um Straßenbreite getrennt von jener Wohnung in der Feldbergstraße 23, in der einige Jahrzehnte zuvor Berta Pappenheim gelebt hatte. Berta Pappenheim, jene Patientin »Anna O.« des Doktor Josef Breuer, von der ihre Biographin - und nicht nur sie - sagt: »Der Fall, der Sigmund Freud zur Psychoanalyse brachte« (Freemann).

An den »Fall Anna O.« ist heute nicht dieser Nachbarschaft wegen zu erinnern, sondern weil man von der Methode der Psychoanalyse nicht reden kann, ohne auf jene Krankengeschichte zurückzukommen, um von ihr her die Diskussion zu entfalten.

Um verstehen zu können, was das heißt, muß ich Sie bitten, einen Blick auf die Vorgeschichte der Psychoanalyse, ja des Umgangs mit Seelenkrankheiten überhaupt zu werfen. Sie wis-

---

Der Aufsatz ist zuerst erschienen in: Psyche (1986). Zeitschrift für Psychoanalyse und ihre Anwendungen. 40. Jg., S. 1051-1062.

[1] Vortrag zum 25jährigen Jubiläum des Sigmund-Freud-Instituts am 13.12.1985. Bei der Redaktion eingegangen am 11.4.1986.

sen, daß diese bis ins 19. Jahrhundert, also bis an die Schwelle der Psychoanalyse, ein überaus wechselvolles Schicksal durchlaufen haben. Hatte das Mittelalter die seelisch Kranken bald dem Heiligen, bald dem Teuflischen nahegerückt und demgemäß verehrt oder verfolgt, so führte die Säkularisierung dieser Leiden im 16. Jahrhundert zu einer erbarmungslosen Kasernierung der Kranken, die mit all den anderen Formen des sozialen Elends zusammengepfercht wurden. Charcot fand zu Beginn seiner Tätigkeit als Chefarzt - 1862 - an seiner Wirkungsstätte, der Salpetrière, unterschiedslos vier- bis fünftausend arme, alte, organisch kranke oder seelisch auffällige Frauen vor. Sein Ruf gründete in der Folge nicht zuletzt darauf, daß er dieses Arsenal des Unglücks wissenschaftlich differenzierte. Nur die Geisteskrankheiten waren schon aus dem Sammelbecken des verwalteten Elends ausgesondert worden: Als der junge Freud Medizin zu studieren begann, fand er die Psychiatrie bereits als eine selbständige medizinische Disziplin vor - als Teil einer naturwissenschaftlich fundierten Medizin.

Ein wechselvoller Verlauf. Überblickt man ihn über die Jahrhunderte, so erkennt man darin gewiß den Fortschritt einer Humanisierung über die Stufen

- der Säkularisierung des Unglücks,
- der Medizinisierung als Leiden und
- der Szientifizierung und d. h. naturwissenschaftlichen Durchleuchtung der Krankheit.

Michel Foucault hat uns auf die Kehrseite dieser Entwicklung aufmerksam gemacht: Der Befreiung der Seelen- und Geisteskrankheiten korrespondiert ein entscheidender Aufbau des Machtgefälles zwischen Arzt und Patient. Parallel zur Verwandlung der Irren und sozial Auffälligen in Kranke, kam es Schritt für Schritt zur Ausweitung der ärztlichen Machtfülle. An die Stelle der staatlichen Gewalt trat die ärztliche Autorität. Die alten Sanktionen verwandelten sich in disziplinierende Verhaltensanweisungen, in Anleitungen der Unvernünftigen durch die Vernünftigen, der Unmündigen durch die ärztlichen Erzieher. Den »richtigen« Gebrauch des Lebens zu wissen, wurde zum ärztlichen Vorrecht, das sich bis in die direktiven Methoden gegenwärtiger Psychotherapie durchhält.

Was für die Medizinalisierung zum Leiden galt, gilt erst recht für die Szientifizierung der Medizin. Auch sie fügt dem ärztlichen Machtpotential ein beachtliches Stück hinzu. Der Arzt wird zum allein Kundigen, der nicht nur das »Wozu« des Lebens kennt, sondern auch das »Woher« des Leidens und die Mechanismen der Krankheit. Er wird in dem Paar, das der Arzt und der Patient bilden, derjenige, der einzugreifen und zu entscheiden hat. Das furchtbare Endglied solcher Verbindung von Allmacht und Allwissenheit kennen wir: Es boten in unserem Jahrhundert schließlich jene Ärzte, die über den Lebenswert der Kranken und d. h. über ihren Tod zu befinden sich anmaßten.

Verglichen mit diesen Machtakkumulationen nimmt sich ein dritter Machtzuwachs ärztlichen Handelns recht harmlos aus, obgleich er der am meisten eindringliche, der ins Innere der Menschen selbst eindringende war: die Hypnose. Ob Mesmer, ob Puysegur, ob Charcot, Liebeault oder Bernheim, so menschenfreundlich ihr Tun war, so sehr war es subjektverachtend. In der Tat lesen sich die Berichte der Experimente Bernheims und die Krankendarstellungen Charcots wie groß angelegte Exerzitien der Verhaltensabrichtung. In Charcot zumal personifizierte sich der Widerspruch von Humanität und Machtakkumulation – wir können auch sagen: von fortschreitender Humanisierung und Unterdrückung der Emanzipation des Kranken. Wobei Emanzipation heißen muß: jenes Vorrecht in Anspruch zu nehmen, das der Goethe-Vers beschwört: »Und wenn der Mensch in seiner Qual verstummt, gab mir ein Gott zu sagen, was ich leide.«

Greifen wir noch einmal zurück auf Foucault. Er faßt die Unterwerfung des Kranken unter die Allmacht und Allwissenheit des Arztes Charcot zusammen in der Feststellung:

> »Der Kranke wird immer mehr jene Hingabe in die Hand eines Arztes, der ... außerhalb menschlichen Ermessens steht, akzeptieren. Er wird sich immer mehr in ihn verlieren, weil er schon im voraus dessen ganze Zauberkraft annimmt und sich dadurch von Anbeginn einem Willen

> ausliefert, den er als magisch empfindet, und einem Wissen, das er als Voraussetzung und Divination vermutet ... In voller Bereitschaft, jene hysterische Gestalt zu sein, in der Charcot die wunderbare Kraft des Arztes exaltierte«.[2]

Für Foucault steigert sich der zauberhafte Wirkungskern der ärztlichen Überwältigung des Patienten durch den Heiler in Freud:

> »Freud hat ... die Struktur, die die ärztliche Gestalt einhüllte, ausgebeutet, indem er deren thaumaturgische Kräfte erweitert und dem Arzt den quasi göttlichen Status der Allmächtigkeit verliehen hat. Er hat ... alle jene Mächte vereinigt, die in der kollektiven Existenz des Asyls aufgeteilt waren. Er hat aus dem Arzt den absoluten Blick, das reine und stets verhaltene Schweigen, den strafenden und durch ein Urteil, das nicht einmal bis zur Sprache sich herabläßt, belohnenden Richter gemacht. Er hat aus dem Arzt den Spiegel gemacht, indem der Wahnsinn in einer Art unbeweglicher Bewegung sich seiner selbst vergewissert und entledigt«.[3]

So überzeugend Foucault die Geschichte einer zunehmenden »Apotheose der ärztlichen Person«[4] bis hin zu Charcot herausgearbeitet hat, so falsch ist seine Einschätzung der Freudschen Position. Foucault irrt sich, indem er, darin freilich den psychoanalytischen Selbstdarstellungen folgend, den Übergang von Charcot zu Freud, von der Hypnose zur Assoziationstechnik und Traumdeutung kurzschließt - ohne des eigentümlichen Bruchs zu gedenken, den die seltsame Krankengeschichte der Anna O. markiert. Tatsächlich spielte sich in dieser Krankenbehandlung unter der Hülle einer etwas absonderlichen hausärztlichen Fürsorge etwas Entscheidendes ab, das ich nicht zögere mit dem Titel einer »Revolution des Arzt-Patienten-Verhältnisses« zu versehen.

Was war geschehen? Im Dezember 1880 wurde Dr. Josef Breuer zu einer 21jährigen Patientin seiner hausärztlichen Praxis gerufen. Die Patientin bot damals und in der folgenden Be-

[2] Foucault, 1961, S. 533.
[3] ebd.
[4] aaO., S. 527.

handlungszeit, die sich bis zum Juni 1882 hinzog, ein buntes Bild von körperlichen und psychischen Auffälligkeiten. Was in der Behandlung vor sich ging, darüber gibt es mehrere Darstellungen - von Breuer in den »Studien zur Hysterie«, von Freud in der »Selbstdarstellung« und von Ernest Jones in seiner Freud-Biographie. In den groben Daten stimmen diese Darstellungen überein, merkwürdigerweise aber differiert Freuds Beschreibung in einer gewissen Nuance von dem ausführlichen Bericht, den Jones uns gab, obgleich dieser Bericht ja auch von Freud stammte. Bei Freud heißt es:

> »Die Patientin war ein junges Mädchen von ungewöhnlicher Bildung und Begabung gewesen, die während der Pflege ihres zärtlich geliebten Vaters erkrankt war. Als Breuer sie übernahm, bot sie ein buntes Bild von Lähmungen und Kontrakturen, Hemmungen und Zuständen von psychischer Verworrenheit. Eine zufällige Beobachtung ließ den Arzt erkennen, daß sie von einer solchen Bewußtseinstrübung befreit werden konnte, wenn man sie veranlaßte, in Worten der affektiven Phantasie Ausdruck zu geben, von der sie eben beherrscht wurde. Breuer gewann aus dieser Erfahrung eine Methode der Behandlung. Er versetzte sie in tiefe Hypnose und ließ sie jedes Mal von dem erzählen, was ihr Gemüt bedrückte. Nachdem die Anfälle von depressiver Verworrenheit auf diese Weise überwunden waren, verwendete er dasselbe Verfahren zur Aufhebung ihrer Hemmungen und körperlichen Störungen«.[5]

Bei Jones dagegen heißt es:

> ».... das Vorhandensein von zwei Bewußtseinszuständen: Der eine war ziemlich normal, der andere derjenige eines unartigen und unlenkbaren Kindes ... Es war ein Fall von doppelter Persönlichkeit. Der Übergang von der einen zur anderen war durch eine Phase von Autohypnose gekennzeichnet, aus der die Patientin ganz klar und geistig normal zu erwachen pflegte. Diese Phase fiel glücklicherweise einmal mit Breuers Visite zusammen, und sie gewöhnte sich bald daran, ihm alles Unangenehme, das ihr im Laufe des Tages zustieß, zu erzählen,

---

[5] Freud, 1925, S. 44.

unter anderem auch die Schrecken erregenden Halluzinationen, nach denen sie sich erleichtert fühlte. Bei einer solchen Gelegenheit schilderte sie ihm einmal das erste Auftreten eines bestimmten Symptoms in allen Einzelheiten, und zu Breuers großer Verwunderung hatte dies zur Folge, daß das Symptom vollständig verschwand. Die Patientin erkannte den Wert dieses Vorgehens und fuhr fort, Breuer ein Symptom nach dem anderen zu beschreiben, sie nannte das Verfahren >the talking cure< oder >chimney-sweaping< ... «.[6]

Sie sehen, wo bei Freud von der Beobachtung des Arztes, vom zielstrebigen Einsatz einer neuen Behandlungsweise die Rede ist, spricht Jones von der Autohypnose, von der Zufälligkeit des Zusammenfallens mit der ärztlichen Visite, davon, daß sich die Patientin daran gewöhnte, alles Unangenehme zu erzählen, von ihrer Schilderung und – von der großen Verwunderung Breuers. Daß diese Gewichtsverlagerung mehr als eine darstellerische Finesse ist, verrät die Fußnote, die Jones dem Bericht hinzufügt. Zur Bezeichnung »Fräulein Anna O.« schreibt er: »Da sie die eigentliche Entdeckerin der kathartischen Methode war, verdient ihr wirklicher Name, Berta Pappenheim (27. Febr. 1859 bis 28. Mai 1936), hier Erwähnung.«

Gleichgültig, aus welchen Gründen Freud den Vorgang dem gewohnten Bild ärztlich-diagnostisch-therapeutischer Verfügung unterordnete, gleichgültig, wie eindeutig die Aktivitätsumgewichtung in diesem konkreten Fall gewesen sein mag, wie weit die platzfordernde Durchsetzungskraft der Patientin ausgriff, von wem die Weiche also gestellt wurde – Tatsache jedenfalls ist, daß in dieser Behandlung die Selbstbestimmung der Patientin die bis dahin geltenden Regeln des Arzt-Patienten-Verhältnisses radikal umkehrte. Hatte bislang stets der Arzt die Anamnese erhoben, Fragen an die Patienten gestellt, hatte er bisher ohne irgendwelche Erläuterungen examiniert, stillschweigend untersucht, beäugt und begutachtet und hatte der Patient die Antwort auf die ärztlichen Fragen zu geben, so ergreift nun die Patientin die Initiative in einer Entschiedenheit, die früher nicht einmal die Leibärzte königlichen

[6] Jones, 1953, S. 266 f.

Patienten zugestanden hätten. Die Patientin bestimmt das Thema bis in die Einzelheiten, auf die der Arzt lediglich deutend zu antworten hat. Pointiert formuliert: Hatte sich ehedem der Patient einem vorab festgelegten medizinisch-diagnostischen Schema zu fügen und bestimmte der Arzt die Behandlung, so kehrte sich nun die diagnostisch-therapeutische Situation um. Die Patientin nimmt sich das Recht, in freier Themenwahl ihr Leiden selbst darzustellen. War die Darstellung des Leidens zwar immer schon die Pflicht der Patienten und insofern auch deren Recht, so geschah dies aber doch nur in sprachloser Körperlichkeit und einem Bericht darüber. Einzig in seiner Körperdarstellung durfte der Patient an den Arzt frei appellieren. Sprachliche Äußerungen waren eingeregelt in eine Rede mit ausgewählten Themen, Wendungen und festgelegten Bedeutungen. Sobald sich der Patient redend der Erlebnisseite seines Leidens näherte, mußte er sich fester Schablonen bedienen, während der Arzt, korrespondierend dazu, mehr und mehr formal zu registrieren begann. Nun aber wurde dem diagnostizierenden Arzt zugemutet, sich in einen interpretierenden Zuhörer zu verwandeln.

Gewiß, diese Umgewichtung hat sich erst voll realisiert, nachdem Freud die Methode der freien Assoziation entfaltet hatte - aber die Bedeutung des qualitativen Umschlags in der Situation »Anna O.« ist unbestreitbar. Wenn Freud auf dieses Vorbild erst sieben Jahre später, drei Jahre, nachdem er sich als Nervenarzt niedergelassen hatte, zurückgriff und wenn es für ihn weiterer Anstrengungen und Erfahrungen bedurfte, das Machtmittel der Hypnose aus der Hand zu geben, so unterstreichen diese Mühen nur, welche Einstellungsänderung dieser Paradigmenwechsel abforderte. Auch das berühmte Eingeständnis aus den Studien zur Hysterie: »Es berührt mich selbst noch eigentümlich, daß die Krankengeschichten, die ich schreibe, wie Novellen zu lesen sind und, daß sie sozusagen des ernsten Gepräges der Wissenschaftlichkeit entbehren«[7], belegt den radikalen Wechsel vom aktiven Erforschen, der wissenschaftlich üblichen Datenerhebung im Lichte einer Theorie, zur Re-

[7] Freud und Breuer 1895, S. 227.

zeption von Erzählungen, von Novellen, deren Autor der Patient ist.

Liest man Breuers Darstellung der detaillierten Entfaltung szenischer Abfolgen in den Mitteilungen der Anna O., seinen Bericht über die ungewöhnlichen psychodramatischen Inszenierungen (wenn beide z. B. das Zimmer »erinnerungsgerecht« umräumten) und vergleicht man das mit den ärztlich-zielbestimmten Befragungen von Charcot oder auch nur mit den recht behutsamen Erhebungen von Janet, so wird der qualitative Umschlag, wird der Ansatz zur Freiheit des Patienten, zu sagen, was er leidet, deutlich.

Nach der entscheidenden Weichenstellung in jener ersten ungewöhnlichen Arzt-Patienten-Situation ergab sich die weitere Entwicklung mit zwingender Konsequenz, sofern sich auf der Seite des ärztlichen Gegenspielers jene eigentümliche Dialektik von Methodenbewußtheit, Theoriestrenge und abweichlerischem Wagemut fand, wie sie Freud auszeichnete.

Nun erhebt sich an dieser Stelle die Frage, ob meine Darstellung Freuds Leistung nicht allzusehr reduziert hat auf eine aufgabenbezogene Einfühlsamkeit, eine achtsame Rezeptivität, die er selbst in jenem Vergleich seiner Krankengeschichte mit Novellen hervorhob mit den Worten: »Ich muß mich damit trösten, daß für dieses Ergebnis die Natur des Gegenstandes offenbar eher verantwortlich zu machen ist, als meine Vorliebe ...«[8]. Die »Natur des Gegenstandes« – wir fügen hinzu: die Natur des Gegenstandes, der erst in jenem neuen Recht zur freien Rede des Patienten hervortreten konnte. Liegt der ausschlaggebende Beitrag Freuds zur neuen Verstehens-Wissenschaft in seiner Einfühlsamkeit? Natürlich nicht. Schon ein Vergleich mit dem so viel menschenfreundlicheren Breuer widerlegt das. – Wie wenig Einfühlungsbereitschaft und Lernwillen allein vermocht hatten, das Rätsel des Unbewußten zu lösen, das zeigen auch andere Vergleiche: weder die intensive Hingabe des Clemens Brentano ans selbstgewählte Amt eines Sekretärs der stigmatisierten Anna Katharina Emmerich noch das am Mesmerismus geschulte Interesse des Arztes Justinus Kerner an den

[8] ebd.

Äußerungen der Seherin von Prevorst erschlossen jene Rätsel, die wir - von der Psychoanalyse geschult - in jenen Aufzeichnungen leicht erkennen können. Was also gab Freud den Schlüssel in die Hand?

Freud selbst hat im Rückblick auf Breuers Verhältnis zu Anna O. eine Deutung angeboten, aus der man unschwer eine Selbsteinschätzung herauslesen kann. Freud schreibt von der entscheidenden Krise in Breuers Behandlung:

> »Am Abend des Tages, nachdem alle ihre Symptome bewältigt waren, wurde er wieder zu ihr gerufen, fand sie verworren, sich in Unterleibskrämpfen windend. Auf die Frage, was mit ihr sei, gab sie zur Antwort: >Jetzt kommt das Kind, das ich von Dr. B. habe< ... in diesem Moment hatte er den Schlüssel in der Hand, der den Weg zu den Müttern geöffnet hätte, aber er ließ ihn fallen. Er hatte bei all seinen großen Geistesgaben nichts Faustisches an sich. In konventionellem Entsetzen ergriff er die Flucht und überließ die Kranke einem Kollegen«.[9]

Freuds »faustischer Drang« - das mag in der Tat einen Teil der Erklärung anbieten. Uns deutet sich das ja schon in der Bereitschaft an, ein Erkenntnisziel über alle eingefahrenen wissenschaftlichen Regularitäten hinweg zu verfolgen, dem »ernsten Gepräge der Wissenschaftlichkeit« zu entsagen, um sich dem Erzählen hinzugeben. Harald Leupold-Löwental hat Freuds allzeit durchgehaltenes Außenseitertum gegenüber selbstgesetzten Regeln sogar geltend gemacht. Das alles spielt gewiß eine Rolle als Erkenntnischance und Gefahr in einem. Die Gefährdung kennen wir von Freuds Abgleiten in die Zahlenspielereien seines Freundes Fließ. Was also sicherte den »faustischen Drang« vor dem Verfall ins Irrational-Abenteuerliche, auf das Freud selbst anspielte, als er sich mit Kolumbus verglich und der selbstgestellten Frage »Was aber war er gewesen?« die Antwort gab: »Ein Abenteurer«.

Gleichgültig, wie ernst wir diese Selbstbezichtigung nehmen wollen - es kann kein Zweifel sein, daß das »Faustische« in Freud, das Phantasievoll-Schweifende, das ihm manch zweifel-

---

[9] Brief an Stefan Zweig vom 2. Juni 1932.

haft-verwegene Spekulation eintrug, eines festen Widerparts bedurfte. Wir finden ihn in nichts anderem als in seiner Naturwissenschaftlichkeit. Doch mehr noch: der ausschlaggebende Urgrund der Freudschen Erkenntnis liegt – das ist meine These – in Freuds naturwissenschaftlicher Grundausrichtung.

Jürgen Habermas hat unter dem Stichwort des »szientistischen Selbstmißverständnisses« Freuds naturwissenschaftliche Einstellung einer eingehenden Kritik unterzogen. Faßt man die psychoanalytische Methode ins Auge, so trifft diese Kritik in vollem Umfang zu. Nur als hermeneutisches Verfahren konnte die Psychoanalyse den Bemühungen der Patienten, ihr Leiden in Worte zu fassen, gerecht werden. Dem Erzählen mußte notwendig ein Verstehen entsprechen, und das Verstehen mußte in ein Begreifen übergehen, das von allen Merkmalen naturwissenschaftlichen Erklärens gereinigt wurde. Die Größe dieser methodischen Umstellung wird eindrucksvoll sichtbar, wenn man sich vergegenwärtigt, daß Freud seiner Ausbildung und Neigung nach nicht einmal ein »richtiger« Arzt war. Er eignete sich gezwungenermaßen einige klinische Erfahrungen an, war aber sehr, sehr viel mehr Biologe, der seine Karriere mit der Publikation einer Untersuchung des Rückenmarks des Petromycon Planeri begann, der über 20 Arbeiten zur Neurophysiologie geschrieben hatte, bevor er auch nur die erste nervenärztlich-psychologische Arbeit in Angriff nahm. Liegt die Größe Freuds in seiner Umstellungsfähigkeit? Und kommt seiner Naturwissenschaftlichkeit demnach nur die Rolle zu, als Folie dieser Umstellung diese Umstellungsfähigkeit um so strahlender erscheinen zu lassen?

Verfolgt man anhand seiner Arbeiten die Umstellungen vom Untersucher zum Interpreten Schritt für Schritt, so macht man eine merkwürdige Erfahrung. Man entdeckt, daß dem szientistischen Selbstmißverständnis Freuds ein eigentümlich paradoxer Effekt innewohnte. Es war die naturwissenschaftlich verbissene Ursachensuche, die den Theoretiker Freud vorantrieb »in der sicheren Erwartung, ... es werde sich aus tieferen Schichten des Bewußtseins das Verständnis sowohl für die Verursachung als auch für die Determinierung des hysterischen Symptoms gewinnen lassen«[10]. Daß Freud auf seinem Weg der interpretierenden Erlebnisanalyse gar keine Ursachen finden konnte, war ihm nicht bewußt. Gleichwohl - indem er hinter den Erscheinungen die verborgenen Kräfte suchte, entdeckte er die Strukturen des Unbewußten, formulierte er Mechanismen des Unbewußt-Machens, entwarf er das Gerüst der Metapsychologie. In diesem Gerüst bot er der Interpretation, genauer, der hermeneutisch angelegten Analyse des Erlebnissinnes ein Kategoriensystem, das es erlaubte, dieses Erleben in verschiedenen Schichten zu gliedern. Kein Zweifel, indem Freud das Verstehen als Verstehen durchhielt, das Verstandene aber im physiologisch-physikalischen Kategoriensystem seiner Metapsychologie organisierte, entzog er die Bilderwelt des Leidens der Sphäre des Mystisch-Irrationalen. Die Figurationen seiner Novellen gerieten ihm nicht in den Deutungshorizont von Ekstasen, galten ihm nicht als Erscheinungen jenseitiger Wesenheiten, sondern ließen sich als Gefüge dynamisch-energetischer Kräfte zu einer Struktur organisieren. Indem Freud eine Kultur des verstehend-interpretierenden Zuhörens ausbaute, zugleich aber sein Begreifen strikt nach dem Modell der Naturwissenschaften betrieb, ergab sich ein fruchtbarer Irrtum, dem wir die Psychoanalyse nicht als Sammlung von Mandalas und Mythologemen, sondern als Strukturlehre verdanken. Indem Freud physikalisch handfest nach den hinter den Symptomen liegenden Kräften suchte, entdeckte er die Tiefenstruktur von Texten, enthüllte sich ihm die Hintergründigkeit der Bedeutungen, fand er durch die Verstellungen der Rede hindurch den »Sinn der Symptome« im Bereich der Wünsche als unbewußter Sinnstruktur. Indem Freud diese Sinnstruktur physikalisch ernsthaft als ein Gefüge von Kräften begriff, entging er der Versuchung, welcher der Philosophieprofessor Janet verfallen war: dieses Unbewußte als bloßes Absprengsel des Bewußtseins, als façon de parler einzuschätzen. Für den Naturwissenschaftler Freud war dieses Unbewußte ein Wirkungspotential und damit von vornherein eigenständiges und eigenständig wirksames System.

[10] Freud und Breuer, 1895, S. 208.

Kein Zweifel, der Naturwissenschaftlichkeit Freuds kommt die Leistung eines Geburtshelfers zu. Jedoch: sind wir nicht eben deshalb aufgefordert, diese bloße Hilfsfunktion zu durchschauen und sie in Freudscher Erkenntnisstrenge abzustreifen zugunsten einer anderen - etwa handlungstheoretischen Grundlegung der psychoanalytischen Theorie? Ist das lebenslange Festhalten Freuds an einem naturwissenschaftlichen Verständnis von Psychoanalyse nicht letztlich doch bloß ein Relikt aus der Zeit des Petromycon Planeri?

Wirft man einen Blick auf den Eckstein des Freudschen Theoretisierens, die metapsychologischen Schriften der Jahre 1915 bis 1917, so wird man nachdenklich. Ausgerechnet diese Schriften, die ja die Summe der theoretischen Fassung einer 25jährigen Erfahrung mit der Psychoanalyse sind, zeigen unübersehbar eine Durchdringung psychologischer Begriffsfiguren mit einem physiologisch-physikalischen Grundverständnis. Das geht bis zur unbezweifelbaren Identität psychoanalytischer Grundaussagen mit klaren neurophysiologischen Formeln - aus der Aphasielehre von 1891. Nimmt man von daher die Art des Freudschen Denkens ernst, so enthüllt sich eine - wie ich meine - entscheidende Einsicht in das Wesen der Psychoanalyse. Ich will sie in eine weitere These fassen: Indem Freud an der naturwissenschaftlichen Ausrichtung unnachsichtig festhielt, hob er auf eine lautlose, aber folgenreiche Weise die Grenze zwischen Naturwissenschaften und Kulturwissenschaften auf, stiftete er das neue Paradigma einer Wissenschaft, die man mit dem Titel einer »Hermeneutik des Leibes« versehen kann. Die beiden nicht aufeinander reduzierbaren Erkenntnisperspektiven, Kulturwissenschaft und Naturwissenschaft, überschneiden sich in den metapsychologischen Begriffen. Die frappierende Eigenheit der entscheidenden metapsychologischen Begriffsfiguren ist, daß sie sowohl eine beziehungspsychologisch-sozialwissenschaftliche wie auch eine naturwissenschaftlich-physiologische Bedeutung haben, in beiden Richtungen gelesen werden können: Die metapsychologischen Begriffe bilden einerseits soziale Sinnstrukturen vollkommen ab und stehen andererseits in präzisem Einklang gerade mit den neueren neurophysiologischen Erkenntnissen. Aber weil sie die Verbindung zweier miteinander unvereinbarer Lesarten sind, geht die Metapsychologie natürlich in keinem der beiden Wissenschaftsdiskurse auf. Das zeigt gerade auch der jüngst entdeckte Freud-Text, dieser außerordentliche Fund, den wir Ilse Grubrich-Simitis verdanken.

Eben weil die Metapsychologie von keinem der bestehenden Diskurse vereinnahmt werden kann, sondern einen eigenen neuen Diskurs stiftet, ist sie auch beiden Parteien ein Dorn im Auge - denen, die Freud als reinen Psychologen und Kommunikationswissenschaftler reklamieren möchten, und denen, die ihn als »Biologen der Seele« annehmen oder auf diesem Feld schlagen wollen.

Es läßt sich zeigen, daß alle psychoanalytischen Schlüsselbegriffe von dieser Doppeldeutigkeit bestimmt sind - und daß sie alle entstanden sind aus der Spannung zwischen einem verstehenden Eingehen, einem Nachvollziehen sozialer Konflikte und einer naturwissenschaftlich angeleiteten Ausrichtung auf Körperprozesse. Nehmen wir als Beispiel den Schlüsselbegriff »Sexualität«. Nichts spricht dafür, daß ein lediglich sozialwissenschaftlich ausgerichtetes Verstehen auf die Sexualität im Freudschen Sinne gestoßen wäre. All die vielen beziehungspsychologischen Spielarten von Adler bis zur Selbstpsychologie belehren uns, daß das verstehende Eingehen auf die Selbstdarstellung der Patienten durchaus andere Wege einschlagen kann. Gerade, wenn wir den zutiefst sozialen Gehalt der Leidensdarstellungen anerkennen, wird uns klar, daß ein perspektivierendes Moment hinzukommen mußte, die sozialen Figurationen an den Leib zu binden. Es bedurfte der insistenten Ausrichtung auf Körperprozesse, um die Beziehungsproblematik auf leibliche Erfahrungen zentriert formulieren zu können.

Die Bedeutung dieses Insistierens erhöhte sich dazu hin noch von dem Moment an, da mit dem Verwerfen der Lehre vom Sexualtrauma als Grund der Neurose die Psychoanalyse den Irrtum abstreifen mußte, Ursachen im Realitätsgefüge der Patienten ausmachen zu können. Sie mußte sich als Erlebnisanalyse verstehen lernen, und d.h., sie mußte sich auf die Erkenntnis der inneren Welt der Patienten konzentrieren und geriet damit durchaus in Gefahr, sich im Spiritualismus oder Mentalismus von Erlebnisfiguren zu verfangen. Freud dagegen stieß auch da auf Sexualität als inneres Movens der Persönlichkeit. Auch dies verdanken wir seiner naturwissenschaftlichen Ausrichtung. Die soziale Bezogenheit erschien ihm in den Leib eingesenkt, vermochte sich als Leib zu zeigen - oder andersherum formuliert, es wurde erkennbar, daß der Leib eine soziale Struktur, ein Sinnsystem bildet. In dem Maße, indem sich die analytische »Ausgrabung einer verschütteten Stadt«[11] - so Freuds Bild - lebensgeschichtlich vorantastete bis zur Ausgrabung der Kindheitsspuren, gewann diese Einheit von Leiblichkeit und Sozialität, die wir Sexualität nennen, einen weiteren Bedeutungszuwachs. Sie wurde nun zum zentralen Konstituens der Persönlichkeit, zur Zentrallinie des Persönlichkeitsaufbaus.

Halten wir fest: Diese dreifache Vertiefung des Begriffes »Sexualität« wäre nicht möglich gewesen ohne den Physiologen Freud - aber auch nicht ohne den Hermeneuten Freud, der sich verstehend auf die Selbstdarstellung der Patienten einließ, um sie interpretierend aufzunehmen und sie in ihrem soziophysischen Doppelsinn zu begreifen. So gesehen läßt sich feststellen: Psychoanalyse ist Naturwissenschaft und zugleich auch Analyse von Sinnstrukturen. Um es mit den Worten Ricoeurs zu sagen: Psychoanalyse ist die Verbindung von Hermeneutik und Energetik. Diese Vereinigung des Feuers mit dem Wasser, dieses Zusammenzwingen der beiden nicht ineinander auflösbaren Wege menschlicher Erkenntnis im Punkt der Metapsychologie leistete Freud, indem er die Triebbiologie mitten im Herz der Sinnanalyse, in der unbewußten Sinnstruktur aufrichtete. Das Unbewußte wurde so vom bloßen Schatten des Bewußtseins zur eigenständigen Wirkungsmacht, zum eigenständig wirksamen Sinn. Als Gegensinn zu den herrschenden Normen, die nach einem scharfsinnigen Marxwort stets die Normen der Herrschenden sind, wird die untrennbare Einheit von Leib und Seele, von Lebenstrieb und Sinn im Unbewußten

---

[11] Freud und Breuer 1895, S. 201.

zum Fundament eines emanzipatorischen Widerstandes gegen das schlecht Bestehende.

Genau daraus aber resultiert ein entscheidendes Postulat für die Psychoanalyse: Weil »Forschen und Heilen« nach Freuds Worten ein Junctim bilden, untrennbar zusammengehören, ergibt eine theoretische Bestimmung notwendig auch therapeutische Direktiven. Wenn der Widerpart der unbewußten Wünsche letzten Endes stets unzumutbare herrschende Normen und Werte sind, wäre eine wertneutrale Psychoanalyse eine Absurdität, schlimmer noch: ein Verhängnis. Eine um ihren kultur- und gesellschaftskritischen Impuls gebrachte Psychoanalyse, wertfrei fungibel auf Psychotechnik reduziert, hätte nichts mehr mit der Freudschen Psychoanalyse gemein. Eine um ihren kultur- und gesellschaftskritischen Impuls gebrachte Psychoanalyse würde in ein Instrument verkehrt, beredt den Menschen zum Verstummen zu bringen.

Summary

Emancipation and method. - The author traces historically how, beginning with Breuer's treatment of Anna O. and her discovery of the »talking cure«, the therapeutic work was shifted from doctor to patient: The patient's story clarifies the societal content of life history and the history of suffering. In contrast to the conceptions of traditional science, psychoanalysis achieves a cure by lifting the artificial separation of individual and society within the doctor-patient relationship and by transforming the history of suffering into life history.

BIBLIOGRAPHIE

Foucault, M. (1961): Wahnsinn und Gesellschaft. Frankfurt a. M. (Suhrkamp) 1969.

Freud, S. (1925): »Selbstdarstellung«. GW XIV, 31- 96.

- , und J. Breuer (1895): Studien über Hysterie. GW I, 75 - 312.

Jones, E. (1953): Das Leben und Werk von Sigmund Freud, Bd. I. Bern, Stuttgart, Wien (Huber) 1960.

Leupold-Löwenthal, H. (1977): Years of Isolation. Sigmund Freud House Bulletin, 1, Bd. 2, 59 - 68.

ALFRED LORENZER
Die Geschichtlichkeit menschlicher Lebensentwürfe

I.

Seine Arbeit an der Schrift „Totem und Tabu" kommentierte Freud 1911 in einem Brief an Sandor Ferenczi mit den folgenden Worten: „Mitunter ist mir, als hätte ich nur eine kleine Liaison anknüpfen wollen und entdeckte in meinem Alter, daß ich ein neues Weib heiraten muß"[1]. Freud verrät mit dieser Bemerkung, wie groß und eindrucksvoll sich vor ihm das neue Vorhaben einer psychoanalytischen Sozialpsychologie aufbaut; er hat dieser Aufgabe in der Folgezeit ja auch eine Reihe bedeutsamer sozialpsychologischer, kulturtheoretischer und kulturkritischer Schriften gewidmet.

Freilich, die Annahme, damit ein ganz neues, fremdes Terrain betreten zu haben, widerrief Freud wenige Jahre später in der Einleitung zu der 1921 erschienenen Schrift „Massenpsychologie und Ich-Analyse" ausdrücklich mit der Feststellung:

> „Der Gegensatz von Individual- und Sozial- oder Massenpsychologie, der uns auf, den ersten Blick als sehr bedeutsam erscheinen mag, verliert bei eingehender Betrachtung sehr viel von seiner Schärfe. Die Individualpsychologie ist zwar auf den einzelnen Menschen eingestellt und verfolgt, auf welchen Wegen derselbe die Befriedigung seiner Triebregungen zu erreichen sucht, allein sie kommt dabei nur selten, unter bestimmten Ausnahmsbedingungen, in die Lage, von den Beziehungen dieses Einzelnen zu anderen Individuen abzusehen. Im Seelenleben des Einzelnen kommt ganz regelmäßig der Andere als Vorbild, als Objekt, als Helfer und als Gegner in Betracht und die Individualpsychologie ist daher von Anfang an auch gleichzeitig Sozialpsychologie in diesem erweiterten aber durchaus berechtigten Sinne."[2]

---

[1] Jones, 1960, S. 415.
[2] Freud, 1921, S. 73.

Allerdings verallgemeinert Freud hier für die Psychologie insgesamt, was doch vor allem für die Psychoanalyse gilt: Es ist *ihre* Sicht, sich auf die Erlebnisinhalte zu konzentrieren und diese Erlebnisinhalte als soziale Phänomene zu nehmen, - wie Freud anschließend selbst sagt:

> „Das Verhältnis des Einzelnen zu seinen Eltern und Geschwistern, zu seinem Liebesobjekt, zu seinem Lehrer und zu seinem Arzt, also alle die Beziehungen, welche bisher vorzugsweise Gegenstand der psychoanalytischen Untersuchungen geworden sind, können den Anspruch erheben, als soziale Phänomene gewürdigt zu werden."[3]

In den nächsten Sätzen macht Freud jedoch eine Einschränkung, die wir korrigieren müssen. Er schließt die „narzißtischen Vorgänge, bei denen die Triebbefriedigung sich dem Einfluß anderer Personen entzieht", von der Einschätzung als soziales Geschehen aus. Zu unrecht. Denn auch da, wo von der vollkommenen Einsamkeit des Patienten die Rede ist, ist der „Andere" doch in seinem Mangel anwesend. Und eben dieser Mangel wird zum Thema der analytischen Frage. Stets wird eine „Beziehung-zu" thematisiert, stets bilden Beziehungsfiguren, gleichgültig ob es um vorhandene oder fehlende Gestalten geht, den Gegenstand der Analyse.

Sieht man sich diese Sachverhalte von der methodischen Seite her an, so wird die Pointierung der sozialen Beziehungen sogar noch deutlicher: Das, was die psychoanalytischen Sitzungen ausfüllt, sind Erzählungen und Selbstdarstellungen des Analysanden, der in „freier Assoziation" Erlebnisszenen aneinander reiht, wobei das Reden es möglich macht, gegenwärtiges und vergangenes Geschehen, erinnertes und phantastisches, Erlebnisse draußen im Alltag und das Erleben der analytischen Situation selbst gerade so aneinander zu reihen, wie es der Zusammenhang des Seelendramas erfordert. Die Achtsamkeit des Analytikers wiederum ist in „gleichschwebender Aufmerksamkeit" darauf eingestellt, den szenischen Charakter der Erzählung des Patienten herauszuhören, geleitet von der Absicht, den

---

[3] Freud, 1921, S. 73.

offenen wie verborgenen Beziehungssinn der Erzählungen als Teil eines Lebensdramas zu entschlüsseln.

Fassen wir zusammen: Gegenstand der Psychoanalyse sind Erlebnisinhalte, Erlebnisszenen, die als Momente einer unverwechselbaren Lebensgeschichte zu lesen sind. So gesehen können wir die Freudsche Feststellung auch einfach umkehren und sagen: Wie man sieht, ist diese Sozialpsychologie Individualpsychologie in strengem Sinne: Sie stellt die sozialen Phänomene, denen sie ihre Aufmerksamkeit schenkt, konsequent in die Perspektive einer Lebensgeschichte.

Andererseits gilt die gegenläufige Feststellung aber auch: Es geht allemal um die sozialen Beziehungen, in die diese Individuen eingebettet sind. Offensichtlich also will die Psychoanalyse genau den Punkt der Verschränkung von Subjektivität und sozialer Ordnung treffen. Auf die psychoanalytische Erkenntnis bezogen heißt das: Sie sucht die Spuren sozialer Ordnung im Individuum, aber sie liest diese Spuren als subjektive Niederschrift. Sie läßt sich aufs Individuelle ein, sie sieht alle Mitteilungen in der subjektiv-unverwechselbaren Perspektive einer Lebensgeschichte, aber die Inhalte dieser Mitteilung sind stets soziale Phänomene.

Sieht man sich diese eigentümliche Doppeldeutigkeit genauer an, so öffnet sich eine interessante und folgenschwere Alternative. Sollen wir diese sozialen Formeln als Wirkungspotentiale einer individuell selbständigen, selbstmächtigen Subjektivität ansehen, die von sich aus die gesellschaftliche Ordnung bildet? Oder haben wir hier den tiefsten, tief ins Innere der Individuen vorangetriebenen Einsatzpunkt objektiver Kräfte, objektiver Strukturen vor uns?

Das Etikett meines Beitrages scheint diese Frage entschieden zu haben: „Die Geschichtlichkeit menschlicher Lebensentwürfe" betont, daß die verhaltensbestimmenden sozialen Formeln, von denen hier die Rede ist, als Niederschlag gesellschaftlicher Formbildung zu begreifen sind; als Spur sozialer Verhältnisse im Individuum; als Ausdruck gesellschaftlicher Normen und Werte, – freilich nicht reibungslos, sondern konfliktträchtig.

Allerdings steht Freud einer einseitig-schnellen Problemlösung im Weg. Er hat zwar keinen Zweifel an der verhaltensbestimmenden Bedeutung der sozialen Beziehungsformeln gelassen, aber er sieht diese Ordnungsstrukturen an die Triebe gebunden. Die Freudsche Trieblehre repräsentiert genau die eben skizzierte Einheit von menschlichem Wirkungspotential und Verhaltensanweisungen. Der Trieb ist Lebenskraft; er ist aber, wie Freud gegen Jung schon geltend gemacht hat, keineswegs inhaltlich unbestimmt. Er reguliert vielmehr inhaltlich das Verhalten und greift damit bestimmend ins soziale Handeln ein.

Wie nachhaltig vom Trieb her Leib und Seele gesteuert werden, hat Freud 1923 in einen bekannten Vergleich gefaßt, bei dem er zunächst die - allgemeinem Verständnis naheliegende - Bedeutung des Ich als Regent des eigenen Tuns und Lassens betont, dann aber fortfährt:

> „Die funktionelle Wichtigkeit des Ichs kommt darin zum Ausdruck, daß ihm normalerweise die Herrschaft über die Zugänge zur Motilität eingeräumt ist. Es gleicht so im Verhältnis zum Es dem Reiter, der die überlegene Kraft des Pferdes zügeln soll, mit dem Unterschied, daß der Reiter dies mit eigenen Kräften versucht, das Ich mit geborgten. Dieses Gleichnis trägt ein Stück weiter. Wie dem Reiter, will er sich nicht vom Pferd trennen, oft nichts anderes übrig bleibt, als es dahin zu führen, wohin es gehen will, so pflegt auch das Ich den Willen des Es in Handlung umzusetzen, als ob es der eigene wäre."[4]

Die Einheit von Kraftpotential und sozialer Verhaltensanweisung wird deutlicher noch in der folgenden Freudschen Begriffsbestimmung von Libido:

> „Wir heißen so die als quantitative Größe betrachtete - wenn auch derzeit nicht meßbare - Energie solcher Triebe, welche mit all dem zu tun haben, was man als Liebe zusammenfassen kann."[5]

[4] Freud, 1923, S. 253.
[5] Freud, 1921, S. 98

Nach dieser energetischen Bestimmung betont Freud in einem ausführlichen Bild sofort die Inhaltlichkeit, die soziale Ausrichtung dieser Triebquantität:

> „Den Kern des von uns Liebe Geheißenen bildet natürlich, was man gemeinhin Liebe nennt und was die Dichter besingen, die Geschlechtsliebe mit dem Ziel der geschlechtlichen Vereinigung. Aber wir trennen davon nicht ab, was auch sonst an dem Namen Liebe Anteil hat, einerseits die Selbstliebe, andererseits die Eltern- und Kindesliebe, die Freundschaft und die allgemeine Menschenliebe, auch nicht die Hingebung an konkrete Gegenstände und an abstrakte Ideen. Unsere Rechtfertigung liegt darin, daß die psychoanalytische Untersuchung uns gelehrt hat, alle diese Strebungen seien der Ausdruck der nämlichen Triebregungen, die zwischen den Geschlechtern zur geschlechtlichen Vereinigung hindrängen, in anderen Verhältnissen zwar von diesem sexuellen Ziel abgedrängt oder in der Erreichung desselben aufgehalten werden, dabei aber doch immer genug von ihrem ursprünglichen Wesen bewahren, um ihre Identität kenntlich zu erhalten ..."[6]

Diese Doppelnatur von Körperimpuls und Lebensentwurf in eins genommen heißt: Der Körper selbst greift mit einem eigenen Programm ins soziale Handeln ein. Soweit scheint die Aussage gesellschaftskritisch unanstößig. Nun wird diese Trieblehre in ihrer Einheit von Impulsivität und sozialer Anweisung aber eindeutig biologistisch dadurch, daß Freud dieses Programm erbgenetisch vorprogrammiert sieht. Das ist genau der Stein des Anstoßes, an dem sich die sozial aufgeschlossenen Geister stoßen - von Adler über die Kulturisten bis zur angelsächsischen Liaison von Ich-Psychologie und Soziologie, von den Kulturanthropologen bis zu den Kommunikationstheoretikern, von den Familientherapeuten bis zur Antipsychiatrie und den marxistischen Kritikern der Psychoanalyse. All diese sonst so verschiedenen Gruppen glaubten bzw. glauben, die Einsicht in die Soziogenese menschlichen Handelns retten zu müssen, indem sie die Freudsche Trieblehre

[6] ebd.

entweder ganz verwerfen oder doch abschwächen. Triebstruktur und Leiblichkeit insgesamt werden ihnen zur bloß materialen Basis, über der die Lebensentwürfe schweben wie der Geist Gottes über den Wassern. Der Leib wird zur reinen Wachstafel, auf der sich die objektiven gesellschaftlichen Normen und Werte eingraben.

II.

Es ist verblüffend, daß die Kritiker des Freudschen Biologismus einen Umstand übersehen haben, der auffällig genug ist und den Biologismus in ein ganz anderes Licht rückt. Den Kritikern entging der mythologische Charakter entscheidender Grundannahmen der Freudschen Trieblehre. Ich möchte zwei große Mythologeme herausgreifen. Nämlich einerseits die Lamarckistische Annahme, die großen Katastrophen der Gattungsgeschichte hätten sich im menschlichen Erbgut niedergeschlagen, sowie andererseits die Annahme einer - gleichfalls erbgenetisch befestigten - Nachwirkung der Urhordendramatik. Geneigt, Freud alle möglichen Spekulationen, von den Zahlenspielereien bis zur Parapsychologie nachzusehen, pflegen die Freunde der Psychoanalyse diese Mythen gnädig zu übersehen, ohne sich zu fragen, welche Bedeutung ihnen zukommt. Ich möchte meine Einschätzung dieser mythologischen Grundfiguren in einer These vorstellen, will vorab aber die Mythen in groben Umrissen wenigstens skizzieren.

Der Mythos vom Niederschlag der großen Menschheitskatastrophen wird am besten in der folgenden Darstellung deutlich, die Freud in einem jüngst aufgefundenen Manuskript der 12. metapsychologischen Abhandlung aus dem Jahre 1915 gegeben hat.

> „... (wir) behaupten, daß die Menschheit unter dem Einfluß der Entbehrungen, welche ihr die hereinbrechende Eiszeit auferlegte, allgemein *ängstlich* geworden ist. Die bisher vorwiegend freundliche, jede Befriedigung spendende Außenwelt verwandelte sich in eine Häufung von drohenden Gefahren ... An der infantilen Angst sehen

> wir nun, daß das Kind die Objektlibido im Falle der Unbefriedigung in Realangst vor dem Fremden verwandelt, aber auch, daß es überhaupt dazu neigt, sich vor allem Neuen zu ängstigen ... Die phylogenetische Überlegung ... läßt uns annehmen, daß ein Anteil der Kinder die Ängstlichkeit des Beginns der Eiszeiten mitbringt ...". In der Not der Eiszeit wurde auch die „soziale Pflicht, die Fortpflanzung zu beschränken", aufgerichtet, wobei die „nicht zur Kinderzeugung führende Befriedigung ... diesem Verbot" entging.[7]

Kurz gesagt, die Erfahrungen der Eiszeiten haben sich - so Freud - im Erbgut niedergeschlagen in Angstmodellen, die sich dann mit den Erfahrungen der jeweiligen Ontogenese verbinden. Das heißt: die unbewußte Persönlichkeitsstruktur stellt sich nicht etwa jeweils aus den tradierten Sitten und Gebräuchen her, sondern - das ist Freuds Auffassung und darin zeigt sich eben seine Lamarckistische Annahme von der Vererbung erworbener Eigenschaften - aus uralten traumatischen Erfahrungen, die in die Triebstruktur aufgenommen werden.

Noch deutlicher wird die Einverleibung sozialer Erfahrungen in die - vererbbare - Persönlichkeitsbasis beim Mythos vom Urvater und der Urhorde. Nach Freuds Rekonstruktion der Gattungsgeschichte muß man die Existenz eines Urvaters annehmen, der alle Frauen für sich in Beschlag nimmt und die Söhne kastriert, - wobei der jüngste Sohn unter dem Schutz der Mutter in aller Regel entkommt. Nach einer langen Zeit, in der dieses Modell sich scheinbar endlos wiederholt, verbünden sich die Söhne und erschlagen schließlich den Urvater. Sie richten aber anschließend nicht nur sein Bild im eigenen Innern auf, sondern senken die ganzen sozialen Umschichtungen als Modelle subjektiven Verhaltens in ihre psycho-physische Grundstruktur als „archaische Erbschaft" ein.[8] Diese archaische Erbschaft erfährt in der Ontogenese im Verhältnis zum eigenen Vater dann ihre Wiederbelebung.

So viel zu den archaischen Mythen. Ich brauche wohl kaum anzumerken, daß diese Mythen, die Freud als berechtigte, nur

[7] Freud, 1985, S. 74f.
[8] Freud, 1921, S. 142.

wenig fragliche Rekonstruktionen der Vorgeschichte nahm, in dieser Geltung längst zureichend widerlegt sind. Es sind Phantasien.

Wie kam Freud dazu, oder besser gefragt, was drängte ihn, diese Mythen auszubilden?

Schauen wir uns den Gang der Psychoanalysegeschichte genauer an: Die Psychoanalyse begann als ärztliche Disziplin. Wo sie aber Krankheiten erwartet hatte, fand sie unversehens Leidenserzählungen vor, soziale Sachverhalte. Diese Erfahrung erzwang den Wechsel vom Diagnostizieren zum Verstehen. Freilich bemühte sich Freud seiner eigenen Einstellung gemäß, das Leiden naturwissenschaftlich zu begreifen. Doch die soziale Wirklichkeit des Leidens stellte sich einer rein naturwissenschaftlichen Betrachtung entgegen. Je mehr Freud dem Rechnung trug, desto fordernder verlangte die soziale Eigenart seines Untersuchungsgegenstandes ihre eigene theoretische Beachtung.

Warum aber hat Freud nicht den Ausweg der Soziologen, der Kulturisten und Environmentalisten gewählt? Nun, die Antwort braucht nicht zu schwanken. Sie muß lauten: Weil er an der anderen Seite des Leidens festhalten wollte – an der Leiblichkeit der Erfahrung. Der Erkenntnisgegenstand der Psychoanalyse ist ein sozialer, aber zugleich auch ein leiblicher. Wie schwer die kühne Einheit von Naturgegenstand und sozialem Gegenstand zu begreifen ist, zeigen die Mißverständnisse, denen die Psychoanalyse auch heute noch unter ihren Gegnern und Verehrern ausgesetzt ist.

Das Leiden enthält als psychosoziales, als sozio-physisches Geschehen aber noch eine weitere Spannung in sich: Das Verhältnis von Innenwelt und Außenwelt. In der Freudkritik macht sich neuerdings der Vorwurf breit, Freud habe mit der Konzentrierung seines Interesses auf Traum und Phantasie, auf die Interpretation der inneren Bilder statt auf Registrierung von Außeneinwirkungen die Abhängigkeit des Erlebens von traumatisierenden Realitäten aus dem Auge verloren. Abgesehen davon, daß von einer solchen Unterschätzung der Traumen bei Freud keine Rede sein kann, erweist sich die kritisierte Verinnerlichung nicht als Abschwächung, sondern als Akzentuierung der sozialen Problematik. Indem sich der Blick von den Ereignissen auf die Erlebnisentwürfe im Innern der Persönlichkeit richtete, wurde das soziale Moment nur noch drängender und rückte im Innern menschlichen Handelns und Denkens um so mehr in den Vordergrund.

Nun war Freud nie bloß Therapeut. Er war bei allem klinischen Interesse stets Theoretiker; er bemühte sich, seinen Einsichten aus der Therapie eine theoretische Grundlage zu geben. Sein sicherstes Fundament für die klinisch therapeutischen Annahmen war die Metapsychologie, deren Kern ein von Freud allzeit festgehaltenes neurophysiologisches Gedankengerüst bildete. - Hier füge ich meine These ein. Sie lautet: Was sich dort - in der Metapsychologie - nicht festmachen ließ, verschob Freud ins Mythische, in Spekulationen über die Gattungsgeschichte der zum homo sapiens aufsteigenden Anthropoiden.

Es war die *soziale Inhaltlichkeit,* die in diesen Mythen untergebracht wurde - untergebracht werden mußte, da sich die „soziologisch-historischen Triebschicksale“[9] einerseits der neurophysiologischen Verrechnung sperrten, andererseits gerade sie - wie uns die eingangs zitierten Freudbemerkungen zeigen - die Mitte der psychoanalytischen Erfahrung bildeten und demgemäß nach theoretischer Fassung verlangten.

Bei alldem ist zu beachten, daß Freud, im Gegensatz zu seinen Schülern von der „Freudschen Linken“ - Fenichel, Bernfeld, Reich - an diese Problematik weder aus politischem Engagement noch in historisch-materialistischer Orientierung geraten war. Um es nochmals zu wiederholen: Der Bogen des Freudschen Interesses spannte sich zwischen der etwas verwunderten Offenheit des Verstehens, seiner Bereitschaft, die Eigenart des Leidens, d.h. die soziale Eigenart des Leidens aufzunehmen und einem strikt naturwissenschaftlichen Begreifen nach dem Modell der Neurophysiologie. Was sich - wie die konkreten sozialen Sinnzusammenhänge - nicht szientifisch exakt fassen ließ, aber dennoch begriffen werden mußte, sollte wenigstens in der naturwissenschaftlichen Perspektive - als

[9] Marcuse, 1979, S. 38.

Naturmythos zu Wort kommen. Was naturwissenschaftlich unbereifbar, also rätselhaft blieb, wurde doch wenigstens in der Kontinuität einer naturwissenschaftlichen Deutung der Welträtsel angesiedelt. Es ist nicht zufällig, daß die Freudschen Mythen sich so unverkennbar auf der Linie des Haeckelschen biogenetischen Grundgesetzes, demzufolge die Ontogenese die Phylogenese rekapituliere, bewegen. Meine These läßt sich mithin kurz so zusammenfassen: Freud verschloß sich im Gegensatz zu seinen positivistischen Nachfolgern keineswegs der Soziogenese der Persönlichkeit. Er brachte diese jedoch nicht in den metapsychologischen Kategorien, sondern in naturmythischen Formeln unter, und er projizierte die soziale Grundlegung aus der Kindheitsgeschichte der Patienten in die Vorgeschichte der Menschengattung, aus der Ontogenese in die Phylogenese.

III.

Nun wären diese Mystifikationen nur wissenschaftsgeschichtlich interessant, wenn in diesen Mythen nicht wichtige Aussagen über den Zusammenhang von Individuum und Gesellschaft und über die gesellschaftliche Konstitution der Persönlichkeit enthalten wären, die vom gängigen Selbstverständnis - innerhalb und außerhalb der Psychoanalyse - immer noch übersehen, ja zunehmend wieder verdrängt werden. Ich möchte drei Aussagen wenigstens in Umrissen vorführen.

1. Freuds Mythen halten die Einsicht fest, daß soziale Prozesse nicht nur an der Oberfläche auf die Verhaltensorientierung wirken, sondern ins Fundament der Persönlichkeit eingelassen sind.

Daß das menschliche Verhalten irgendwie kulturspezifisch geprägt sei, daß das menschliche Bewußtsein gesellschaftlich beeinflußt werde, derlei Einsichten gehören ja nachgerade so sehr zum common sense, daß man mißtrauisch werden mag. Die Freudschen Mythen sind da entschieden radikaler. Ihnen zufolge haben gesellschaftliche Erfahrungen einen festen Platz in der Tiefenstruktur der Persönlichkeit, - wobei man hinzufügen muß, daß Freud schon seit den Anfängen seiner Theoriebildung zu solcher Radikalität neigte. Er achtete in der Lehre vom Unbewußten nicht vordringlich auf die Mechanik der Verdrängung, sondern vielmehr auf den Gehalt des Verdrängten. Er beachtete weniger den Mechanismus des Unbewußtmachens, sondern verfolgte den Eingriff ins Innere des Unbewußten hinein. Das Unbewußte durfte nach seiner immer wieder heftig vorgebrachten Auffassung nicht als bloßer Abfall, als bloßes Absprengsel des Bewußtsein ohne eigenen Sinn gelten, - damit würde man es bedeutungslos machen und zur façon de parler herabsetzen. Vielmehr war das Es nach seiner Auffassung als eigenständiges Sinnsystem zu begreifen und d.h. als Gefüge eigenartiger sozialer Formeln. Diese Eigenartigkeit, Eigenständigkeit verdeutlichte sich ihm stärker noch, nachdem er das Unbewußte als Triebstruktur identifiziert und damit als eigenständig bestimmendes Wirk- und Sinnsystem begriffen hatte, als Fundament der Persönlichkeit. In der „Neuen Folge der Vorlesungen" greift Freud 1933 den Vergleich von Roß und Reiter nochmals auf. Er schickt ihm folgende Bemerkung voraus:

> „Wir haben uns bisher durch die Aufzählung der Vorzüge und Fähigkeiten des Ichs imponieren lassen; es ist jetzt Zeit, auch der Kehrseite zu gedenken. Das Ich ist doch nur ein Stück vom Es, ein durch die Nähe der gefahrdrohenden Außenwelt zweckmäßig verändertes Stück. In dynamischer Hinsicht ist es schwach, seine Energien hat es dem Es entlehnt, und wir sind nicht ganz ohne Einsicht in die Methoden, man könnte sagen: in die Schliche, durch die es dem Es weitere Energiebeträge entzieht."[10]

Wohl ist hier der energetische Charakter des Es vorherrschend, aber wenige Seiten zuvor benennt Freud „Wunschregungen, die das Es nie überschritten haben, aber auch Eindrükke, die durch Verdrängung ins Es versenkt worden sind."[11] Er spricht von psychischen Inhalten, die er als „Erinnerungsspu-

[10] Freud, 1933, S. 83.
[11] ebd., S. 80.

ren" charakterisiert. Mit diesem Begriff hat Freud früh schon das Wechselspiel zwischen den inneren Lebensentwürfen und dem sozialen Geschehen draußen in der Realität festgehalten. Inhalte sind soziale Spuren. Wie aber kommen diese ins Unbewußte, ins Fundament der Persönlichkeit, bevor Sprache und Bewußtsein vorhanden sind? Freuds Antwort ist deutlich: als soziale Erfahrung der Urmenschen. Sehen wir uns sein vorgeschichtliches Gemälde an:

> „Mit dem Fortschritt der harten Zeiten mußte sich den in ihrer Existenz bedrohten Urmenschen der Konflikt zwischen Selbsterhaltung und Fortpflanzungslust ergeben, welcher in den meisten typischen Fällen von Hysterie seinen Ausdruck findet. Die Nahrungsmittel reichten nicht hin, eine Vermehrung der menschlichen Horden zu gestatten, und die Kräfte des Einzelnen reichten nicht aus, so viele der Hilflosen am Leben zu erhalten. Die Tötung der Geborenen fand sicherlich einen Widerstand an der Liebe besonders der narzißtischen Mütter. Somit wurde es soziale Pflicht, die Fortpflanzung zu beschränken. Die perversen, nicht zur Kinderzeugung führenden Befriedigungen entgingen diesem Verbot, was eine gewisse Regression auf die Libidophase vor dem Primat der Genitalien beförderte. Die Einschränkung mußte das Weib härter treffen als den um die Folgen des Sexualverkehrs eher unbekümmerten Mann. Diese ganze Situation entspricht offenkundig den Bedingungen der Konversionshysterie. Aus der Symptomatik derselben schließen wir, daß der Mensch noch sprachlos war, als er sich aus der unbezwungenen Not das Verbot der Fortpflanzung auferlegte, also auch noch nicht das System des Vbw über seinem Ubw aufgebaut hatte. Auf die Konversionshysterie regrediert dann auch der dazu Disponierte, speziell das Weib, unter dem Einfluß der Verbote, welche die Genitalfunktion ausschalten wollen, während stark erregende frühzeitige Eindrücke zur Genitalbetätigung drängen."[12]

Lösen wir den Mythos auf und formulieren wir: Das Fundament der Persönlichkeit bilden soziale Erfahrungen, die in ei-

[12] Freud, 1985, S. 74 f.

nem quasi anthropoiden, nämlich intrauterinen vorsprachlichen Status erworben werden. Vorsprachlich, ja nichtsprachlich insofern, als diese Erfahrungen ein eigenes, von späteren sprachorientierten Phasen abweichendes Sinnsystem bilden. Unbewußt im buchstäblichen Sinn, d.h.: vor jeder bewußten Erfahrung gebildet. Dennoch aber als soziale Erfahrung gewonnen und in unbewußten Lebensentwürfen wirksam. Wir sehen, dieser allseits verleugnete Sachverhalt eines zweiten, nichtsprachlichen Sinnsystems, eingelassen in physische Reaktionen und als physisches Bedürfnis ins Erleben durchschlagend - dieses verwegene Konzept ließ sich damals nur in mythischer Verfremdung denken.

2. Die psychoanalytischen Erfahrungen verdanken sich der Selbstdarstellungen der Analysanden. Insoweit psychoanalytische Erkenntnisse die Selbstreflexion der Analysanden in Anspruch nehmen, setzen sie ein mit Bewußtsein ausgestattetes Ich voraus. Selbst im Traum - dieser via regia zur Erkenntnis des Unbewußten - wird das Unbewußte mit den Augen des Ich gesehen. Wie tief auch die Regression in der Analyse den Analysanden in die eigene Frühgeschichte zurückführen mag, sie kann die subjektiven Erfahrungen nicht hintergehen. Alles Erinnern setzt ein erinnerndes Ich voraus. Wie dieses Ich konstituiert wurde, kann deshalb im „Kampf um die Erinnerung" - wie Alexander Mitscherlich die psychoanalytische Kur zutreffend benannt hat - nicht ans Tageslicht gefördert werden. Darin liegt eine Grenze des aus eigener Praxis gewonnenen psychoanalytischen Begreifens. Dennoch aber muß die Frage nach dem Herauswachsen des Ich aus dem Es beantwortet werden. Ich wiederhole nochmals das Zitat: „Das Ich ist doch nur ein Stück vom Es."[13] Dieses Herauswachsen muß schon deshalb begriffen werden, weil die Psychoanalyse als kritische Theorie Erlebnisinhalte und Erlebnisfunktionen nicht voneinander trennen darf. Die Annahme inhaltsneutraler, erfahrungsvorgängiger, also Es-unabhängiger „autonomer" Ich-Strukturen - wie das Hartmann vorschlug - ist blanker Positivismus.

[13] Freud, 1933, S. 83.

Freud hat der Versuchung zu solchen Ausweichbewegungen standgehalten. Er hat die Geburt der Subjektivität aus einem präsubjektiv-archaisch- unbewußten Zusammenspiel freilich auch hier mythologisierend an das archaische Leben gebunden: an ein Urhordenleben auf dem Wege der Menschwerdung.

Lösen wir auch diese Projektion auf, indem wir die archaische Situation der Ontogenese, die pränatale Situation an die Stelle der Gattungsvorgeschichte rücken. Wir können dann zwei Konstitutionsschritte der Subjektbildung formulieren: Zum einen die Bildung jenes ersten fundamentalen Sinngefüges, das syich aus den Niederschlägen der sozialen Interaktion in der intrauterinen Mutter-Kind-Einheit herstellt. Zum anderen die Bildung physisch unmittelbarer Praxisfiguren, leiblich eingespielter Lebensentwürfe, die vor jedem emotionalen Erleben und lange vor jedem Bewußtsein die Struktur des Körpers und die Struktur der Erlebnisfiguren begründen. Diese physisch angelegten Praxisfiguren verbinden sich miteinander und bilden Komplexe, wobei die wichtigste Etappe solcher Strukturbildung die Verbindung der einzelnen unbewußten Praxisfiguren mit Sprachfiguren ist.

Mit dieser Aussage haben wir sogar Anschluß an den festen Boden der Freudschen Metapsychologie gefunden: Schon Freud hat dort die Bildung des Bewußtseins auf die Verbindung von Sacherinnerungsspuren - ich habe hier von unbewußten Praxisfiguren gesprochen - und Wortkomplexen gegründet.

3. Die Psychoanalyse betrachtet die soziale Wirklichkeit von der Erlebnisseite her. Daß die Erlebnisse mit den Ereignissen auch da, wo der Erlebende realitätsgerecht urteilt, nicht gänzlich übereinstimmen, versteht sich. Daß eine Erlebnisanalyse keineswegs psychologistisch die objektiven Einwirkungen von außen nach innen verleugnen muß, trifft für die Psychoanalyse immer schon zu. Nur ihre verstocktesten objektivistischen Gegner können ihr das bestreiten.

Wohl aber besteht für die Psychoanalyse eine andere Gefahr, nämlich die, den Familienrahmen, in dem sich die frühkindliche Welt sinnlich unmittelbar abspielt, konkretistisch für den letzten gesellschaftlichen Erfahrungsrahmen zu halten. Der Gefahr eines psychoanalytischen Konkretismus entspricht auf der Seite der Soziologie, zumal ihrer objektivistischen Fraktionen, eine kontrastierende Verzerrung, nämlich die, die Einwirkung sozialer Phänomene auf das individuelle Erleben unsinnlich abstrakt und rationalistisch harmlos nach dem Modell der Kommunikation erwachsener Individuen zu sehen. Der psychoanalytischen Verkürzungsneigung wie der soziologischen Verflachung ist die Tiefe des Freudschen Mythos entgegen zu halten. Die Figur des Urvaters und der Eiszeit - um nochmals jene Bilder zu erwähnen - spiegeln in der Tat die Unmenschlichkeit versteinerter Verhältnisse, die als ‚Gesetz' den Menschen entgegentreten, ungleich tiefer als es die sozialwissenschaftlich durchkategorisierten Formulierungen vermöchten. Daß der Schrecken, der allen Vatererfahrungen der Kinder anhaftet, niemals von der Bösartigkeit konkreter Väter oder Mütter allein verschuldet wird, sollten sich die psychoanalytischen Positivisten, die Familialisten und Environmentalisten vom Freudschen Mythos sagen lassen. Freud entwirft einen transfamilial angelegten, familial erscheinenden Hintergrund in und hinter der konkreten Familie. Die Freudschen Mythen durchbrechen den starren Familialismus, der für die Psychoanalyse so gefährlich ist. Zugleich stellt sich nach der anderen Seite, zur Soziologie hin die Frage, ob die archaische Dramatik im Freudschen Mythos nicht Erfahrungen andeutet, von denen die soziologischen Theoreme der Persönlichkeitsbildung eines zivilisierten homo sapiens nichts ahnen lassen. Es stellt sich die Frage, ob nicht der Freudsche Mythos genau den Erlebnissen der frühen und basalen Einwirkungen aufs Individuum entspricht.

Der Vater der eigenen Lebensgeschichte ist der Urhordenvater - als Repräsentant jenes Brutal-Väterlichen, von dem die Autoritätshörigkeit der Erwachsenen noch zehrt. Wenn Freud in seinen Spekulationen schreibt: „Es ist, möglich, daß die egoistische eifersüchtige und rücksichtslose Natur, die wir... dem Urvater der Menschenhorde zuschreiben, nicht von Anfang an vorhanden war, sondern sich im Laufe der schweren Eiszeiten als Resultat der Anpassung an die Not herausgebildete hat"[14],

[14] Freud, 1985, S. 76.

so ist lediglich die Zuschreibung zu ändern. Es ist die Eiszeit unserer gesellschaftlichen Gegenwart als Hintergrund allen individuellen Verhaltens zu erkennen.

Fassen wir die Mythen in einem Interpretationsgang zusammen: Im Mythos vom Urmenschen und der Einsenkung urzeitlicher Erfahrungen ins Fundament des Körpers wird ausgesprochen, daß es ein nicht-sprachliches Sinn- und Wirksystem gibt und dieses tiefe Sinnsystem nicht von oben, „vom Geist" oder von der „Sprache" her, dem Leib aufgepreßt wird, sondern als Gefüge leiblicher Lebensentwürfe existiert. Diese leiblichen Lebensentwürfe sind Niederschläge sozialen Verhaltens, die so vorindividuell-grundlegend eingreifen, daß ihre Macht nur im Mythos von den Urzeiten und der Urhorde vorstellbar wird, obgleich sie im metapsychologischen Modell der Sacheerinnerungsspuren, mimetisch eingeübter Praxisfiguren also, schon neurophysiologisch begriffen werden kann. Damit ist unserem Interpretieren insgesamt der Weg gewiesen: Es gilt, die Bildhaftigkeit der Mythen mit den abstrakten neurophysiologisch begründeten Formeln der Metapsychologie zu vermitteln. Das ist der Weg, die Psychoanalyse als kritische Theorie und d.h. als eine geschichtsmaterialistische Erfahrungswissenschaft zu begründen. Es ist kein Zufall, daß die psychoanalytischen Positivisten die Freudschen Mythen und die Freudsche Metapsychologie abschaffen wollen, um sie durch eine modernmodische Handlungs-, Sprach- oder Systemtheorie zu ersetzen. Zögern wir nicht, zu Freud, zum ganzen Freud, zurückzukehren.

LITERATUR

Freud, Sigmund, 1921: Massenpsychologie und Ich-Analyse.

Gesammelte Werke Band XIII

Freud, Sigmund, 1923: Das Ich und das Es. Gesammelte Werke Band

XIII

Freud, Sigmund, 1933: Neue Folge der Vorlesungen zur Einführung in die Psychoanalyse. Gesammelte Werke Band XV

Freud, Sigmund, 1985: Übersicht der Übertragungsneurosen. Ein bisher unbekanntes Manuskript. Ediert und mit einem Essay versehen von Ilse Grubrich-Simitis. Frankfurt

Jones, Ernest, 1960: Das Leben und Werk von Sigmund Freud. 2. Band. Bern

Marcuse, Herbert, 1979: Triebstruktur und Gesellschaft. Schriften Band 5. Frankfurt

ALFRED LORENZER

Hermeneutik des Leibes
Über die Naturwissenschaftlichkeit der Psychoanalyse

Totgesagte haben - einem alten Volksglauben zufolge - ein besonders zähes Leben. Zumindest für die Psychoanalyse trifft dies zu: Nachrufe haben sie von Anfang an begleitet. So in der Medizin, 1911 mit dem zornigen Ruf »Dies ist keine Angelegenheit der Wissenschaft, sondern der Polizei« und 1984 als Klage des Wissenschaftsrates, daß die psychosomatische Medizin an die Psychoanalyse angebunden wurde (obgleich das Fach selbst seine entscheidenden Impulse von eben daher bezog). Für die Philosophie schien die Sache schon um die Jahrhundertwende abgetan mit der Feststellung, das Unbewußte sei ein »hölzernes Eisen«; jedoch achtzig Jahre später spielt die Psychoanalyse bei der »Rekonstruktion der Moderne« ebenso eine Rolle wie bei der Gegenpartei, der »Postmoderne«. Bei der Psychologie war die Absage an die Psychoanalyse von Anfang an widersprüchlich. Den verstehenden Psychologen war die Psychoanalyse zu naturwissenschaftlich, der experimentellen Psychologie war sie es zuwenig oder gar nicht.

Dies ist in der Tat eine spannende Frage - Psychoanalyse und Naturwissenschaft - wobei die Gegenwart eine besonders merkwürdige Parteienspaltung bereit hält: während in den Feuilletons großer Wochenzeitschriften unter Berufung auf naturwissenschaftliche Widerlegungen der endgültige Grabgesang auf den »Tiefenschwindel der Psychoanalyse« angestimmt wird, regt sich in jener naturwissenschaftlichen Forschung, die der Leib-Seele-Problematik am nächsten steht und die sich in einer Phase stürmischer Entfaltung befindet, der gegenläufige Impuls, wie beispielsweise der renommierte französische Neurophysiologe Jean Pierre Changeux in seinem Buch *Der neuronale Mensch* (1984) beschreibt.

Doch abgesehen davon, daß es hier zu weit führen würde, an den Details der Berührung und ergänzenden Übereinstimmung zwischen Psychoanalyse und Neurophysiologie anzusetzen, um sie zu einem runden Bild zusammenzufügen, muß vorab klargestellt werden, wovon die Psychoanalyse überhaupt handelt, was ihre Methode, was ihr Untersuchungs- und Erkenntnisgegenstand sind. Denn das ist der springende Punkt der Auseinandersetzung: Die meisten Angriffe zielen auf eine Psychoanalyse, die es weder gibt noch je gegeben hat (wobei die Psychoanalytiker freilich an dieser Verwirrung nicht unschuldig sind, da sie bislang sich zuwenig Mühe darum gegeben haben, die innere Struktur der psychoanalytischen Erkenntnis klarzustellen). Was für eine Art von Wissenschaft ist sie denn, diese Psychoanalyse?

Ernst Kris, einer der alten Pioniere der Psychoanalyse, schrieb in seiner Einführung zu den »Anfängen der Psychoanalyse«: »Es ist die Brückesche Physiologie, fest begründet auf physikalischen Vorstellungen mit ihrem Ideal von der Meßbarkeit aller Vorgänge, die am Ausgangspunkt der psychoanalytischen Theorienbildung gestanden ist«, wobei er zum Schöpfer dieser Seelenwissenschaft, Freud, anmerkt: »Er war durch die Schule der Wissenschaft gegangen, und der Gedanke, die neue Psychologie auf wissenschaftlichen Methoden zu begründen, wurde zu Freuds Lebenswerk.«[1]

Dieser Hinweis auf die Abkunft der Psychoanalyse aus der Physiologie steht allerdings auf dem Hintergrund der Kenntnis eines Perspektivwechsels, den Heinz Hartmann folgendermaßen skizzierte: »Freud, der ja mit der Anatomie und Physiologie des Gehirnes wohlvertraut war, begann seine Forschung mit einem Versuch, eine physiologische Psychologie zu entwerfen, die ihn mit Begriffen und Hypothesenversehen sollte, welche seinen klinischen Erfahrungen Rechnung trügen (1895). Aber dieses Vorgehen erwies sich jenseits einer bestimmten Grenze als unbrauchbar. Das brachte ihn dazu, diesen Versuch durch eine Reihe von psychologischen Hypothesen und Konstruktionen zu ersetzen«. Jedoch: »Obwohl Freud ... den Versuch, seine Befunde physiologisch zu erklären, aufgab, ist es nichts-

[1] Die Einleitung von Ernst Kris ist in: Sigmund Freud., *Aus den Anfängen der Psychoanalyse.* Frankfurt: S. Fischer 1950.

destoweniger charakteristisch, daß er für einen Teil seiner psychoanalytischen Theorien physiologische Modelle benutze. Er war dabei durch eine in der deutschen Physiologie vorherrschende Neigung beeinflußt, die man physikalistisch genannt hat«.[2]

Daß der »Physiologismus« der psychoanalytischen Lehrsätze bei Freud aber stets mehr war als eine physikalistische Redeform, beleuchtet ein Zitat aus dem Jahr 1938: »Während man in der Bewusstseins- Psychologie nie über jene lückenhaften, offenbar von anderswo abhängigen Reihen hinauskam, hat die andere Auffassung, das Psychische sei an sich unbewusst, gestattet, die Psychologie zu einer Naturwissenschaft wie jede andere auszugestalten. Die Vorgänge, mit denen sie sich beschäftigt, sind an sich ebenso unerkennbar wie die anderer Wissenschaften, der chemischen oder physikalischen, aber es ist möglich die Gesetze festzustellen, denen sie gehorchen, ihre gegenseitigen Beziehungen und Abhängigkeiten über weite Strekken lückenlos zu verfolgen, also das, was man als Verständnis des betreffenden Gebiets von Naturerscheinungen bezeichnet. Es kann dabei nicht ohne neue Annahmen und die Schöpfung neuer Begriffe abgehen, aber diese sind nicht als Zeugnisse unserer Verlegenheit zu verachten, sondern als Bereicherungen der Wissenschaft einzuschätzen, haben Anspruch auf denselben Annäherungswert wie die entsprechenden intellektuellen Hilfskonstruktionen in anderen Naturwissenschaften, erwarten ihre Abänderungen, Berichtigungen und feinere Bestimmung durch gehäufte und gesiebte Erfahrung. Es entspricht dann auch ganz unserer Erwartung, dass die Grundbegriffe der neuen Wissenschaft, ihre Prinzipien (Trieb, nervöse Energie, u. a.) auf längere Zeit so unbestimmt bleiben wie die der älteren Wissenschaften (Kraft, Masse, Anziehung).«[3]

Psychoanalyse als »Naturwissenschaft wie jede andere«? Hartmann jedenfalls hat als Fazit seiner wissenschaftstheore-

---

[2] Heinz Hartmann, *Die Psychoanalyse als wissenschaftliche Theorie*. In: *Psyche*, Nr. 6/7, 1964.

[3] Sigmund Freud, *Schriften aus dem Nachlaß 1892-1938 (Gesammelte Werke*, Bd. 17).

tisch-methodologischen Bestimmungen festgehalten: »Psychoanalyse ist eine Naturwissenschaft vom Seelischen« – scharf abgegrenzt von den historischen Disziplinen.

Nun hat die Ortsbestimmung der psychoanalytischen Methode als »gesetzesbildende Wissenschaft« immer wieder die Kritik der Wissenschaftstheoretiker und Methodologen, die den Vergleich zwischen der Psychoanalyse und der experimentellen Psychologie gezogen haben, hervorgerufen. Mit Argumenten, auf die von den Verteidigern der von Hartmann (und seinen Nachfolgern) aufrechterhaltenen Ortsbestimmung mit wenig befriedigenden Zusatzannahmen zum Verfahren geantwortet wurde. Doch lassen wir dies Hin und Her auf sich beruhen und wenden wir uns einer gegensätzlichen Einschätzung der Psychoanalyse zu: Psychoanalyse als hermeneutische Wissenschaft in der Einheit von »Erfahren, Verstehen, Deuten«. So Ludwig Binswanger 1926. Die Psychoanalyse erscheint hier in der Traditionslinie einer Auseinandersetzung, die Binswanger auf Schleiermacher; Dilthey zurückführt und tiefer noch:

> »Ich erinnere nur an Augustins und Kierkegaards leidenschaftlich-religiöses Pathos, an Shakespeares geniale >dichterische Einbildungskraft<, an Nietzsches philosophisches Prophetentum, aber auch an die skeptische, nüchtern beobachtende und erzählende >Seelenstimmung< eines Montaigne, vieler seiner antiken Vorbilder und seiner Nachfolger. Kein Zweifel: religiöses Ringen mit Gott, philosophische Wertung und Umwertung, künstlerischer Gestaltungswille und einfache Beobachter- und Erzählerfreude hatten die Menschheit in ihrem >eigentlichen Studium< bis vor kurzem mehr gefördert als die Wissenschaft. Aber als vor- und außerwissenschaftlichen Geisteshaltungen fehlte ihnen doch noch gerade das, was Wissenschaft allein zu leisten vermag: die Ausarbeitung, Vermittlung und Verbreitung der wissenschaftlichen *Methode,* die Gliederung und Ordnung der gewonnenen Erkenntnisse in einem theoretischen *Bedeutungszusammenhang* und, damit verbunden, die Reflexion auf das *Erkenntnisverfahren.* Bestimmte soziale, individuelle und geistesgeschichtliche Faktoren mußten zusammenwirken, um das Studium des Menschen im Sinne des

> Verstehens in die Bahn der empirischen Wissenschaft zu leiten. Zu den ersten gehört das soziale Verhältnis zwischen Arzt und Patient«.[4]

Dieses Zusammenwirken nun sieht Binswanger verdichtet in dem »historischen Faktum, daß die Psychoanalyse Freuds das ›eigentliche Studium der Menschheit‹ erstmals systematisch auf Wissenschaft gegründet hat«. »Freuds Deutungsverfahren« ist nach Binswanger als »Spezialfall der Hermeneutik der Geisteswissenschaften aufzuweisen, und zwar im Sinne einer speziellen empirischen Ausgestaltung derselben nach ihrer psychologischen oder individuellen Seite hin. Und so gilt auch hier... der Satz, daß Freud die Hermeneutik erstmals auf Erfahrung (im Sinne der Erfahrungs*wissenschaft*) gegründet hat.«

Natürlich wirft eine solch stolze Rühmung sofort eine Reihe von Fragen auf (und Binswanger übersieht das keineswegs). Versuchen wir die nächstliegende aufzugreifen: die Frage nach dem *Gegenstand* der Psychoanalyse als einer hermeneutischen Erfahrungswissenschaft. Hält man sich an Binswanger und seine Begründung der Psychoanalyse im »sozialen Verhältnis zwischen Arzt und Patient«, so heißt das: Was zu erfahren, zu verstehen und zu deuten ist, ist ein »soziales Verhältnis«. Wie auch immer dieses Arzt-Patienten-Verhältnis sich darstellt, in der Rede, im Tonfall des Gespräches, in der Gestik, im Erblicken und Erblicktwerden, in der Zuwendung und in der Abgrenzung, begriffen werden muß es als soziale Verhaltensfigur. Dasselbe gilt für den *Inhalt* dieses Arzt-Patienten- Verhältnisses: Was der Patient erzählt und gestisch mitteilt, ist als soziales Geschehen, als Teil einer »inneren Lebensgeschichte« zu begreifen. Der Terminus »innere Lebensgeschichte« ist von Binswanger mit Bedacht gewählt worden, er soll auf zweierlei hinweisen:

- Es geht nicht um den äußeren Ereignisablauf eines Lebens, um das Wechselspiel zwischen Ereignissen »draußen« und Erleben »innen« - so bedeutsam solche Verknüpfung auch sein mag. Der Blick des Psychoanalytikers richtet sich ganz auf den inneren Erlebniszusammenhang, auf die Struktur des seeli-

[4] Ludwig Binswanger, *Erfahren, Verstehen, Deuten in der Psychoanalyse.* In: *Ausgewählte Vorträge und Aufsätze*, Bd. 2. Bern: Francke 1955.

schen Erlebens beim Analysanden: Dieses Absehen vom Blick auf die Ereigniskette draußen ist jedoch keine Mißachtung der Lebensverhältnisse. Ganz im Gegenteil: Indem psychoanalytische Erkenntnis sich auf die Enträtselung der inneren Erlebnisstruktur konzentriert, vermag sie die Gravuren der gesellschaftlichen Verhältnisse im subjektiven Empfinden, in der Textur der »seelischen Reaktionen« inhaltlich-konkret zu dechiffrieren.

- Es geht nicht um Lebensgeschichte als Abfolge von Fakten und nicht um Lebensfunktionen. Es geht um die Entschlüsselung der Denk-, Handlungs- und Empfindungsmuster. Es geht auch nicht um die Kausalgesetzlichkeit von Funktionsabläufen, es wird nicht nach den Ursachen, sondern nach dem »Sinn der Symptome« (Freud) gesucht. Eingeordnet in die Analyse der aktuellen Erlebnisstruktur richtet sich das Interesse des Psychoanalytikers aufs Vergangene, um die »immer-noch-wirksame« Erlebnisformel zu finden. Das »damalige Geschehen« wird ausschließlich in seiner fortwirkenden Aktualität bedeutsam für die psychoanalytische Erkenntnis. Formgenese, nicht Kausalgesetzlichkeit - das ist mit dem Hinweis auf die »innere Lebensgeschichte« angesagt. Darauf weist Binswangers Feststellung: »Man sieht also, daß es sich hier nicht um einen realen Zusammenhang seelisch-realer Erlebnisse, also überhaupt nicht um das Erlebtwerden oder die Verwirklichung von Erlebnissen handelt, sondern nur um den Sinnzusammenhang. ... Hier handelt es sich ... niemals um einen naturgesetzlich geregelten Ablauf organologischer Funktionen ..., sondern um >die Einheit innerlich sich fordernder Momente eines Sinnes< oder >die Einheit des sich sinngemäss und nach innerer Motivation Gestaltens< (Husserl).«

Zehn Jahre später, in seinem Festvortrag *Freuds Auffassung des Menschen im Lichte der Anthropologie,* hat Binswanger seine Reflexion über die Psychoanalyse weitergeführt. Er selbst hat das (im Rückblick von 1946 her) so dargestellt: »In diesem Vortrag sollte die Lehre Freuds nicht nur in ihrer medizinisch-psychologischen, also in ihrer naturwissenschaftlichen Notwendigkeit erwiesen, sondern zugleich damit in ihrer spezifischen anthropologischen Begrenztheit charakterisiert werden.«[5]

Worin die »anthropologische Begrenztheit« besteht, faßt Binswanger in seinem Vortrag zusammen unter dem Gegensatz des »homo natura« zum »homo cultura«. Bemerkenswert ist, daß Binswanger jetzt die »Idee des homo natura« als Leitbild des Freudschen Persönlichkeitsbegriffs »naturwissenschaftlich« begründet sieht: »Die Idee des homo natura können wir nach all dem nun dahin präzisieren, dass sie eine echt naturwissenschaftliche, biologisch-psychologische Idee ist, eine naturwissenschaftliche Konstruktion wie die biologisch-physiologische Idee des Organismus, die chemische der Materie als Inbegriff der Elemente und ihrer Verbindungen, die physikalische des Lichts usw. Die Wirklichkeit des Phänomenalen, ihre Eigenart und Eigengeschichtlichkeit, wird verschlungen von den >angenommenen< Kräften, Strebungen und den sie beherrschenden Gesetzen.«

Damit führt Binswanger in die Reihe von »Erfahren, Verstehen und Deuten« ein viertes Glied ein: das Begreifen. Zwei Denkbewegungen sehen wir aufeinander zulaufen: das Verstehen trifft, vom Aufnehmen der Phänomene herkommend, auf das Begreifen, das seine Perspektive von der Idee - der Idee des »homo natura« hier - erhält. Freilich ist das Verhältnis nicht gleichwertig. Es ist das Begreifen, es ist die Idee, die dem Verstehen die Perspektive vorgibt. Darin wurzelt ja eben die »Begrenztheit«, von der Binswanger spricht. Natürlich unterlag auch dem früheren Konzept der Gedanke einer Perspektivierung. Dieser deutete sich uns an als »soziales Verhältnis«, aber diese Perspektive schien in den Phänomenen selbst, ihrem anthropologischen Wesen zu liegen, während der Ausgang des Begreifens von der Idee des »homo natura« nun die Offenheit des Verstehens zu beschränken scheint. Beschränkt auf Leiblichkeit, nun wieder unzweideutig eingefügt in die Naturwissenschaften.

---

[5] Ludwig Binswanger, *Vorwort*. In: *Ausgewählte Vorträge und Aufsätze*, Bd. l; dort auch der erwähnte Vortrat zu Freuds 80. Geburtstag.

Doch beachten wir: Binswanger verbindet damit keinen Wechsel der *Untersuchungs*methode. Das *Verstehen* folgt nach wie vor der hermeneutischen Operationsweise. Es ist keine Rede davon, die Untersuchungsweise der Psychoanalyse dem Methodenkanon der nomothetischen Wissenschaften einzuordnen. Bei näherem Zusehen ist nichts verändert außer der Ausrichtung des Verstehens auf die Idee des Menschen in seiner Leiblichkeit. Nach wie vor geht das Verstehen vom »sozialen Verhältnis«, vom Blick auf »menschliche Verhältnisse« (Freud) aus, und hat das Begreifen keine andere Aufgabe, als das Verstandene auf die Abstraktionshöhe der Idee anzuheben. Der »homo natura« ist zwar eine »naturwissenschaftliche Idee«, aber der Gegenstand, auf den sich diese Idee bezieht, ist der »Leib« als »Sinnzusammenhang«. Es ist vom »Leib« und nicht nur vom »Körper« die Rede. Daß dieser Unterschied mehr ist als eine poetisch-altertümelnde Arabeske, verdeutlicht das folgende Zitat:

> »Aber wie dem auch sei, die *Hauptsache* für uns ist der *Ansatz* der Lehre Freuds auf der Ebene von das vielgestaltige Wesen des Menschseins uniformierenden oder nivellierenden >allgemeinen< Notständen oder Bedürfnissen und der ihnen eigentümlichen psychischen Bedeutsamkeit. Diese Ebene bezeichnen wir bekanntlich als die unserer *Leiblichkeit* oder *Vitalität*, weswegen man Freuds homo natura auch als homo vita bezeichnen könnte.«

Daß hier mehr gemeint ist als der Verweis auf die - banale - Tatsache der biologischen Bedingtheit der menschlichen Existenz, macht der nachfolgende Passus wohl eindeutig genug klar:

> »Sie verstehen jetzt vielleicht, was wir meinen, wenn wir sagen, die Leiblichkeit stünde hier unter dem Aspekt des Es: Sie ist das chaotische Reservoir der Triebe, das ohne feste Grenze - der Trieb ist ja der >Grenzbegriff zwischen dem Somatischen und dem Psychischen<, er hat seine jeweilige >psychische Repräsentanz< oder Bedeutung - ins Psychische übergeht. Man kann daher ebensogut sagen, die Leiblichkeit sei hier auch schon seelisch bes-

> timmt, wie, das Seelische sei hier auch schon leiblich bestimmt. Damit sind wir aber noch nicht beim Leib selber, beim Organismus angelangt. Dieser ist bei Freud mehr als Leiblichkeit oder Triebhaftigkeit, er ist zugleich auch >Körper<, d.h. hier in erster Linie Organ der Wahrnehmungen und der Motilität. Als solches Organ besitzt er die engsten Beziehungen zu dem im Gegensatz zum Es >organisierten<, >personifizierten< Ich der bewussten, durch *Kulturarbeit* aus dem Es entstandenen Persönlichkeit.«

Es läßt sich hier die Verschlingung zweier, eben nicht leicht miteinander in Verbindung zu bringender Aussagen erkennen: der Leib als Reservoir der Triebwünsche und d.h. von Erlebnisinhalten (das aber heißt wiederum: von sozialen Verhaltensformeln) und - vice versa - die Wünsche in ihrer Körperlichkeit. Das, was Binswanger als Leib bezeichnet, wird auch hier nicht als Funktionskomplex, als sinnlose Matrix einer »von oben« (dem »Geist«, dem »Bewußtsein«, der »Sprache«) aufgestülpten Bedeutsamkeit angesehen. Der Leib selbst gibt Regeln, Handlungsmuster vor. Die »Inhaltlichkeit« der Triebe und die Rede von den Triebrepräsentanzen machen das eindeutig:

> »Der Gesamtmechanismus des psychischen Apparates wird nun bekanntlich aus der Tiefe, dem Es, in Bewegung gesetzt durch die psychische Repräsentanz der Triebhaftigkeit überhaupt, den *Wunsch.* Das Wünschen ist die einzige Bedeutungsrichtung, in die der Freudsche homo natura eingespannt ist.«

Der Triebwunsch regt im Inneren eine »Bedeutungsrichtung« an, die »von unten her« ins Verhalten eingeht, ihm einen umschriebenen Sinn gibt, ein »bestimmtes« Verhalten abfordert: Die Erscheinungsbilder solcher Abforderung zu enträtseln, um auf die dahinterliegenden »Strebungen« und d.h. die Wünsche in »inhaltlicher Konkretheit« zu kommen, das ist das Bestreben der psychoanalytischen Erkenntnis. Als Analyse des Wunsches bleibt die Psychoanalyse ein hermeneutisches Verfahren, ausgerichtet auf den *Sinn,* nicht auf die Funktionsgesetzlichkeit des Verhaltens. Die Rede vom »homo natura« als Grundlage des analytischen Sinnverständnisses legt mithin die Einsicht eines

Körpersinnes frei. Körpersinn, »Sprache« des Körpers, nicht Körperlichkeit der Sprache.

Halten wir fest: Indem Binswanger das Modell des »homo natura« nicht aus der Sinnfrage ausschließt, Körperlichkeit nicht bloßer Biologie zuschlägt, trägt er dem Biologismus des Freudschen Denkens Rechnung - Handeln und Denken bestimmt vom Unbewußten, dem Reservoir der Triebwünsche, und Triebwünsche als Äußerungen des Körpers.

Damit deutet sich ein Verhältnis zwischen Psyche und Körper an, das nicht der alten Trennung in sinnlose Natur einerseits und einem sinnstiftenden Bewußtsein andererseits entspricht, sondern einen Riß mitten durch das Gefüge der Bedeutungen zieht. Verstehen und Begreifen in der Perspektive des »homo natura« stehen einer Analyse in der Perspektive des »homo cultura« und d.h. einer Analyse unter der »Idee des sittlichen, mythischen, religiösen, künstlerischen, ja auch des wissenschaftlichen Menschen« entgegen. Binswanger läßt keinen Zweifel, daß er die beiden Perspektiven nicht gleichrangig sieht. Freud hat ihm darauf in einem Brief vom B. Oktober 1936 geantwortet:

> »Lieber Freund Eine liebe Überraschung Ihr Vortrag! Die ihn angehört und mir berichtet hatten, waren sichtlich unberührt geblieben; es muß ihnen auch zu schwer gewesen sein. Im Lesen freute ich mich Ihrer schönen Diktion, Ihrer Gelehrsamkeit, des Umfangs Ihres Horizonts, des Taktes im Widersprechen. An Lob verträgt man bekanntlich ungemessene Mengen. Natürlich glaube ich Ihnen doch nicht. Ich habe mich immer nur im Parterre und Souterrain des Gebäudes aufgehalten. - Sie behaupten, wenn man den Gesichtspunkt wechselt, sieht man auch ein oberes Stockwerk, in dem so distinguierte Gäste wie Religion, Kunst und anderes hausen. Sie sind nicht der Einzige darin, die meisten Kulturexemplare des Homo natura denken so. Sie sind darin konservativ, ich revolutionär. Hätte ich noch ein Arbeitsleben vor mir, so getraute ich mich, auch jenen Hochgeborenen eine Wohnstatt in meinem niedrigen Häuschen anzuweisen. Für die Religion habe ich es schon gefunden, seitdem ich auf die Kategorie Menschheitsneurose gestoßen bin. Aber

wahrscheinlich reden wir doch aneinander vorbei, und unser Zwist wird erst nach Jahrhunderten zum Ausgleich kommen. In herzlicher Freundschaft und mit Grüßen an Ihre liebe Frau Ihr Freud«.[6]

Freuds bescheiden-anspruchsvolle Bereitschaft, »jenen Hochgeborenen« eine Wohnstatt in seinem »niedrigen Häuschen« anzuweisen, betont noch einmal den sinn-analytischen Anspruch der Psychoanalyse auf dem Boden des Freudschen »Biologismus«. Es ist nicht die Rede von der Triebbiologie und der Lebensnotwendigkeit biologischer Prozesse, sondern von der sinnstiftenden, subjekt-konstitutiven Bedeutung des Unbewußten, und d.h. immer auch: des Körpers. Der Körper als ein Gefüge von Sinnfiguren, von Bedeutungen, von Handlungsanweisungen. Quelle und nicht nur Adressat der Deutungsmuster. Das wird in liebenswürdiger, aber eindeutiger Frontstellung gegen Binswanger vorgebracht, der seinerseits ja das Dokument der Verehrung zum Zeugnis der Abgrenzung gemacht hatte. Die Gegenüberstellung zeigt, daß es um Geltungsansprüche auf demselben Terrain geht. Was bestimmt den Sinn des Lebens? Und methodenkritisch gewendet: Welches Vorgehen vermag dem nachzugehen? Auch Binswanger wird darin eindeutig (welche Eindeutigkeit ja die Freudsche Replik ausgelöst hat). Er sagt vom »naturwissenschaftlichen Psychologen« Freud:

> »Damit haben wir den oben erwähnten Riss zur Kluft erweitert. Wie der naturwissenschaftliche Psychologe – eine >contradictio in adjecto< – die anthropologische Urtatsache wissenschaftlich ausser acht lässt, dass das Dasein je meines, deines, unseres ist, und dass wir uns wie zudem Abstraktum Leib, so auch zu dem Abstraktum Seele, stets irgendwie verhalten, so lässt er auch den ganzen ontologischen Problemkreis ausser acht, der sich an die Frage knüpft nach dem eigentlichen Wer, der sich so verhält, nach dem Selbst. Wird dieses Selbst objektiviert, isoliert und theoretisiert in ein Ich oder in ein Es, Ich und Über-Ich, so wird es aus seinem eigentlichen

[6] Sigmund Freud, *Briefe 1873-1939*. Frankfurt: S. Fischer 1980.

> Daseinsbereich, der Existenz, vertrieben und ontologisch-anthropologisch erdrosselt.«

In einem Punkt freilich sind sich die Kontrahenten einig – ohne das ausdrücklich hervorzukehren. „Die Rede von der Naturwissenschaftlichkeit der Psychoanalyse bezieht sich nur auf den *Gegenstand,* nicht auf das Verfahren. Daß der Gegenstand der psychoanalytischen Erkenntnis »Natur« meint, das ist für beide eindeutig. Daß das Verfahren im einen wie dem anderen Fall hermeneutisch ist, macht die Rivalität aus. Nicht in der Vorgehensweise kontrastieren die beiden Perspektiven, unter denen die Phänomene, auf die sich das analytische Interesse richtet, dem »Erfahren, Verstehen und Deuten« unterzogen werden.

Im Streit, ob die Psychoanalyse den nomothetischen Wissenschaften nach dem Modell der etablierten Naturwissenschaften zuzuordnen sei oder den hermeneutischen Wissenschaften – analog den Geistes- und Kulturwissenschaften – zugehöre, haben sich in den Jahrzehnten nach jenem Gedankenaustausch zwischen Freud und Binswanger zwar neue Argumente ergeben, aber keine Änderung der Zuordnung. Der Versuch, die Psychoanalyse dem Methodenkanon der naturwissenschaftlichen Gesetzeswissenschaften einzuordnen, darf als gescheitert angesehen werden. Weder verfügt die Psychoanalyse über ein Beweisverfahren, das Hypothesen validieren (bzw. falsifizieren) könnte, noch haben ihre allgemeinen Aussagen die Eigenart von Gesetzesaussagen, die sich zu einem System von Hypothesen zusammenschließen ließen. Wohl aber ist die Psychoanalyse eine »Erfahrungswissenschaft« und bildet sie ein Theoriesystem – aber die Erfahrung nimmt den Weg einer Auslege-Wissenschaft, und das Theoriesystem erweist sich als Ordnung von »Typen sozialen Verhaltens«.

Daß diese »Typen« ihr »fundamentum in re« haben und gegebenenfalls experimentalwissenschaftlich untersucht und überprüft werden können, das steht auf einem anderen Blatt. Tatsächlich hat es ja auf dem Boden psychoanalytischer Befunde eine ganze Anzahl von beobachtungswissenschaftlichen Untersuchungen (man erinnere sich nur der Spitzschen Säuglingsforschung), hat es experimentalpsychologische und physiologische Überprüfungen oder sozialempirisch-quantifizierende Erhebungen gegeben. Doch all dies muß vom psychoanalytischen Erkenntnisgang scharf getrennt werden. Man muß sich diese Trennung klarmachen, um nicht - wie dies für viele »Widerlegungen« gilt - in der Sackgasse einer selbstgesponnenen Auffassung vom Wesen psychoanalytischer Aussagen sich zu verrennen.

Wenn wir das Verfahren der Psychoanalyse als »hermeneutisches« begreifen, was folgert daraus für den Erkenntnisgegenstand? Denn natürlich können wir Verfahren und Gegenstand nicht auseinanderreißen. Der Binswangersche Begriff des »Leibes« ist zumindest auslegungsbedürftig, und die Aussage der psychoanalytischen Hermeneutik als »Spezialfall der Hermeneutik der Geisteswissenschaften« bedarf der genauen Präzisierung. Da die Hermeneutikdiskussion in den letzten Jahrzehnten sich ebenso weiterentwickelt hat wie auch die Kritik am Freudschen Biologismus, ist es wohl empfehlenswert, die alte Debatte zu verlassen und den Gegenstand der psychoanalytischen Hermeneutik auf gegenwärtigem Diskussionsstand zu bestimmen. Halten wir nur soviel fest: Worauf sich der psychoanalytische Blick richtet, und d.h. wovon die psychoanalytische Erkenntnisbemühung ausgeht, sind »soziale Verhältnisse« im Medium der »inneren Lebensgeschichte«, also Erlebnisfiguren, Szenen, Lebensentwürfe. Die kulturistischen, environmentalistischen und familien-theoretischen Spielarten der Psychoanalyse sahen deshalb das psycho-analytische Persönlichkeitsbild so weitgehend als »homo cultura«, daß bei ihnen der Erkenntnisgegenstand der Psychoanalyse fast (oder ganz) aus der »Idee« des »homo natura« herausgelöst wurde. Autoren wie Roy Schafer[7] plakatieren Psychoanalyse so vollständig als Handlungstheorie, daß sie vorschlagen, die Metapsychologie von ihrer physikalistischen Terminologie zu reinigen bzw. sie ganz abzuschaffen. Auch wenn diese neue Kritik am »Physikalismus« auf »einheitswissenschaftlichen« Annahmen basiert

[7] Roy Schafer, *Eine neue Sprache für die Psychoanalyse.* Stuttgart: Klett-Cotta 1982.

und keineswegs von der Annahme des psychoanalytischen Verfahrens als eines hermeneutischen ausgeht - auf diese Weise ließe sich auch die eigenartige Differenz zwischen hermeneutischem Vorgehen und Naturgegenstand in der Psychoanalyse lösen. Das auf den ersten Blick so imponierende »narrative« Erscheinungsbild der Psychoanalyse, die Konzentration des Psychoanalytikers aufs »dritte Ohr« (Theodor Reik), die Sprachlichkeit des analytischen Erkenntnis- (und Behandlungs-)instruments, Verstehen und Deuten würden nahtlos Kontakt zu den kommunikationstheoretischen Ansätzen und deren Begründung auf der Einheit von Denken, Handeln und Sprache finden. Und es sind nicht nur die - schon am Erscheinungsbild des psychoanalytischen Operierens ablesbaren - Strukturmerkmale von psychoanalytischer Therapie und psychoanalytischem Erkennen, es sind die Besonderheiten der Persönlichkeits- und Neurosenlehre, die geradezu zwingend eine sprachtheoretische Begründung anbieten - zumal ja Freud das Denken als »Probehandeln« bezeichnet hat. Fügt man noch die Freudsche Grundannahme hinzu, daß das Bewußtsein (bzw. das Vorbewußte) durch das Hinzutreten von »Wortvorstellungen zu den Sachvorstellungen« konstituiert wird, so scheint uns Freud selbst eine sprachtheoretische Begründung der bewußten Motivation aufzudrängen.

Die Einheit von Sprachfiguren und Handlungsmotiven gewinnt dabei eine doppelte Bedeutung: sie erschließt die Motivation der Selbstreflexion (man weiß, was man tut und getan hat) und umgekehrt: man spielt in Gedanken d. h. mit Sprachfiguren - die Handlungen durch. Handlungsmuster und Sprache erscheinen in vollkommener Amalgamierung: die Sprachfigur ist Teil des Motivs. Sie bildet das Motiv nicht nur sprachlich ab. Es geht nicht um die Abbildung, sondern um die Bildung des Motivs, oder anders ausgedrückt, die Sprachfigur ist in die Handlungsformel eingewoben. Handlungsstruktur und Sprachstruktur sind identisch.

Bereits diese wenigen Anknüpfungspunkte verdeutlichen, wie paßgerecht der psychoanalytische Erkenntnisgegenstand eines »bewußten Lebensentwurfs« sich der sprachtheoretischen

Begründung von Handlung, Bewußtsein und Subjektivität einzufügen scheint. Das psychoanalytische Verständnis vom bewußten bzw. bewußtseinsfähigen (also vorbewußten) Lebensentwurf kann unmittelbar als Teilaussage zur Feststellung gelten, daß die Regeln unseres Handelns die Regeln unserer Sprache sind. Gefestigt wird diese Verknüpfung noch durch die Verdrängungslehre, sofern man Verdrängung als »Sprachzerstörung« deutet: Ein problematischer Triebwunsch verliert seine sprachliche Repräsentanz, er wird aus dem Sprachkorpus ausgeschlossen, weil er im sozialen Handlungskonsens nicht einmal mehr gedacht, geschweige denn verwirklicht werden darf. In diesem Vorgang zeigt sich die Einheit von Sprache und (bewußtem) Motiv, in der Folge der Auftrennung wird auch die handlungsanweisende Bedeutung der Sprache (d. h. der jeweiligen Sprachfiguren) erkennbar: Die Situation wird »sprachgemäß« erledigt. Das soll heißen: Die Situation kann nicht mehr »wunschgerecht« ablaufen, der Wunsch ist sprachlich exkommuniziert *und* vom aktuellen Handeln ausgeschlossen. Situationsablauf und Situationsdeutung, das Handeln wie das Bewußtsein davon laufen zeichenhaft, d. h. entsprechend dem Handlungsmuster des sprachlich repräsentierten sozialen Konsenses ab. Die Therapie zielt demgemäß auf eine Wiederherstellung der Einheit der bewußten Lebensentwürfe als Einheit von Wunschfigur und Sprachfiguren.

Kein Zweifel, die Bestimmung der Psychoanalyse als hermeneutisches Verfahren wird von einer sprach- und handlungstheoretischen Deutung des psychoanalytischen Erkenntnisgegenstandes aufs vollkommenste ergänzt. Der »Riß« scheint geheilt. Es bleibt nur noch die Frage des Unbewußten.

Und an der Frage des Unbewußten scheitert diese glatte Lösung, scheitert die so verlockend nahtlose Einpassung des Erkenntnisgegenstandes in den Rahmen einer sprachtheoretisch begründeten Handlungstheorie, scheitert die Einschmelzung des »homo natura« in den »homo cultura«, die Inbesitznahme von »Parterre und Souterrain« durch die Hochgeborenen vom ersten Stockwerk. Die Schärfe des Zwistes bleibt bestehen - jenes Zwistes, der für Freud so einschneidend erschien, daß er mutmaßte, er werde erst nach Jahrhunderten zum Ausgleich kommen. Nun, die Auseinandersetzung läuft schneller ab, hat doch die sprachtheoretische Begründung von Subjektivität und Bewußtsein die Problematik voll zum Vorschein gebracht, indem sich nun der Gegensatz von Bewußtsein/Vorbewußtem und Unbewußtem umformulieren läßt zum Gegensatz zwischen sprachvermittelten Handeln zu sprachlosem: Das Unbewußte ist das aus Sprache Ausgeschlossene. Dies ergibt sich nicht nur aus dem zitierten Modell bewußten Handelns (als Zusammentreten von »Wortvorstellung« und »Sachvorstellung«), denn selbst wenn wir dies Modell korrigieren wollten, stünde der Freudsche Biologismus einer sprachtheoretischen Identifizierung des Unbewußten im Weg. Das Unbewußte ist eine der Bewußtseinsbildung vorausgehende, Gedanken, Gefühle und Willen »determinierende« *Inhaltlichkeit.* Nicht bloße »Lebensenergie« - gegen diese Annahme hat sich Freud in aller Entschiedenheit im Streit mit Jung gewehrt. Das Unbewußte stammt auch nicht aus dem Bewußtsein ab, ist nicht bloßer Abklatsch der bewußten Handlungs- und Denkmuster - dagegen wandte sich Freud in lebenslanger Differenz gegen Janet und gegen dessen lässiges Diktum, die Rede vom Unbewußten sei eine bloße Redensart. Für Freud war das Unbewußte stets ein *eigenständiger Sinn-Bereich, ein System von konkreten Lebensentwürfen.*

Beachten wir: Um die Eigenständigkeit des Unbewußten als selbständiger, autochthoner Sinnstruktur herauszustellen und zu untermauern, hat sich Freud auch in die Abenteuer seiner »Urgeschichtsrekonstruktionen« begeben, in die Annahme einer fortwirkenden Macht des Urvaters, der Urhorde und der Einwirkung einer vorgeschichtlichen »Eiszeit«[8] auf die Erlebnisstruktur gegenwärtiger Menschen. Die Zweifelhaftigkeit solcher lamarckistischen Spekulationen war Freud nicht unbekannt. Dennoch hielt er daran entschieden fest, weil er im Unbewußten ein der Bewußtseinsbildung vorangehendes, ihr eigenständig unterliegendes und lebenslang davon abgegrenztes

[8] Sigmund Freud. *Übersicht der Übertragungsneurosen.* Frankfurt: S. Fischer 1985.

Sinnsystem, ein inhaltlich determinierendes Wirksystem als körperliche Natur zur Geltung bringen wollte. Solange er im Unbewußten nur das Receptaculum des Verdrängten sah, hätte es sich noch denken lassen, daß die Inhalte des Unbewußten als abgesunkene Anteile des Ich ihrer Form nach die Prägung der bewußten Handlungsmuster bewahrt hätten. Aber mit der Erkenntnis, daß das Unbewußte die allen anderen Schichten vorangehende Matrix eines »systematischen Unbewußten« bildet, war eine solch versöhnlerische Annahme ausgeschlossen. Das Unbewußte ist nicht der Schatten des Bewußtseins, es unterliegt nicht dessen Bildungseinflüssen, sondern ersteht »vorsprachlich« nach anderen, eigenen Regeln, es besteht als Gegensystem zum herrschenden Bewußtsein der Sprachgemeinschaft und zu den herrschenden Verhältnissen.

Selbstverständlich erhebt sich hier sofort die Frage: Wie wird dieses Sinnsystem denn gebildet? Freuds Antwort war biologistisch: Es ist ein Verhaltenssystem von gleicher Natur wie die Instinktsteuerung der Tiere. Doch abgesehen davon, daß die »Instinktivität« der Tiere heutzutage von der Ethologie Schritt für Schritt relativiert wird - die ahistorisch-biologistische Begründung der Triebtheorie ist nicht mehr haltbar. Freilich, die Diskussion gerät damit zwischen Skylla und Charybdis. Auf der einen Seite muß das Unbewußte als ein System von Lebensmustern angesehen werden, auf der anderen Seite aber ist es identisch mit »Körperregungen«. Wie soll man sich die Bildung des Unbewußten in der Ontogenese als Teil eines soziokulturellen Bildungsprozesses vorstellen, ohne die »Körperlichkeit« dieses Systems aufzugeben?

Nehmen wir - Freuds Vorbild folgend - unseren Ausgang von physiologischen Annahmen. Betrachten wir das Herauswachsen der Körperfunktionen aus dem Zusammenspiel von Organismus und Umwelt, indem wir noch vor dieser Trennung ansetzen: bei der organismischen Einheit von befruchteter Eizelle und Uterus, bei der Aufgehobenheit des embryonalen Organismus im mütterlichen Organismus und dem Herauswachsen aus dieser Einheit. Einem Herauswachsen, das die Einheit in ein Zusammenspiel der Funktionen, die den Lebensbedarf des Embryonen sichern, aufhebt. Noch als Punktionsspiel hinterläßt dieses Zusammenwirken Spuren - Freud nannte sie »Erinnerungsspuren« - für die Ausrichtung des weiteren Funktionsablaufs. Funktionen werden »gebahnt«. Abhängig ist diese Bahnung von vornherein - so wiederum Freud - vom Lust-Unlust-Prinzip. Es sind also zwei Faktoren, die die Entwicklung steuern und festigen. Der eingespielte Ablauf und der befriedigende Effekt oder zusammengefaßt: die reibungslose Bedürfnisbefriedigung.

In diesem einfachen Modell der Bildung der Erinnerungsspur als Kern der Triebstruktur lassen sich nun zwei Einsichten der modernen Neurophysiologie einfügen, die, sinnesphysiologisch gesichert, sich unschwer verallgemeinern lassen; *erstens* wird das sich einspielende Funktionieren in einem unablässigen Bau-, Umbau- und Abbauprozeß zur festen Gestalt, dem Organismus. Der Organismus ist nichts anderes als ein Funktionsspiel in langsamen Verlaufsformen bei zunehmender Festlegung zur Gestalt; *zweitens* aber stehen sich im Funktionsspiel erbgenetischer Anlageplan und Umwelteinwirkung nicht als starre Faktoren gegenüber. Der Wechselprozeß »vermittelt« beide Positionen in einem flüssigen Bildungsprozeß, dessen Grundgesetz lautet: Die »Anlage« ist ein Set von Möglichkeiten, die nicht nur im Wechselprozeß Schritt für Schritt verwirklicht werden, sondern ihrerseits in diesem Wechselprozeß einem gegenseitigen Anpassungsprozeß unterworfen werden, um so Schritt für Schritt verwirklicht zu werden zu einem Netz von Funktionsspielen. Aus diesen Funktionsspielen geht dann die organismische Gestalt hervor. Funktion und Bedürfnisbefriedigung gehören von Anfang an zusammen, das macht das Wesen des Triebes aus, wobei sofort anzufügen ist: beides, Körperfunktion wie Bedürfnisbefriedigung werden »in bestimmten Formen« (man kann sie auch Interaktionsformen nennen) zur »Erinnerungsspur«. Der Trieb ist ein System von »Erinnerungsspuren«, die als »Niederschlag« abgelaufener Ereignis- bzw. Erlebnisfolgen die »innere Lebensgeschichte« von Anfang an ausmachen. Zugleich aber auch das Tableau der Bedürfnisanforderungen (so und nicht anders) der Wünsche (so und nicht anders) als ein Netzwerk von Lebensentwürfen abgeben. Das Tableau dieser sinnlich-unmittelbaren Körperrunen, das ist das Unbewusste. Als nichtsprachlich eingezeichnetes Sinn-System.

Nun wird dieses Sinnsystem gewiß vorsprachlich einsozialisiert (es erhält seine Grundstruktur ja schon intrauterin) und es wird buchstäblich in den ganzen Körper eingeschrieben, es bildet (in einer nicht recht zulässigen, aber plakativen Bezeichnung) die >Grammatik< des Körpers, der Körperbedürfnisse, des Körperausdrucks. Aber ist es deshalb sprachunabhängig?

Hat nicht die Mutter eine Schlüsselrolle, und steht sie nicht ihrerseits in der Sprachgemeinschaft? So sehr bestimmt von den Regeln und kollektiven Handlungsmodellen der Sprachgemeinschaft, daß wir die soziokulturelle Bestimmung ihres Verhaltens in typischem »Handlungsmustern« ausmachen können und bei ihr - wie bei allen anderen Menschen - die Weisen des Weltverständnisses als kulturspezifische Deutungsmuster objektivieren können? Wenn wir schon annehmen müssen, daß die kindliche Persönlichkeitsbildung von Anfang an (im »intrauterinen Wechselspiel« schon) der Mutter-Kind-Einheit gründet, die Lebensformen von »außen« über die Mutter an das Kind herangetragen, ins Kind »eingelassen« werden - unterstreicht das nicht klar, daß wir die Gesamtentwicklung (Körperfunktion, Körpergestalt und psychische Reaktionsweisen) geprägt finden von der Sprachlichkeit, der Sprache der Mutter, dem Regelsystem der Sprachgemeinschaft?

Mehrere Umstände widersprechen dieser verführerisch einfachen Annahme: Die »innere Lebenswelt« der Mutter (oder wir können mit Binswanger auch sagen, das Profil der »inneren Lebensgeschichte der Mutter«) läßt sich niemals deckungsgleich in den Rahmen der kollektiven Lebensformen einpassen. Ob wir davon ausgehen, daß sich das Verhältnis von Individuum und Gesellschaft nicht aufheben läßt, oder ob wir uns der unvermeidlichen »neurotischen Einsprengsel« jeder Persönlichkeit erinnern, im einen wie im anderen Fall bildet die Mutter -Kind-Einheit eine abweichende Subkultur, deren Interaktionen sich in genügend differenziellen Formen abspielen, um sich in der kindlichen Erfahrung als abweichend eigenartige

Interaktionsform niederzuschlagen. Doch davon abgesehen, wir waren davon ausgegangen, daß das Wechselspiel der Mutter-Kind-Dyade keine Tabula rasa ist, auf der sich die sozialen Eindrücke umstandslos getreulich einprägen. Weil die Körperbildung von Grund auf bestimmt ist von den beiden Polen, den mütterlich-sozialen Einwirkungen *und* dem Tableau der erbgenetisch festgelegten Möglichkeiten, bildet die wirkliche Form, die aus diesem Spiel hervorgeht, eine Synthese und das heißt: ein eigenständiges Gebilde. Nun sind die sozialen Verkehrsformen, die in die Mutter-Kind-Einheit einwirken, gewiß genügend konsistent, systematisch aufeinander abgestimmt, um einen direktiven Einfluß auszuüben. Aber auch die Anlagetafel und das System der resultierenden Muster haben eine in sich abgestimmte Systematik. Wie geringfügig oder weitreichend die Individualität des resultierenden psycho-physischen Profils sein mag, das Gefüge der mimetisch einsozialisierten Lebensentwürfe weicht allemal genügend von den allgemeinen sozialen Strukturformeln ab, um ein eigenständiges Profil zu zeigen. Dazu kommt, daß die Interaktionsformen als Niederschläge realer Interaktionen deren »zufällige« Abfolge, zufällige räumlich-zeitliche Verknüpfungen notwendig nachzeichnen. Auch dies wirkt individuell-gestaltbildend.

Es ist noch ein weiteres Merkmal zu erwähnen, das einerseits nun den individuellen Rahmen sprengt, ohne andererseits die Differenz der unbewußten Lebensentwürfe von den sprachlich gefaßten und sprachlich reglementierten Lebensentwürfen aufzuheben: Als Niederschläge eines sinnlich-unmittelbaren Austauschs ist das »mimetisch-somatisch« angelegte Verhaltensspektrum ungleich größer, umfassender als das Panorama der sprachlich kodifizierten Lebensformen. Freud hat dies in einem einprägsamen Bild ausgedrückt: Der Körper eines Eisberges ist unter der Wasseroberfläche unvergleichlich mächtiger als die soviel kleinere Spitze. Was Freud auf den Unterschied zwischen Unbewußtem und Bewußtsein/Vorbewußtem bezog, können wir unmittelbar verknüpfen mit dem Bild der »noch-nicht-bewußten Praxisformen«, wie sie Ernst Bloch im *Prinzip Hoffnung* als kollektive Utopie gegen die Begrenztheit des herrschenden Bewußtseins stellt.[9] Tatsächlich läßt sich zeigen, daß die unbewußten Lebensentwürfe nicht nur den Kern der Individualität bilden, sondern daß wir in den Mitteilungen der Mutter und der sie ergänzenden Bezugspersonen des kindlichen Lebensraumes den Austausch von Praxisformen finden, die nicht vollständig der bewußten und vorbewußten Sprachdominanz (die ja die des herrschenden Bewußtseins ist) unterworfen sind. Diese überschüssigen lebenspraktischen Figuren sind, wie der Blochsche Hinweis ja verdeutlichen will, nicht bloße Lücken im Netz des bestehenden Sprachspiels, sondern bilden in der Lebenswelt eine kollektive Grundschicht, die in den Individuen unmittelbar mit der Schicht der mimetisch einsozialisierten unbewußten Lebensentwürfe korrespondiert. Ein lebenspraktisch-widerständiges Potential gegen die sprachlich kodifizierte gesellschaftliche Ordnung. Schließlich wird die Schicht der unbewußten Lebensentwürfe, deren erste Bildungsschritte wir hier betrachtet haben, auch im Verlauf der Sozialisation nicht restlos in die Sprachbildung eingeschmolzen, sondern bleibt als ein »anderes« System von Lebensentwürfen zeitlebens bestehen. Darauf gründet die Freudsche Differenzierung der Persönlichkeit in die Instanzen Es, Ich, Überich. Auch wenn in der Entwicklung die vorsprachlichen Körperfiguren mit Sprachfiguren verbunden werden (dies geschieht in der Spracheinführung - anders stünden »Geist« und »Körper« einander in der Tat feindlich gegenüber), so bleibt nicht nur im neurotischen Konfliktfall eine Distanz zwischen dem System *sprachlich vermittelter Handlungsanweisungen und Deutungsmustern* einerseits und den *unbewußten Lebensentwürfen* andererseits bestehen. Es handelt sich um eben die Distanz, die Binswanger damals als »Riß«, als »Kluft« zwischen dem »homo natura« und dem »homo cultura« zu formulieren suchte.

Wir finden die Differenz, um die der Gedankenaustausch zwischen Binswanger und Freud kreiste, die Differenz zwischen dem »homo natura« und dem »homo cultura« bestätigt. Sie ist essentiell für die Psychoanalyse, deren Zentraltheorem

[9] Vgl. Alfred Lorenzer, *Die Kontroverse Bloch-Freud.* In: Hans Martin Lohmann (Hrsg.), *Die Psychoanalyse auf der Couch.* Frankfurt: Qumran 1984.

die Lehre vom Unbewussten als verhaltensbestimmende Gegenwelt zum Reglement des Bewußtseins, und d. h. zum Reglement der Sprache ist. Der Mensch als ein von *zwei* Sinnstrukturen bestimmtes Wesen, das ist der entscheidende Beitrag der Psychoanalyse zur Anthropologie.

Psychoanalyse richtet sich auf beide Sinnstrukturen, indem sie in ihrer szenisch-narrativen Analyse sich von der »Oberfläche« her, vom sprachlich-manifesten Mitteilungssinn her auf den Weg zu den unbewußten Lebensentwürfen macht. Den Weg dorthin hat Freud am Beispiel des Traumes, den er die »via regia zum Unbewußten« nannte, aufgezeigt: über die Schicht der Bilder. Im szenischen Entschlüsseln der Bilder überbrückt der psychoanalytische Erkenntnisweg die »Kluft« zwischen dem »homo cultura« und dem »homo natura«. Der Schnittpunkt beider Sinnebenen ist der »Konflikt«. In der Entschlüsselung des Konflikts findet das szenische Verstehen der psychoanalytischen Hermeneutik den Zugang in die Tiefe. Ihr Ziel ist, aufs Große und Ganze hin formuliert, die Aufhebung der Differenz zwischen dem »homo cultura« und dem »homo natura«, indem Psychoanalyse die im Konflikt aktualisierten unbewußten Anteile »bewußt« machen will, und das heißt, »nichtsprachliche« und »sprachliche« Lebensentwürfe aufhebt in Symbolschichten, in denen die unbewußten Verhaltensmuster mit dem System der bewußten Handlungsanweisungen verbunden werden können. Die Lebensentwürfe des Unbewußten aber, das sind jene Einheiten von Körperfunktion, Körpergestalt und leiblich-basalen Sehnsüchten, die wir Triebwünsche nennen. Im Blick auf diese lebensursprünglichen Wünsche erweist sich Psychoanalyse als »Naturwissenschaft« oder, methodologisch genauer ausgewiesen, als Hermeneutik des Leibes.

LITERATUR

Binswanger, Ludwig, *Erfahren, Verstehen, Deuten in der Psychoanalyse.* In: *Ausgewählte Vorträge und Aufsätze*, Bd. 2.-Bern: Francke 1955.

Binswanger, Ludwig, *Vorwort.* In: *Ausgewählte Vorträge und Aufsätze,* Bd. l; dort auch der erwähnte Vortrat zu Freuds 80. Geburtstag.

Freud, Sigmund, *Briefe 1873-1939.* - Frankfurt: S. Fischer 1980.

Freud, Sigmund, *Schriften aus dem Nachlaß 1892-1938* (Gesammelte Werke, Bd. 17).

Freud, Sigmund, *Übersicht der Übertragungsneurosen.* - Frankfurt: S. Fischer 1985.

Hartmann, Heinz, *Die Psychoanalyse als wissenschaftliche Theorie.* In: *Psyche,* Nr. 6/7, 1964.

Kris, Ernst (Die Einleitung) In: Sigmund Freud, *Aus den Anfängen der Psychoanalyse.* - Frankfurt: S. Fischer 1950.

Lorenzer, Alfred, *Die Kontroverse Bloch-Freud.* In: Hans Martin Lohmann (Hrsg.), *Die Psychoanalyse auf der Couch.* - Frankfurt: Qumran 1984.

Schafer, Roy, *Eine neue Sprache für die Psychoanalyse.* - Stuttgart:

Klett-Cotta 1982.

ALFRED LORENZER

Verführung zur Selbstpreisgabe – psychoanalytisch-tiefenhermeneutische Analyse eines Gedichtes von Rudolf Alexander Schröder

Die Bezeichnung unserer Interpretationsmethode als einer psychoanalytisch-tiefenhermeneutischen nimmt sich auf den ersten Blick tautologisch aus: ist doch das psychoanalytische Verfahren insgesamt als radikal-hermeneutisches Verstehen[1] anzusehen und charakterisiert sich Psychoanalyse innerhalb des Panoramas hermeneutischer Wissenschaften wiederum insgesamt als „Tiefen"-Hermeneutik. Mit der Doppelbezeichnung soll dieser Sachverhalt nicht nochmals herausgestellt werden, vielmehr soll im engeren Terrain der „angewandten" Psychoanalyse (näherhin der psychoanalytischen Literaturinterpretation) die Existenz zweier psychoanalytischer „Anwendungen" markiert werden. Von der alteingeführten psychoanalytischen Literaturinterpretation nämlich unterscheidet sich unser Vorgehen in doppelter Hinsicht:

1. Es geht hier nicht darum, Theoriestücke der Metapsychologie, der psychoanalytischen Persönlichkeitstheorie oder der Neurosenlehre zu transferieren, vielmehr soll hier das psychoanalytische *Verfahren* in das Terrain der Literaturkritik übertragen werden, woraus sich ergibt: Entsprechend dem andersartigen „Erkenntnisgegenstand" müssen Aufgabenstellung und Begrifflichkeit neu entwickelt werden. Festzuhalten sind die „essentials" der psychoanalytischen *Methode*, deren Ergebnis, die Theorie aber ist neu zu entwickeln. In dieser Sicht darf Literatur auch nicht als Selbstdarstellung eines Patienten (des Autors also) analysiert werden. Literatur soll nicht pathologisiert, sondern in ihrer eigenen Funktionsweise als „Kunstwerk" ernst genommen, nicht bloß als Abdruck neurotisch fi-

[1] *Alfred Lorenzer,* Die Wahrheit der psychoanalytischen Erkenntnis, Frankfurt 1974, insbesondere Kap. 5.

xierter Biographie begriffen werden. Sie ist als eigenständiges Sozialisationsinstrument, als Versuch, „kollektiv problematische Verhaltensformeln zur Debatte zu stellen“, anzusehen. Sofern der Autor beachtet wird, wird er als Sprecher fürs Kollektiv (genauer: einer sich artikulierenden Gruppe) genommen.

2. Demgemäß wird auch ein ganz anderes Analyseziel ins Auge gefaßt. Es geht nicht um die Veränderung des Mitteilenden (des Autors als Patienten), sondern um die Untersuchung der *Wirkung des Textes auf den Leser/Interpreten.*

So scharf diese beiden Differenzen das psychoanalytisch-tiefenhermeneutische Verfahren von der psychoanalytischen Therapie und der biographistisch ausgerichteten psychoanalytischen Literaturinterpretation abgrenzen, so sehr teilt das tiefenhermeneutische als ein psychoanalytisches die folgenden Eigenarten mit jedem anderen psychoanalytischen Verfahren:

1. Auch hier geht es um die Analyse eines „Verhältnisses“ (allerdings nicht des Arzt-Patienten-Verhältnisses, sondern, wie eben gesagt, des Text-Leser-Verhältnisses).

2. Auch hier stehen Handlungs- bzw. Verhaltensformeln von Individuen zur Debatte und das heißt: Auch diese Analyse ist eine lebenspraktische, die zwischenmenschliches Interagieren auf einsozialisierte (bzw. einzusozialisierende) Interaktionsformeln, zurückführt; entsprechend dieser Ausrichtung auf Beziehungsformeln nähert sie sich in „szenischem Verstehen“ ihrem Untersuchungsgegenstand.

3. Auch hier wird der manifeste Textsinn in einem „kritischen“ Zugriff „problematisiert“, und das schließt ein: Auch hier wird unterhalb der Ebene bewußter, bewußtseinsfähiger Bedeutungen eine unbewußte aber lebenspraktisch wirksame Ebene von Verhaltensanweisungen gesucht.

Für die psychoanalytisch-tiefenhermeneutische Literaturinterpretation steht also, grob und vereinfacht gesagt, die Frage: „Was macht der Text offenkundigerweise *und* verschwiegenermaßen mit dem Leser?"

Sicherlich deuten diese wenigen Punkte nur unzureichend den Sinn und Zweck der psychoanalytisch-tiefenhermeneutischen Literaturkritik an.[2] Ich möchte aber statt weiterer Ausführungen zum Gegenstand und zur Methode exemplarisch beides an einem Gedicht abhandeln. Dieses Gedicht ist mir zufällig in die Quere gekommen. Es schöpft als ein sehr kurzer Text von zwei Strophen auch keineswegs die Möglichkeiten einer tiefenhermeneutischen Analyse so aus, daß deren Brauchbarkeit oder Nützlichkeit handfest zutage tritt. Als ein kleiner isolierter Literatursplitter (aber immerhin eine abgeschlossene literarische Figur) setzt es das Verfahren vielleicht sogar dem Verdacht einer luxuriösen Überinterpretation aus, denn der latente Sinn des Gedichtes gewinnt hier selbstverständlich nicht die vielschichtige Dichte eines Bedeutungsnetzes, dessen Festigkeit im vielfachen Durchschreiten überzeugend gemacht werden kann. Andererseits - und dies ist der Vorzug, dessentwegen ich das Gedicht ausgewählt habe - erlaubt die Kürze auf wenigen Seiten einen exemplarischen Einblick in unser Vorgehen.

Wie jede literarische aber auch jede psychologische Interpretation haben wir zunächst einmal dem zu folgen, was uns als der manifeste Sinn des Gedichts erscheint. Um die äußere Situation kurz zu umreißen: Es handelt sich um das Gedicht Nr.

---

[2] *Alfred Lorenzer,* Der Gegenstand psychoanalytischer Textinterpretation, in: Sebastian Goeppert (Hrsg.), Perspektiven psychoanalytischer Literaturkritik, Freiburg 1978,
s.a. *Alfred Lorenzer,* Zum Beispiel „Der Malteser Falke", in: Bernd Urban/Kudzus (Hrsg.), Psychoanalytische und psychopathologische Literaturinterpretation (1977), Darmstadt 1981, S. 23-46,
s.a. *Alfred Lorenzer,* Die Funktion der Literatur und der „ästhetische Genuß", in: Henning Krauß u. Reinhold Wolff (Hrsg.), Psychoanalytische Literaturwissenschaft und Literatursoziologie, Frankfurt/Bern 1982, S. 161-176,
s.a. *Alfred Lorenzer,* Möglichkeiten qualitativer Inhaltsanalyse, Argument 126, 1981, S. 170-180.

8 des Gedichtzyklus „Wintertrost - für Siegbert Stehmann 1941". Der Zyklus besteht aus einem zweiteiligen Vorspiel und 14, teilweise längeren, teilweise knappen Gedichten. Ich habe es absichtlich vermieden, nähere Informationen über diesen Gedichtzyklus, der seinerseits ein Teil der „geistlichen Gedichte" von Rudolf Alexander Schröder ist, einzuholen; noch auch habe ich mir genauere Kenntnis über den Verfasser zu verschaffen versucht (über das hinausgehend, was jeder kennt, der ein wenig mit der Literaturszene der 20er/30er Jahre, der inneren Emigration und der ersten Nachkriegszeit vertraut ist). Zwar verhindert eine eingehendere Kenntnis der Lebensgeschichte und Werkgeschichte eines Autors keineswegs eine psychoanalytisch-tiefenhermeneutische Interpretation, für die - gleichsam spielerische - Vorführung eines Deutungsexperimentes (bei dem jeder Leser einen vollen Einblick in den Zusammenhang von Material, Vorkenntnis und Interpretation gewinnen soll) ist die Darstellungslage aber um so günstiger, je unbelasteter vom Vorwissen, je anonymer der Text ist. Die Text-Leser-Wirkung soll ausschließlich zwischen diesem Textstück und der Leseerfahrung mit ihm hervortreten.

Das Gedicht lautet folgendermaßen:

Wenn dich die Nähe quält,
Denk an die Ferne,
Wenn dir die Sonne fehlt,
Blick in die Sterne.

Einer ist nah und weit,
Nah wie dein Wille,
Fern wie die Ewigkeit:
Denk's und werd stille.

Selbst wenn uns der Titel des Gedichtzyklus nicht ausdrücklich den Trost ausspräche, so wäre doch augenfällig, daß der

Tenor des Gedichtes der eines lebenspraktischen Tröstens ist. Dies wird unmittelbar sichtbar:

1. Die beiden Sätze in den ersten vier Verszeilen formulieren eine „Lebenshilfe": „Wenn dieses (das Quälende) der Fall ist, so kannst du - darfst du - sollst du jenes tun". Es wird dabei eine doppelte Freiheit angeboten, nämlich

- im Tun: als Angebot, vor dem Quälenden auszuweichen und
- als Gedankenfreiheit, als Angebot, die bedrängende sinnliche Erfahrung durch Denken zu ersetzen.

2. Diese Angebote bieten aber nicht nur Entlastung, sondern gewähren auch eine Versicherung, zunächst in dreierlei Hinsicht:

(a) Es wird dem Adressaten eine *sichere Weltordnung* vorgeführt. Die Handlungsanweisung, die vorgeschlagen wird, hat ihre Begründung im Vorzeigen eines *faktischen* Grundes: „Einer *ist*",

(b) dieser Verhaltensgrund bleibt aber nicht sachlich-abstrakt, sondern wird persönlich. Die zunächst unpersönliche Blickwendung in die Ferne und auf die Sterne wird personal aufgehoben in die Hut des „Einen": *„Einer* ist...",

(c) ja, es wird sogar die Spaltung, die als Gegensatz zwischen Nähe und Ferne entlastend eingeführt wurde, wieder behutsam zur Einheit zusammengefügt: Der eine ist „weit" *und* „nah". In ihm (und im Ausweichen vor der quälenden Nähe durch Blick in die Ferne) ist der Gegensatz aufgehoben. Der Eine ist mit dem eigenen Willen wenn nicht identisch, so doch assoziiert, und die Bedrängnis von Raum und Zeit ist in der „Ewigkeit" aufgehoben.

Faßt man den manifesten Sinn zusammen, so zeigt sich das Gedicht zeitübergreifend als beruhigendes. Konkret auf die damaligen Verhältnisse bezogen, mag es

- als Stärkung des Widerstandes gegen die Realität

- oder als Gewähren einer Verinnerlichung, die einen Abstand zur schlechten Wirklichkeit ermöglicht,

verstanden werden.

Soweit der manifeste Sinn, der sicherlich noch weiter differenziert werden kann und durch die Einfügung in das Gesamtwerk des Autors gewiß an Durchsichtigkeit gewinnen könnte. Uns interessiert aber weder eine Verfeinerung in Richtung weitergehender literaturwissenschaftlicher Interpretation, die das Gedicht ideengeschichtlich und formgeschichtlich einordnet, noch auch interessiert uns das Gedicht als Teil ideologischer Strukturen. Wir gehen weiter zu jener Aufgabe, die wir uns ausdrücklich gestellt haben: Der Suche nach dem *latenten Sinn.*

Nochmals: Unsere Übereinstimmung mit der Psychoanalyse liegt in der Anwendung des psychoanalytischen *Verfahrens.* Orientieren wir uns deshalb genau an der Ausgangspraxis aller psychoanalytischen „Anwendungen“: der Therapie. Freud umriß - 1912 in seinen „Ratschläge(n) für den Arzt bei der psychoanalytischen Behandlung“ - deren Grundlinien, zentriert um die eigenartige Entsprechung von „gleichschwebender Aufmerksamkeit“ und „freier Assoziation“.

Die Grundhaltung des Psychoanalytikers, „sich nichts besonders merken zu wollen und allem, was man zu hören bekommt, die nämliche ‚gleichschwebende Aufmerksamkeit‘ ... entgegenzubringen“, bildet „das notwendige Gegenstück zu der Anforderung an den Analysierten, ohne Kritik und Auswahl alles zu erzählen, was ihm einfällt.“[3]

Freud unterstreicht die Aufforderung zur „gleichschwebenden Aufmerksamkeit" durch die Warnung:

> Benimmt sich der Arzt anders, so macht er zum großen Teile den Gewinn zunichte, der aus der Befolgung der „psychoanalytischen Grundregel" von seiten des Patienten resultiert. Die Regel für den Arzt läßt sich so aussprechen: Man halte alle bewußten Einwirkungen von seiner Merkfähigkeit ferne und überlasse sich völlig seinem „unbewußten Gedächtnisse", oder rein technisch aus-

[3] *Sigmund Freud*, GW V 111, S. 377.

gedrückt: Man höre zu und kümmere sich nicht darum, ob man sich etwas merke.

> Was man auf diese Weise bei sich erreicht, genügt allen Anforderungen während der Behandlung. Jene Bestandteile des Materials, die sich bereits zu einem Zusammenhange fügen, werden für den Arzt auch bewußt verfügbar; das andere, noch zusammenhanglose, chaotisch ungeordnete, scheint zunächst versunken, taucht aber bereitwillig im Gedächtnisse auf, sobald der Analysierte etwas Neues vorbringt, womit es sich in Beziehung bringen und wodurch es sich fortsetzen kann.[4]

Nun geht es an dieser Stelle der „Ratschläge" vordergründig um das Problem des Festhaltens, Notierens, Merkens. Aber dieses: „man halte alle bewußten Einwirkungen ... ferne" meint eine gründlichere Offenheit im Zuhören. Wenig später nämlich heißt es:

> Es ist zwar einer der Ruhmestitel der analytischen Arbeit, daß Forschung und Behandlung bei ihr zusammenfallen, aber die Technik, die der einen dient, widersetzt sich von einem gewissen Punkte an doch der anderen. Es ist nicht gut, einen Fall wissenschaftlich zu bearbeiten, solange seine Behandlung noch nicht abgeschlossen ist, seinen Aufbau zusammenzusetzen, seinen Fortgang erraten zu wollen, von Zeit zu Zeit Aufnahmen des gegenwärtigen Status zu machen, wie das wissenschaftliche Interesse es fordern würde. Der Erfolg leidet in solchen Fällen, die man von vornherein der wissenschaftlichen Verwertung bestimmt und nach deren Bedürfnissen behandelt; dagegen gelingen jene Fälle am besten, bei denen man wie absichtslos verfährt, sich von jeder Wendung überraschen läßt, und denen man immer wieder unbefangen und voraussetzungslos entgegentritt. Das richtige Verhalten für den Analytiker wird darin bestehen, sich aus der einen psychischen Einstellung nach Bedarf in die andere zu schwingen, nicht zu spekulieren und zu grübeln, solange er analysiert, und erst dann das gewonnene Mate-

[4] *Sigmund Freud*, GW VIII, S. 377 f.

rial der synthetischen Denkarbeit zu unterziehen, nachdem die Analyse abgeschlossen ist.[5]

Eine faszinierend deutliche und zugleich mißverständliche Stelle. Denn natürlich ist die Aufforderung zur Wissenschaftsabstinenz keineswegs ein Plädoyer für theorielose Analyse, sie ermäßigt die Psychoanalyse nicht zur intuitiven Verstehenskunst. Vielmehr soll die - radikal-uneinlösbare - Anregung, dem Material „unbefangen und voraussetzungslos" entgegenzutreten, nur entschieden-nachdrücklich darauf dringen, sich der Mitteilung des anderen schonungslos auszusetzen, sich überraschen, irritieren zu lassen und die Überraschung selbst zur Basis der Erkenntnis zu machen.

Welcher Erkenntnis? Darüber läßt uns Freud nicht im unklaren, eine Seite später schreibt er:

> Wie der Analysierte alles mitteilen soll, was er in seiner Selbstbeobachtung erhascht, mit Hintanhaltung aller logischen und affektiven Einwendungen, die ihn bewegen wollen, eine Auswahl zu treffen, so soll sich der Arzt in den Stand setzen, alles ihm Mitgeteilte für die Zwecke der Deutung, der Erkennung des verborgenen Unbewußten zu verwerten, ohne die vom Kranken aufgegebene Auswahl durch eine eigene Zensur zu ersetzen, in eine Formel gefaßt: er soll dem gebenden Unbewußten des Kranken sein eigenes Unbewußtes als empfangendes Organ zuwenden, sich auf den Analysierten einstellen wie der Receiver des Telephons zum Teller eingestellt ist. Wie der Receiver die von Schallwellen angeregten elektrischen Schwankungen der Leitung wieder in Schallwellen verwandelt, so ist das Unbewußte des Arztes befähigt, aus den ihm mitgeteilten Abkömmlingen des Unbewußten dieses Unbewußte, welches die Einfälle des Kranken determiniert hat, wiederherzustellen.[6]

Damit sind Ziel und Methode zusammengespannt, und es wird deutlich, weshalb die Überraschung hier eingeführt werden muß: Der Analytiker hat sich aus seiner Selbstbefangenheit im Netz landläufigen Bewußtseins und geltender Sprachfigu-

---

[5] Sigmund Freud, GW VIII, S. 380.
[6] Sigmund Freud, GW VIII, S. 381 f.

ren, in Sprache eingelassener Verhaltensregeln befreien zu lassen. Die Entsprechung von „freier Assoziation" und „gleichschwebender Aufmerksamkeit" steht im Dienste einer verboten-verborgenen Kommunikation. Der Analytiker „soll dem gebenden Unbewußten des Kranken sein eigenes Unbewußten als empfangendes Organ zuwenden".

Zweifellos ist die Verbindung von freier Assoziation und gleichschwebender Aufmerksamkeit das unabdingbare Bindeglied psychoanalytischer Verständigung. Für die Übertragung des psychoanalytischen Verfahrens auf Literaturkritik resultiert daraus allerdings ein ernstliches Hemmnis: Freie Assoziation und gleichschwebende Aufmerksamkeit funktionieren als Gegenspieler ja nur, weil sie auf zwei Interaktanten verteilt sind, die ihre Übereinstimmung in eine gemeinsame Einsicht zu überführen haben oder zumindest gemeinsam die Veränderungen - das Verschwinden des Symptoms zum Beispiel - realisieren.

Nichts von alledem trifft auf die Literaturinterpretation zu. Freie Assoziation und gleichschwebende Aufmerksamkeit wären hier in einem einzigen Kopfe vereint: dem Leser. Mögen es noch so viele verbündete Leser sein, die Differenzierung zwischen freier Assoziation und gleichschwebender Aufmerksamkeit nach Art des therapeutischen Bündnisses wäre nicht zu entfalten.

Dennoch geht es auch bei der Literaturinterpretation um ein „Verhältnis", freilich nicht um ein dem Arzt-Patienten-Verhältnis vergleichbares Beziehungsspiel zwischen zwei interagierenden Subjekten. Es geht vielmehr um das Verhältnis des Lesers zum Text. Dieses Verhältnis aber kann nicht mehr vom Zusammenspiel zwischen einem Interaktanten, der seinen Gedanken in freier Assoziation nachhängen soll, und einem anderen, der sie in gleichschwebender Aufmerksamkeit aufzunehmen hat, in Gang gehalten werden. Dynamik und Aktivität sind hier ganz auf eine Seite verschoben, nämlich zur Leser/Interpreten hin. Der zu analysierende Text hat nicht die Spielfreiheit, die aufschlußreiche, aufschließende Verwandlungsfähigkeit, die das Wesen der freien Assoziation ausmacht.

Der Text ist inaktiv und fixiert. Verändernd eingreifen kann nur der Leser.

Die Textveränderung, die der Patient im therapeutischen Verhältnis frei assoziierend vornimmt, ist ja keineswegs frei beliebig, sondern wird von einem strengen Determinismus beherrscht und vom Analytiker auf die Äußerungen dieses strengen Determinismus hin abgehorcht. Durch die freie Assoziation entzieht sich - tendenziell - der Analysand dem Diktat, der „Zensur" der sprachlich organisierten Regeln, er lockert die objektive Denkordnung zugunsten subjektiv-spielerischen Meinens, um unbewußt bestimmte Verhaltensregeln zum Ausdruck kommen zu lassen. Dem Analytiker bietet die freie Assoziation demnach zweierlei an:

- Sie lenkt das Augenmerk des Analytikers auf die soziale, lebenspraktisch verhaltensbestimmende Bedeutung der Mitteilung des Analysanden. Dessen Aussagen präsentieren sich als Gefüge von „Szenen“, und zwar
- von unbewußten Szenen, und das heißt von „verborgenen szenischen Entwürfen“.

Der therapierende Analytiker braucht mit seiner gleichschwebenden Aufmerksamkeit nichts anderes zu tun, als dem szenischen Angebot zu entsprechen. Und tatsächlich hat sich in der psychoanalytischen Wissenschaftsgeschichte das „szenische Verstehen“, dieses Grundinstrument der psychoanalytischen Hermeneutik, ganz ohne Methodenreflexion von selbst eingestellt.

In der Literaturinterpretation kann es, angesichts der ganz anderen Interaktionssituation im Text-Leser-Verhältnis, so einfach selbstverständlich nicht zugehen. Zwar wird auch der Leser vom Text eingestellt. Und für den Leser von literarischen Texten ist die „szenische“ Einstellung sogar noch zwingender. Die Literaturrezeption wird von der szenischen Einstellung geradezu gekennzeichnet, insofern der Leser „von Bildern gefesselt“ wird, und das soll heißen: von vorgeführten „Lebensentwürfen“ seien diese „realitätsgerecht“ oder „fiktiv“. Hinsichtlich der „Verstehensqualität“ wird demnach, wenn nicht durchgängig, so doch vordringlich „szenisches Verstehen“ gefordert.

Der Text hält als Gegenspieler des Lesers/Interpreten eine Aufgabe der freien Assoziation fest, und zwar wegen der Dauerhaftigkeit der literarischen Niederschrift (im Gegensatz zur bloß gesprochenen Patientenmitteilung) mit großer Nachdrücklichkeit. Während der Mitteilungsfluß des Patienten zerrinnt, behauptet sich der literarische Text. Er läßt sich nicht beiseite räumen. Er „besteht“ bis in die Interpunktionen auf seiner „Aussage“, die der Leser/Interpret zu respektieren, eventuell wiederholt und unverändert zur Kenntnis zu nehmen hat. So paradox es klingen mag, auf die „Festigkeit“ des Textes gehen zwei Aufgaben über, die im therapeutischen Verhältnis von der „Freiheit“ der Assoziation wahrgenommen werden: die Festigkeit des Textes setzt sich gegen die Willkür des Interpreten durch. Die Festigkeit des Textes übernimmt gegen den interpretatorischen Wildwuchs jene Absicherung, die durch den aktiven Widerpart des Analysanden in der therapeutischen Dyade gewährleistet wird. Wird die Interpretation des Therapeuten dort austariert durch das determinierte Phantasiespiel des Analysanden auf der einen und durch Offenheit „gleichschwebender Aufmerksamkeit“ des Analytikers auf der anderen Seite, so wird die Fruchtbarkeit der Interpretation bei der Literaturanalyse gesichert durch das Gegenspiel zwischen dem spürbaren Widerstand des Textes und der gleichschwebenden Aufmerksamkeit des Interpreten. Den Punkt, an dem sich beide treffen, will ich die „Irritation“ nennen. In der „Irritation durch den Text“ macht sich ebenso die Eigenart des Textes bemerkbar wie die Offenheit, das heißt Sensibilität des Analytikers.

Gewiß, jede Hermeneutik wird von der Korrektur der Vorannahmen durchs Material bestimmt. Das, was ich hier „Irritation“ nenne, treibt diese hermeneutische Anstrengung aber auf die Spitze. Nicht nur zeigt sich hier der Gegensatz zweier Positionen (der im Text vertretenen und der an den Text herangetragenen), nicht nur bricht hier im Text ein Widerspruch als Ungereimtheit, die von einer strengeren Logik zu beseitigen wäre, auf, vielmehr erschließt sich im Bruch der Zugang zur zweiten Leistung, die bei der psychoanalytisch-tiefenhermeneutischen Analyse auf die „Festigkeit des Textes" übergeht. Im Text eröffnet sich eine „Vertikale", die ausdrücklich aus der Sinnebene, in der der Text üblicherweise gelesen wird, herausführt und die eine neue, im Text wirksam angelegte aber verborgene Bedeutungsebene öffnet. Nennt man den verständigen Sinn des Textes (der nicht zwingend ein selbstverständlicher sein, sondern unter Umständen hermeneutisch ausgelegt werden muß) in Analogie zur Situation beim Traum die manifeste Bedeutungsebene, so geht es bei jener in der Tiefe liegenden - wiederum analog zur Traumsituation - um den latenten, den verborgen-unbewußten Sinn des Textes.

Exemplifizieren wir uns die Suche nach dem latenten Sinn und die Methode der Absicherung dieser Bedeutungen an dem vorliegenden Gedicht. Gliedern wir unsere Arbeit in die wichtigsten methodischen Schritte:

A. Die Entdeckung der Irritationen

Erste Irritation

Die erste Irritation setzt an folgender formaler Besonderheit ein: Liest man das Gedicht für sich (oder noch besser anderen laut vor), so zeigt sich auf der dritten Zeile das eigentümliche Phänomen, daß sich der Vers von dem Wort „Blick" ab von selbst vervollständigt. Der Leser genießt ein in der Textrezeption ungewohntes Behagen, selbst als Mitautor einbezogen zu sein. Darauf aufmerksam geworden, entdeckt man, daß das Gedicht nicht nur mühelos zu verstehen, sondern auch leicht zu behalten ist.

In der Perspektive des *Text-Leser-Verhältnisses* - lebenspraktisch gewendet und texttranszendierend - ergibt sich eine erste Aussage: Der Leser wird beschenkt. Dieses *Geschenk* steht in offenkundiger Entsprechung zum Textinhalt, der *Trostgabe.* Durch das „formale" Entgegenkommen wird der *Leser* einbezogen, er wird an die Stelle des Trostempfängers gesetzt.

Dieses Geschenk wiederholt sich. Ganz analog zur Leichtzugänglichkeit der Bedeutung (aus der die Beteiligung an der Reimarbeit sich anbietet) ist die Leichtzugänglichkeit der Textarchitektonik: Auf zwei Sätze folgt jeweils ein sowohl inhaltlich-argumentativ wie formal-grammatikalisch „kontrapunktisch" einleuchtend-eingängiger Satz in der Mitte und am Ende des Gedichtes:

Wenn dich die Nähe quält,
Denk an die Ferne,
Wenn dir die Sonne fehlt,
Blick in die Sterne.
Einer ist nah und weit,
Nah wie dein Wille,
Fern wie die Ewigkeit:
Denk's und werd stille.

Auch diese Ermutigung, auch dieses Entgegenkommen richtet sich an den *Leser*. Der textimmanenten (entgegenkommenden/ermutigenden) Intention entspricht eine texttranszendierende, leserbestimmende. Adressat *und* Leser erhalten in beiderlei Entgegenkommen

(a) eine Gabe (Zuwendung, Entgegenkommen, Trost) und
(b) eine ermutigende Anerkennung (Freiheit zur Mitsprache ...).

Die Rollenverteilung zwischen Autor und Leser wird also, etwas überpointiert formuliert, relativiert zugunsten einer „Solidarität", zugunsten eines Effekts, den wir von politischen Parolen her kennen, von Parolen wie der folgenden:

Brecht dem Schütz die Gräten,
alle Macht den Räten!

Der Vergleich mit dieser Parole deckt jedoch eine bemerkenswerte Nuance in dem „Entgegenkommen" auf:

Zweite Irritation

Sie bringt eine Textstrebung zum Vorschein, die zu der Ermutigung und zum Entgegenkommen in schroffem Gegensatz steht. Während die „Schütz"-Parole in der inhaltlich wie formal verblüffenden Wendung des Begriffs „Gräten" eine ungewohnte und inhaltlich informationsreiche Kombination für den Reim („Räten") anbietet, sind die Schröderschen Reime von erstaunlicher inhaltlicher wie formaler Trivialität; es sind typische „Herz-Schmerz-Reime". Das heißt,

- die Mitteilung an den Leser *„gibt"* diesem *nichts Neues,* sondern Uralt-Eingespieltes;
- die Freiheit und Anerkennung, die ihm als Mitautoren eingeräumt wird, ist keine Freiheit. Der Leser wird vielmehr bei seinen eingespielten sich zwangsläufig regenden Vorurteilen *gepackt.*

Die zweite Irritation legt also eine eigenartige Zumutung an den Leser frei. Das Angebot als Mitautor wird angesichts der Trivialisierung und das heißt der Einbindung in mitteilungslose Vorurteile zur Demütigung, zur Entwertung des Adressaten und (angesichts der Erfassung des Lesers) auch des Lesers. Der mit dem manifesten Textsinn übereinstimmenden lesergerichteten Intention widerspricht diese andere „latente" Textstrebung also entschieden und direkt.

B. Die Organisierung der Ähnlichkeiten

Beim Vergleich der beiden einander entgegengesetzten Textstrebungen fällt allerdings auf, daß der aus der zweiten Irritation stammenden Interpretation einer „Entwertung des Lesers" nur eine eingeschränkte Überzeugungskraft zukommt. Die Verwendung formaler oder inhaltlicher Trivialfiguren ist uns zureichend vertraut auch aus literarischen Erzeugnissen, denen wir schwerlich eine folgenreiche Entwertungstendenz zuschreiben wollen. Und vergessen wir nicht, die zweite Irritation haben wir vorderhand nur zur Hälfte eingelöst: Das Verwundern über die Brüchigkeit des Textes beziehungsweise seiner manifesten Bedeutung ruft nur die eine Seite der Aufmerksamkeit ab, bleibt aber vage und inhaltlich noch unausgefüllt, vergleichbar der „Ahnung“, die Freud bei der Analyse des Traumes von Irmas Injektion folgendermaßen beschreibt:

> Ich *wundere* mich über die Krankheitssymptome, welche Irma im Traum mir klagt, da es nicht dieselben sind, wegen welcher ich sie behandelt habe. Ich *lächle* über die unsinnige Idee einer Injektion mit Propionsäure und über den Trost, den Dr. M. ausspricht. Der Traum *scheint mir* gegen sein Ende hin dunkler und gedrängter, als er zu Beginn ist. Um die Bedeutung von alledem zu erfahren, muß ich mich zu einer eingehenden Analyse entschließen.[7] [Hervorh. A. L.]

Machen wir uns also an diese Analyse (die aus Gründen, die ich hier nicht ausführen kann[8], freilich anders ausfallen wird als die Freudsche Traumanalyse), und fügen wir die (hier nicht weiter zu erörternde) Forderung ein, daß diese eingehende Analyse erst mit der Aufhebung der „Überraschung“ in einer neuen Bedeutungsebene des Textes erledigt ist. Dem Angerührt-Werden durch eine (oder mehrere) Irritation(en) muß das Auffinden von „latenten“, auf einer Sinnebene organisierbaren Bedeutungen entsprechen. Nicht von ungefähr hat Freud schon in der Traumdeutung im Methodenkapitel auf Aristoteles verwiesen:

> *Aristoteles* hat sich dahin geäußert, der beste Traumdeuter sei der, welcher Ähnlichkeiten am besten auffasse: denn die Traumbilder seien, wie die Bilder im Wasser, durch die Bewegung verzerrt, und der treffe am besten, der in dem verzerrten Bild das Wahre zu erkennen vermöge ... [9]

Wir sehen, die „gleichschwebende Aufmerksamkeit“ wird durch zwei Eigenschaften bestimmt: durch Offenheit, Irritabi-

---

[7] Sigmund Freud, GW II/II, S. 112.

[8] Alfred Lorenzer, Sprache, Lebenspraxis und szenisches Verstehen in der psychoanalytischen Therapie, in: Psyche, 23. Jahrg., 1983, S. 98-114,
s.a. Alfred Lorenzer, Sprache und Verstehen in der psychoanalytischen Therapie, in: Universitas, 38. Jahrg., 1983, S. 1167-1177.

[9] Sigmund Freud, GW II/III, S. 102, Anm. 1.

lität für das Fremd-Zudringliche *und* durch die Fähigkeit, das Zudringend-Verborgene dort, wo es sich andeutet, aufzusammeln. Beides gehört zusammen, denn die Irritabilität, von der hier die Rede ist, reagiert auf die Bruchstellen des manifesten „Sinnes“ nicht um die Widersprüche mittels geltender Normen aufzuheben (und so die Schicht herrschender Deutungsmuster reparativ abzudichten). Ganz im Gegenteil, die Irritabilität steht im Dienst verborgener (weil verbotener) Verhaltensentwürfe, die als in sich konsistente „Struktur von Bedeutungen“ aufgefunden werden müssen. Die Irritabilität für Brüche im manifesten Sinn und die Sensibilität für den verborgenen Sinnzusammenhang bilden eine untrennbare Einheit, wobei es gleichgültig ist, von welchem Ende her die konkrete Irritation gleichschwebender Aufmerksamkeit angegangen wird.[10]

Gleichgültig, von welcher Seite aus man sich nähert, der entscheidende Schritt in der Entdeckung einer verborgenen Sinnstruktur liegt im Aufweis mehrfacher Übereinstimmungen, die sich am Text bewähren müssen. Es sind die „Knotenpunkte“ eines Bedeutungsnetzes nachzuweisen, um glaubhaft zu machen, daß die subjektiven Eindrücke nicht subjektivistische Unterstellungen sind. Untersuchen wir daraufhin unseren Text:

Tatsächlich lassen sich zu den beiden Indikatoren einer Aufforderung zur Selbstpreisgabe drei weitere latente Textbestrebungen beibringen, nämlich

1. eine Selbstdistanzierung von sinnlicher Erfahrung:
- aus der Nähe, vom Quälenden, und das heißt, von spürbarer Erfahrung soll in die „Ferne“ ausgewichen werden,

[10] Vielleicht deutet sich auch da eine Differenz zwischen therapeutischer Psychoanalyse und psychoanalytischer Literaturinterpretation an: Vielleicht wird die Aufmerksamkeit der therapeutischen Analyse eher von der aufdämmernden Erfahrung der „Ähnlichkeit" bestimmt, während beider Literaturinterpretation der Einstieg über die Wahrnehmung von Bruchstellen der manifesten Bedeutungsebene den Vorzug genießt.

- beim Fehlen der Sonnenwärme wird auf das immer schon kalte, unspürbare, ferne Sternenlicht ausgewichen, und
- die beide Male preiszugebende Sinnlichkeit soll den Weg sinnlicher Abstraktion nehmen: Spüren wird zum *Denken,* die Empfindung der Körperwärme wird zur Blick*distanz.*

2. Die Entwertung deutet sich auch, im Übergang von dem „Du" zum „Einen" an: auf *ihn* geht der Blick über. Dies wird auch formal unterstrichen durch den Wechsel von einem langen Satz, der den Charakter einer Erläuterung hat, zum Vorführen des *Einen.*
3. Die angebotene Gedankenfreiheit wird beendet im Gebot eines abschließenden Denkens, das in Stille einmünden soll, und das heißt zunächst einmal, in die Beendigung des Mitteilens. Gemeint ist aber doch wohl ein radikaleres Stillwerden.

Unterhalb des manifest dargebotenen Textsinnes, der den Leser, wie an der formalen Eigenart des Textes greifbar, ausdrücklich einbezieht, liegt für den - geköderten - Leser die Verlockung zur Selbstpreisgabe bereit. So, wie dem Trostinhalt ein Entgegenkommen durch beschenkende Form entspricht, findet auch die verborgene Aufforderung zur Selbstpreisgabe die ihr angemessene Form. Wir können die Reihe der Indikatoren um drei weitere ergänzen:

4. Das inhaltlich tröstende und formal entgegenkommende Eingehen auf den Leser mündet in einen *Befehl* (Denk's und werd stille).
5. Der Übergang von der argumentativen Auseinandersetzung, die sich in „wenn ... dann - Sätzen" entfaltet, schlägt um in eine unbegründete „imperativische" Behauptung, wird zur Präsentation eines *Faktums als hinreichendem Grund*: Einer *ist.*
6. Die Aufhebung der Widersprüche von Nähe und Ferne beseitigt auch den Eigenwillen als Kern subjektiver Selbständigkeit, indem der Wille in Ewigkeit

aufgelöst wird, indem jedes mögliche Subjekt-Subjekt-Verhältnis eingezogen wird zugunsten einer umfassenden *Einheit*, an die die *Selbstverfügung abgetreten wird.*

Die Organisierung der „Ähnlichkeiten", die aus der Irritation am Text hervorgegangen sind, hat also zu einem mehrfach verknoteten Strukturnetz geführt: zu einer Sinnebene unterhalb des manifest offenliegenden Textsinnes. Inhaltlich erweist sich diese latente Sinnebene als sechsmalige Aufforderung zur Selbstentfremdung, als sechsmaliges Selbstpreisgeben, und das heißt, sechsfache Selbstauflösung.

C. Der Vergleich von manifestem und latentem Sinn

Bei der psychoanalytischen Therapie mag es den Anschein haben - freilich nur den Anschein, als ob der manifeste Sinn lediglich Durchgangsstation für die Erkundung des latenten Sinnes sei. Bei der Literaturinterpretation verbietet sich eine solche Vermutung von vornherein. Jede Bedeutungsschicht hat, von der oberflächlich-selbstverständlichen an, ihre Funktion als Vermittlerin von Verhaltensanweisungen, sei es im Vorzeigen von „Vorbildern", sei es im Zur-Debatte-Stellen problematischer sozial regulativer Verhaltensanweisungen (symbolischer und nicht symbolischer Interaktionsformen). Der „manifeste" Sinn darf dabei umso weniger übergangen werden, als darin die vom Autor intendierten, und das heißt sozial anerkannten Verhaltensmuster zum Vorschein kommen. Das gilt für das ganze Spektrum trivialer und nicht trivialer, affirmierender oder emanzipatorischer Literatur (sei sie kritisch oder utopisch). Der manifeste Sinn ist die sozial zugelassene Bedeutung des Textes, wobei der Konsens sich aufs herrschende Normensystem einer ganzen Gesellschaft oder aber nur auf das einer kleinen Gruppe beziehen kann.

Die latente Bedeutung ist demgemäß eine nicht anerkannte, nicht konsens- und deshalb auch nicht bewußtseinsfähige. Auch da gilt selbstverständlich der Zusatz: Der Ausschluß kann sich auf den öffentlich allgemeinen Konsens oder aber auf den einer umschriebenen Gruppe beziehen. Gleichfalls gilt: Ausgeschlossen können sowohl noch-nicht-zugelassene lebenspraktische Entwürfe sein, die sich noch auf dem Stand vorsprachlich praktischer Dringlichkeit befinden, als auch obsolete Verhaltensformen, Relikte versteinerter Lebensentwürfe, die sich nur kaschiert, versteckt unter einer gleichsam harmlosen manifesten Sinnfassade, darbieten lassen, aber „reaktionär" ihre Geltung behaupten.

Es versteht sich, daß wir die Frage nach einer solchen politischen und soziokulturellen Einschätzung des „latenten Textsinnes" nur stellen können, wenn wir das Verhältnis zum manifesten Sinn genau formulieren. Wie verhält es sich damit im Falle des vorliegenden Gedichtes? Während wir den latenten Sinn dieses Gedichtes unter dem Stichwort der Selbstpreisgabe und der Auflösung von Subjektivität zusammenfassen können, konstruieren sich die Inhalte des manifesten Sinnes als Selbstbefreiung, Gedankenfreiheit und Selbstgewißheit in Übereinstimmung mit den anderen, mit zumindest einem anderen. Beide Sinnebenen zusammen gesehen sagen also aus: Der Adressat/der Leser wird in eben der Subjektivität, die ihm entzogen wird, zu allererst profiliert, gestärkt.

Das erlaubt eine Aussage über die Adressatengruppe (und zugleich über den Autor; den wir freilich aus methodischen Gründen aus dem Spiel lassen): Die Angehörigen dieser Gruppe heben sich ausdrücklich ab von einer subjektvergessenen Masse Autoritätshöriger (des damals herrschenden Regimes z. B.).

Demgemäß zeigt sich der intendierte Lebensentwurf (der als manifester Sinn des Gedichtes zu Worte kommt) von einer scharfen Abgrenzung gegen die bestehenden Verhältnisse bestimmt. Das Erzähler-Ich und das Du des Gedichtes heben sich ausdrücklich von der Täterideologie der damals herrschenden Verhältnisse ab, wobei die radikale Abwendung vom Sinnlichen und der Sog des latenten Versprechens einer Aufhebung aller Widersprüche im Jenseitig-Einen, Allumfassenden die Abgrenzung von den Tätern abstrakt totalisiert zur Gegenposition: zum Opfer, dem nur das Denken, Weltferne und Innerlichkeit bleiben. Die Realität wird zum „Winter", der in seinem entscheidenden Bedeutungskern so wenig jahreszeitliches Ereignis ist wie das „Packeis" der Züricher Jugendrevolte 40 Jahre später.

Bemerkenswert: Die Wendung dagegen schlägt beim „Wintertrost" schon offen-manifest eine andere Richtung ein als die sinnliche Auseinandersetzung offener Mitteilung und eines Aufrufs zur Vereinigung gegen das Unerträgliche. Die Abstinenz von sinnlicher Erfahrung verbindet sich mit der schweigsamen Vereinzelung zum generellen Aktionsverzicht. Der Widerwille gegen das greifbar Vorhandene weitet sich aus zur Ablehnung jeder sinnlichen Berührung im Rückzug auf gedankenblasse Innerlichkeit. Die Abwendung vom Gemeinen verwirft zugleich jede andere Gemeinsamkeit und mündet in die schweigsame Vereinzelung des „Denk's und werd stille".

Freilich kann das auf sich zurückverwiesene autonome Ich gegen den Winter nicht allein bestehen. Parallel zum Rückzug aus der sinnlichen Erfahrung wendet sich die Möglichkeit menschlicher Gemeinschaft ins Supranaturale - totalisiert im Aufgehen aller Eigenständigkeit im „Einen". Das in seiner manifesten Präsentation ganz und gar autonome Individuum kann allein gegenüber der eingefrorenen, der tödlich-frostigen Wirklichkeit nicht bestehen, aber es wird ihm übersinnliche Allmacht zugesichert. Freilich um den einen Preis: Es verliert seine Eigenständigkeit an eine transzendente Vereinigung mit dem Einen. Es bezahlt buchstäblich mit dem Verzicht auf das Leitmerkmal der Menschlichkeit: sprachliche Verständigung. Sammelt sich das manifeste Textbestreben im Widerstand gegen das menschlich Unerträgliche und nennt schon der manifeste Textsinn den Preis für die hilfreich tröstende Gemeinschaft mit dem Übermenschlichen, so macht aber doch erst die latente Textaussage klar, wie restlos im Zugriff der Selbstentfremdung der Eigenständigkeit abgeschworen wird. Der Prozeß der Verselbständigung zum Individuum wird regressiv widerrufen. Die subjektivitätsfundierende Unterscheidung von Ich und Nicht-Ich wird wieder aufgelöst, wobei diese Selbstpreisgabe als verlockende Möglichkeit sich ausweitet: Der Einzelne wird nicht nur von der aktuell quälenden Wintererfahrung entlastet, die Last einer kämpferischen Auseinandersetzung wird ihm vielmehr ein für alle Mal abgenommen. Im Angebot, sich regressiv in eine Ureinheit aufzulösen, wird die Leistung der Differenzierung zwischen der eigenwilligen Selbsterfahrung in Raum und Zeit und dem Ewig-Übergreifenden zurückgenommen. Die Rettung wird angeboten, indem die subjektivitätsstiftenden Differenzierungen wieder verleugnet werden:

Einer ist nah und weit,
Nah wie dein Wille,
Fern wie die Ewigkeit ..

Auf der Ebene der im Gedicht vorgestellten Lebensentwürfe wird eine Alternative zwar nicht ausgebreitet, aber entschieden: Statt zum Entwurf gemeinsamer Aktivität voranzuschreiten, wird die Verlockung zur regressiven Rückwendung in Urharmonie angeboten. Allgemeiner gesprochen: An die Stelle der aktiven Entscheidungen und Realauseinandersetzungen tritt der Totalverzicht im Rückzug nach Innen *und* zurück auf die lebensgeschichtlich früheste Daseinsform, die narzißtische Ungeschiedenheit.

An diesem Punkt mag sich ein Einwand anmelden: Ist solche schweigengebietende Unterwerfung unter Gottes Allmacht nicht Merkmal christlicher Einstellung, und versteht sich für ein Gedicht, das ausdrücklich als ein „geistliches" gekennzeichnet ist, solche Haltung nicht von selbst? Darauf ist zunächst zu antworten: Das traditionelle Mensch-Gott-Verhältnis vertrüge sich durchaus mit der Entfaltung subjektiven Selbstbewußtseins (wie dies gerade die Geschichte des Protestantismus ausdrücklich belegt). Worauf uns hier die latente Sinnstruktur verweist, ist nicht die Position eines - wie immer autoritär disziplinierten Gegenübers von Gott und Mensch, etwa im „Gegenüber zu einem moralisch verpflichtenden, Verantwortung fordernden Vatergott", sondern vielmehr Selbstaufgabe im Ureinigen.

Sicherlich, es gibt auch traditionellerweise das religiöse Ziel des vollkommenen Aufgehens in der Gottheit. Romain Rolland hat religiöse Erfahrungen insgesamt unter dem Stichwort eines „,ozeanische[n]' Gefühl[s]“ als „Empfindung der Ewigkeit'“ eines Gefühls „wie von etwas Unbegrenztem, Schrankenlosem“ identifiziert.[11] Und Freud hat nicht gezögert, dieses ozeanische Gefühl auf eine frühe Phase des Ichgefühls und auf das Bestreben einer „Wiederherstellung des uneingeschränkten Narzißmus“ zurückzuführen:

> Wenn wir so durchaus bereit sind anzuerkennen, es gebe bei vielen Menschen ein „ozeanisches“ Gefühl, und geneigt, es auf eine frühe Phase des Ichgefühls zurückzuführen, erhebt sich die weitere Frage, welchen Anspruch hat dieses Gefühl, als die Quelle der religiösen Bedürfnisse angesehen zu werden.
>
> Mir erscheint dieser Anspruch nicht zwingend. Ein Gefühl kann doch nur dann eine Energiequelle sein, wenn es selbst der Ausdruck eines starken Bedürfnisses ist. Für die religiösen Bedürfnisse scheint mir die Ableitung von der infantilen Hilflosigkeit und der durch sie geweckten Vatersehnsucht unabweisbar, zumal da sich dies Gefühl nicht einfach aus dem kindlichen Leben fortsetzt, sondern durch die Angst vor der Übermacht des Schicksals dauernd erhalten wird. Ein ähnlich starkes Bedürfnis aus der Kindheit wie das nach dem Vaterschutz wüßte ich nicht anzugeben. Damit ist die Rolle des ozeanischen Gefühls, das etwa die Wiederherstellung des uneingeschränkten Narzißmus anstreben könnte, vom Vordergrund abgedrängt. Bis zum Gefühl der kindlichen Hilflosigkeit kann man den Ursprung der religiösen Einstellung in klaren Umrissen verfolgen: Es mag noch anderes dahinterstecken, aber das verhüllt einstweilen der Nebel.
>
> Ich kann nur vorstellen, daß das ozeanische Gefühl nachträglich in Beziehungen zur Religion geraten ist. Dies Eins-sein mit dem All, was als Gedankeninhalt ihm zugehört, spricht uns ja an wie ein erster Versuch einer religiösen Tröstung, wie ein anderer Weg zur Ableug-

[11] *Sigmund Freud*, GW XIV, S. 422.

nung der Gefahr, die das Ich als von der Außenweltdrohend erkennt.[12]

Freuds Text schneidet eine Reihe von Problemen an, deren sorgfältige Bearbeitung aber allzuweit führen würde. Wir müssen uns mit einer thesenhaft abgekürzten Argumentation begnügen, selbst da, wo wir einen Widerspruch gegen die Freudsche Formulierung anzumelden haben. Setzen wir gleich dagegen: Wir wissen durchaus „ein ähnlich starkes Bedürfnis aus der Kindheit wie das nach dem Vaterschutz ... anzugeben“, nämlich die Rückerinnerung, die Sehnsucht nach der Einheit mit der Mutter, das regressive Wiedererlangen-Wollen jenes uneingeschränkten Narzißmus, der - Freud zufolge - allenfalls sekundäre Bedeutung für eine religiös-illusionäre Überwindung der kindlichen Hilflosigkeit hat. Auch wenn wir von Freud abweichen in der Annahme, daß es für das religiöse Gefühl zwei Bedürfnisquellen gibt, so müssen wir Freud in der zeitlichen Differenzierung der beiden Phasen - Sehnsucht nach der Muttereinheit und Vatersehnsucht - folgen, wobei zu beachten ist: Die Vatersehnsucht setzt ein „reiferes" Ich voraus; sie kommt später zur Geltung.

Doch lassen wir die Frage nach der Quelle der Religion beiseite, und halten wir aus der Rolland-Freud-Debatte nur zweierlei fest:

1. Es gibt kulturelle Trostangebote, die auf Ängste, Ohnmachtserfahrungen usw. abgestellt sind. Sie können - und das gilt nicht nur für die religiöse Thematik - dazu dienen, „Ablenkungen [zu sein, A. L.], die uns unser Elend gering schätzen lassen, Ersatzbefriedigungen, die es verringern, Rauschstoffe, dic uns für dasselbe unempfindlich machen“[13].
2. Diese kulturellen Angebote rasten in Erlebnisbereitschaften unterschiedlicher Persönlichkeitshöhe, und das heißt Stufen ontogenetischer Reife, ein. Die An-

[12] *Sigmund Freud*, GW XIV, S. 430.

[13] Sigmund Freud, GW XIV, S. 432.

gebote geraten dazu in Beziehung; sie evozieren diese Stufen, können bis hin zur „Wiederherstellung des uneingeschränkten Narzßsmus" infantilisierend wirken.

Gerade die Ausdehnung der Problematik - über die Religion hinaus - aufs Gesamtpanorama der „kulturellen Angebote" macht augenfällig, daß wir stets zwei Qualitäten in diesem Wechselspiel von „Kultur" und „Persönlichkeitsstruktur" wohl zu unterscheiden haben: „infantilisierende", regressiv „persönlichkeitsauflösende" Eingriffe und deren progressiv-emanzipatorisches Gegenstück. Stellen wir deshalb gleich die Frage: Unter welchen Umständen kommt es zu einem infantilisierend-regressiven Wechselverhältnis?

Ich bin andernorts[14] dieser Frage unterm Titel der fatalen Vereinigung von „Weltanschauung und Ersatzbefriedigung" ausführlich nachgegangen und habe auch dargelegt, daß Religion nicht generell diesem Teufelskreis zugerechnet werden kann. Beschränken wir uns hier auf das, was uns der Text unmittelbar dazu verrät.

Wir haben eine Entsprechung zwischen „kulturellem Angebot" auf der einen Seite und einem „Persönlichkeitsangebot" auf der anderen Seite vor uns. Wir sahen diese Entsprechung, dieses Wechselspiel auf verschiedenen Ebenen am Werk:

- in der manifesten Textintention. Dort unter Respektieren des denkenden, wollenden Du gegenüber dem „Einen", der, dabei aller autoritären Forderungen entkleidet, als ein tröstender, bescheiden-anonymer Gott erscheint.
- ganz anders im latenten Umgang mit dem Leser: Hier drängt der Text verführend zur Selbstpreisgabe (angefangen von der Verlockung zum banalen Reim, dem Umschlag vom Argumentieren zum Befehlsempfang bis zu den inhaltlichen Figuren). Das Angebot des Einen als Retter wird totalisiert zum Aufgehen im Einen als Rettung.

[14] Alfred Lorenzer, Das Konzil der Buchhalter. Die Zerstörung der Sinnlichkeit, eine Religionskritik, Frankfurt 1981, insbesondere Kapitel IV und V.

Halten wir fürs erste fest: Die beiden Wechselspiele widersprechen einander nachdrücklich. Heißt das: Sie heben einander auf? Keinesfalls, wie jeder bemerken kann, der sich vom Gedicht angesprochen fühlt - sei es zustimmend oder widerwillig - ablehnend.

Von einer wechselseitigen Paralysierung der Botschaften und ihrer Folgen kann deshalb keine Rede sein, weil den beiden „Vermittlungsebenen" ein unterschiedliches Gewicht zukommt. Die Einwirkung über den latenten" Sinn ist ungleich folgenschwerer, weil

1. der Textsinn auf diesem „latenten Transportweg" die basale Schicht der Persönlichkeit unmittelbar erreicht. Er gewinnt Anschluß an die Grundstrukturen der Persönlichkeit. Der Weg über den latenten Sinn ist - gegenläufig zum Traum - die via regia der Textwirkung.
2. Diese Einwirkung unterläuft die Zensur. Das eröffnet ebensosehr eine gute wie eine schlechte Möglichkeit. Die gute liegt darin noch-nicht-konsensfähige, noch nicht gesellschaftlich anerkannte Praxisentwürfe im Individuum zu evozieren und im „Text als einem greifbaren Symbol" zu organisieren. Die schlechte Möglichkeit besteht (wie in der Rolland- Freud-Diskussion deutlich geworden) in einer regressiven Inanspruchnahme der unterentwickelten beziehungsweise beschädigten Persönlichkeitsanteile im Kurzschluß von Ersatzbefriedigung und weltanschaulichem Angebot.

In Texten wie dem hier diskutierten gewinnt dieser Umstand eine eigentümlich fatale Nuance. Die Einwirkung kann am Einspruch des Bewußtseins vorbei den Betroffenen auf schlechte Weise organisieren oder manipulativ besetzen. Kein Zweifel: Der Autor Schröder und „seine" Leser dürften eine antifaschistische Einstellung geteilt haben. Das latent Mobilisierte stand mithin im schroffen Gegensatz zum manifest Intendierten, das sich aber nicht behaupten kann, sondern in bedenklicher Mission eingespannt wird: als Hülse, in der sich das Schmuggelgut des latenten Sinnes verbergen kann, als Alibi für eine Subjektauflösung gegen den Strich der manifesten Behauptung. Genau das, was die manifeste Trostbotschaft zu beschützen vorgibt, wird nachhaltig zersetzt: subjektive Verantwortung. Der Textsinn eines Appells an die Gedankenfreiheit, ja sogar der Blick zu den Sternen und der Rekurs auf die Innerlichkeit des eigenen Willens könnten für sich genommen durchaus zu Widerstand und Verantwortung führen. Doch eben diese - mit oder ohne Vatergott - geforderte moralische Eigenständigkeit wird hier aufgesogen von der Verlockung, einer Muttersehnsucht nachzugeben und in der Gottheit rückläufig aufzugehen. Die beiden Schichten dementieren sich, aber die eine wirkt nur - und apathisiert den Leser, der sich aufs Spiel einließ (und zustimmend einläßt).

So begrenzt die Aussage unserer lediglich auf dieses Gedicht gestützten Analyse sein muß, so zeigt sich doch eindrucksvoll wie deutlich die Wirkungsstruktur dieses Textes der Wirkungsstruktur der Texte einer anderen konservativ-bürgerlichen Gruppe ähnelt, nämlich der bürgerlichen Frauenbewegung, die Ulrike Prokop[15] mit vergleichbarem analytischen Resultat untersucht hat: Selbstlähmung aus einem verschwiegen-latenten Verfall an autoritäre Strukturen.

Die Skizze der latenten Wirkungsweise dürfte klar gemacht haben, weshalb unsere Analyse die Subjektivität des Lesers nicht ausschließt, sondern radikalisiert und fordert - analog zur Grundeinstellung der psychoanalytischen Therapie, deren Verstehen darauf basiert, daß sich der Analytiker „unbefangen und voraussetzungslos", wie wir gehört haben, auf den Analysanden einläßt. Sich selbst „als empfangendes Organ" einstellen aber heißt, seine eigene subjektive Erfahrung einsetzen, um diese Erfahrung auf den Begriff zu bringen. Wobei es um jene Erfahrung geht, die durch die Brüche der Sprachmitteilung hindurch in nicht-intendierten szenischen Formen zum Vorschein

[15] Ulrike Prokop, Die Sehnsucht nach der Volkseinheit. Zum Konservatismus der bürgerlichen Frauenbewegung, in: Gabriele Dietze (Hrsg.), Die Überwindung der Sprachlosigkeit, Neuwied 1980, S.176-203.
ferner: Reader zur Frauenausstellung des historischen Museums, Frankfurt 1981.

drängt. Diese lassen sich nur über die eigenen Reaktionen erschließen. So wie die therapeutische Interpretation das „Zusammenspiel" mit dem Patienten voraussetzt (und *dieses* und nichts anderes interpretiert), der Interpret vorab also Interaktand sein muß, ebenso müssen Leser und Interpret eine Einheit bilden: Der Interpret *deutet nicht den Text, sondern seine Leseerfahrung*. Nur derjenige, der sich vom Text gefangen nehmen läßt (und sei es widerstrebend), bringt den Text zu jener Wirkung, die in reflektiertem Überstieg zur Interpretation erkannt werden muß. Nur so wird sichtbar, was der Text mit dem Leser *macht*.

ALFRED LORENZER
Der Symbolbegriff und seine Problematik in der Psychoanalyse

Als Sigmund Freud 1899 seine "Traumdeutung" publizierte, änderte der Verleger das Erscheinungsdatum auf die Jahrhundertzahl 1900. Im nachhinein hat man diesem verkaufsstrategischen Schachzug eine tiefere Bedeutung abgewonnen, sei es als Voranzeige eines wesentlich von den Freudschen Gedankengängen beeinflußten Jahrhunderts, sei es als Auftakt der Symboldebatte, die in den folgenden Jahrzehnten in den Geistes- und Kulturwissenschaften einen zunehmend breiten Raum eroberte. Freilich wurde die Freudsche Deutung der Traumsymbole nicht sonderlich freudig begrüßt, ja sie wurde schnell zum Stein des Anstoßes, zumal die "Symbolik im Traum" (oder vielmehr im unbewußten Denken) die folgende Richtung einschlug (ich zitiere aus den Vorlesungen aus dem Jahre 1916):

> "Die herabhängende und vom Weib nicht getragene Krawatte ist ein deutlich männliches Symbol. *Weiße Wäsche, Leinen* überhaupt ist weiblich; *Kleider, Uniformen* sind, wie wir schon gehört haben, Ersatz für Nacktheit, Körperformen; der *Schuh, Pantoffel,* ein weibliches Genitale, *Tisch* und *Holz* wurden als rätselhafte, aber sicherlich weibliche Symbole bereits erwähnt. *Leiter, Stiege, Treppe,* respektive das Gehen auf ihnen, sind sichere Symbole des Geschlechtsverkehres."
> (Gesammelte Werke [GW], XI, 159)

Nun verhält es sich bei der Reaktion auf die sexuelle Deutung der Traumsymbole wie so oft: Der Skandal verdeckt die eigentlich aufregend-neue Botschaft, die Entdeckung eines neuen Kontinents des Seelenlebens, die Entdeckung einer zweiten Sinnschicht, einer zweiten verhaltensbestimmenden Lebenswelt im Inneren der Menschen.

Allerdings war diese zweite Sinnschicht unterhalb der Ebene des rationalen Denkens keineswegs neu. Im Gegensatz von "Fleisch und Geist", "Fleisch" als Provinz des Irrational-

Dunklen, des dark continent im Gegensatz zur Klarheit logischer Ordnung, spielte sie immer schon eine Rolle. Aber hier im Freudschen Konzept des "unbewußten Denkens" wurde dieser Topos zu einer erfahrungswissenschaftlich nachweisbaren und persönlichkeitstheoretisch aufzeigbaren Kategorie: das unbewußte Denken als Gegenspieler zum bewußten Denken. Freilich, erschlossen worden war in der jungen, der werdenden Wissenschaft Psychoanalyse diese zweite Sinnprovinz schon vor der "Traumdeutung" aus der Enträtselung der neurotischen Symptome. Aber nun, in der "Traumdeutung", wurde in den Traumbildern, in der Art und Weise der Traummitteilungen, eine von der logischen Ordnung des bewußten Denkens sich in einer Reihe von Merkmalen abhebende Eigenstruktur, wie Verschiebung, Verdichtung, Duldung abstruser Widersprüchlichkeit usw. des unbewußten Denkens augenfällig. Freilich rechnete Freud solche Strukturmerkmale der Traumarbeit zu, d.h. der Verarbeitung des unbewußten Materials durch den Träumer; das Unbewußte selber erschien ihm ein Reich des chaotisch Unstrukturierten - eine Auffassung, die einen bedenklichen Widerspruch in sich enthält: Sind doch die Triebe, die das Unbewußte ausmachen, Verhaltensentwürfe, die sich zum netzartigen Gefüge einer - eben der unbewußten - Lebenswelt verknüpfen. Mit Freuds Annahme der Strukturlosigkeit des Unbewußten korrespondierte nicht von ungefähr auch die allzu umstandslose Einschätzung des Unbewußten als Natur, als Erbe tierischer Instinktivität im Gegensatz zur Kultur - geformt durch vorgeschichtliche Geschehnisse, durch das Schicksal einer Urhorde am Übergang zum Menschlichen, durch prägende Einflüsse der großen Traumen der Gattungsgeschichte wie etwa die Eiszeit.

Ich möchte mich nicht bei einer kritischen Sichtung der Widersprüche, in denen sich die Annahme von der Strukturlosigkeit des Unbewußten verfangen hat, aufhalten, sondern möchte übergehen zu einer gut begründeten Widerlegung, wie sie die genetische Psychologie, insbesondere Jean Piaget, vorzulegen in der Lage ist. Piaget hat unter dem Titel der sensomotorischen Intelligenz jene zweite oder, genauer gesagt, ursprünglich erste

Sinnstruktur, die wir mit Freud das Unbewußte nennen, entschlüsselt. Er betont - gleichsam im Namen der genetischen Psychologie insgesamt - die Eigenständigkeit dieser ursprünglichen Ordnungsschicht mit den Worten:

> "Für welche Kriterien der Intelligenz man sich auch entscheidet (gelenktes, tastendes Versuchen(...), Koordinierung der Mittel und der Ziele usw.), alle sind sich darin einig, daß es vor der Sprache eine Intelligenz gibt. Diese Intelligenz ist in ihrem Wesen auf das Praktische ausgerichtet, das heißt, sie erstrebt Erfolge und will nicht Wahrheiten aussprechen, aber es gelingt ihr doch schon, eine Gesamtheit von Aktionsproblemen (...) zu lösen, indem sie ein komplexes System von Assimilationsschemata konstruiert, um die Wirklichkeit gemäß einem System von raum-zeitlichen und kausalen Strukturen zu organisieren."
> (Jean Piaget/Bärbel Inhelder, Die Psychologie des Kindes, Stuttgart 1980, 15)

An anderer Stelle unterstreicht Piaget die Andersartigkeit und Eigenständigkeit dieser archaisch-tieferen primären Logik, gegen das Diktum der ausschließlich von der sprachlich organisierten Logik eingenommenen Betrachtungsweise, mit den Worten:

> "Sprache und Logik. Heißt das nun - wie einige gefolgert haben -, daß die dem System der Sprache inhärente Logik nicht nur den wesentlichen oder sogar einzigen Faktor bilde bei der Erlernung der Logik durch das Kind (...), sondern geradezu den Ursprung aller Logik in der gesamten Menschheit darstelle? Das ist mit Variationen die Meinung einer immer noch lebendigen Pädagogik der ehemaligen soziologischen Schule Durkheims und eines noch immer in vielen wissenschaftlichen Kreisen gültigen logischen Positivismus. Diesem zufolge hat tatsächlich die Logik der Logiker selbst nichts anderes als eine verallgemeinerte Syntax und Semantik (...)."
> (Piaget/Inhelder, a.a.O., 91f.)

Entgegen einer Auffassung, derzufolge die Struktur des Sinns ganz und gar aus der Struktur der Sprache sich ableitet, drängt Piaget darauf, "(...) den Standpunkt der Handlung selbst wieder ein(zu)nehmen". "(...) der wesentliche Charakter des logischen Denkens besteht darin, daß es operativ ist, d.h. aus dem Tun hervorgeht..." (Jean Piaget, Psychologie der Intelligenz, Freiburg 1972, 38ff.).

Piaget hat den frühen Aufbau der kindlichen Persönlichkeit skizziert in einer Abfolge von sechs Stadien der sensomotorischen Schicht, die - bereits embryonal beginnend - aus der Wechselbezogenheit, aus der Reiz-Organismus-Reaktion und dem Zurückwirken der Reaktion auf die Reizempfänglichkeit des Organismus erwächst. Die Reaktion erschließt dem werdenden Organismus neue Erfahrungsmöglichkeit. Die einfachen Reflexe des embryonalen und kindlichen Organismus werden aufgebaut zu einem sensomotorischen Gesamtschema, zum Gefüge von Funktionskreisen, in denen die Wirklichkeit Schritt für Schritt konstituiert wird, in zunehmender Komplexität und zunehmender Differenzierung der passiv-aktiven Erfahrungsmodalität. Das Wechselspiel zwischen Organismus und Umwelt

> "organisiert das Wirkliche, indem sie durch eben ihr Funktionieren die großen Kategorien des Tuns aufbaut, nämlich die Schemata des permanenten Gegenstandes, des Raumes, der Zeit und der Kausalität, Substrukturen der entsprechenden künftigen Begriffe. Keine dieser Kategorien ist am Anfang gegeben, und das ursprüngliche Universum ist ganz auf den Körper und das Tun zentriert, was in einer totalen wie (mangels eines Ich-Bewußtseins) ihrer selbst unbewußten Egozentrik zum Ausdruck kommt."
> (Piaget/Inhelder, a.a.O., 23)

"Ganz auf den Körper und das Tun zentriert", "ihrer selbst unbewußt" - mit diesen Sätzen wird die Nähe zum Freudschen Konzept des Unbewußten als einer bewußtlosen Praxis deutlich, wobei freilich eine zweifache Differenz nicht übersehen werden darf.

1. Piaget formuliert den Aufbau der Persönlichkeit als Aufbau eines Funktionssystems, während Freud das Unbewußte inhaltlich als Gefüge von Verhaltensan-

weisungen, von unbewußten Phantasien und das heißt von Lebensentwürfen sieht.

2. Der Aufbau der sensomotorischen Intelligenz, wie Piaget die primäre Praxisformation nennt, führt auf die der Erwachsenen-Intelligenz hin, während bei Freud das Unbewußte als "Es" eine zeitlebens bestehende, eigenständige Basisformation darstellt.

Beide Gegensätze lassen sich aber leicht beheben, sofern man Piaget und Freud aufeinander zubewegt: Tatsächlich erweist sich die rein funktional-formale Beobachtung bei Piaget lediglich als analytische Sichtweise, als eine durch das Interesse am Persönlichkeitsaufbau bedingte Perspektive. Indem Piaget aber Reiz, Organismus und Reaktion als Einheit sieht, folgt daraus allein schon zwingend, daß sich diese Gesamtsituation in ihrer Konkretheit auch im Organismus niederschlägt. Aufbau der "Schemata des permanenten Gegenstandes, des Raumes, der Zeit" heißt demnach nichts anderes als: Aufbau einer inneren Szenerie, einer inneren Lebenswelt, nicht in abstrakt-formaler Allgemeinheit nur, sondern konkret-inhaltlich ausgeformt. Diese innere Szenerie, diese innere Lebenswelt ist bewußtlos gegenwärtig und wirksam nicht nur als blasser Schemen in den "großen Kategorien des Tuns", sondern in lebenspraktischen Verhaltensvorgaben.

Zögern wir also nicht, Piagets Einsichten mit dem Freudschen Konzept des Unbewußten unter folgenden Gesichtspunkten zusammenzufügen, nämlich:

1. Die primäre unbewußte Erlebnisbasis wird als sensomotorisches Praxisspiel aufgebaut.
2. Die sensomotorische Praxisstruktur geht aus dem Wechselspiel zwischen organismischer Anlage und Umwelt hervor, kulturspezifisch und individuell-konkret.

Besonders deutlich tritt der letztgenannte Gesichtspunkt der Bildung der Erfahrungs- und Erlebnisstruktur aus dem jeweiligen Zusammenspiel von Organismus und Umwelt auch hervor in einer ganz anderen Disziplin, nämlich in den Ergebnissen der Tierverhaltensforschung. Hatte Jakob von Uexküll schon auf die Einheit von Tier und Umwelt, die Einheit des Tieres mit "seiner" Umwelt hingewiesen, so hatte Konrad Lorenz unter dem Titel der "Trieb-Dressur-Verschränkung" die Wechselbeziehung zwischen Anlagenpotential und Umwelterfahrung in sensomotorischen Zirkeln aufschlußreich verdeutlicht. Statt langatmiger Erläuterungen möchte ich das an einem Beispiel zeigen: Es geht um den Verhaltensaufbau bei der Vogelart des Neuntöters, der seine Beute auf einen Dorn aufspießt. Ich zitiere Lorenz:

> "Dem Jungvogel dieser Art ist nämlich nicht etwa die ganze Handlungsabfolge des Aufspießens eines Beutestückes in allen ihren Beziehungen angeboren, vielmehr fehlt ihm zunächst die triebmäßige Kenntnis des Dornes, auf den die Beute aufgespießt werden soll. Die gesamte Bewegungskoordination des Aufspießens hingegen ist angeboren, ebenso die Kenntnis der Tatsache, daß das Aufspießen an einem festen Gegenstand zu erfolgen hat. Der jungaufgezogene Neuntöter beginnt bald mit einem Bissen im Schnabel die Bewegungen des Aufspießens auszuführen, zunächst aber wahllos an irgendeiner Stelle seines Käfigs und, selbst wenn in diesem zum Aufspießen geeignete Dornen oder Nägel vorhanden sein sollten, ohne jede Berücksichtigung dieser Gebilde. Er fährt mit dem im Schnabel gehaltenen Fleischstückchen wischend an den Sitzstangen und Sprossen seines Käfigs auf und ab und vollführt von Zeit zu Zeit die eigentümlich ziehenden kleinen Rockbewegungen, die zum eigentlichen Aufspießen im Bauplan der Triebhandlungskette vorgesehen sind. Diese Rucke erfolgen besonders dann, wenn der Vogel bei seinen Wischbewegungen auf Widerstand stößt. Diese zweckvolle Eigentümlichkeit bringt es mit sich, daß das ruckweise Ziehen dann sofort eintritt, wenn *rein zufällig* einmal der Bissen an einem Nagel oder Dorn hakt. In sehr kurzer Zeit *lernt* dann der Vogel die Dornen als Objekt seiner übrigen rein angeborenen Triebhandlungskette kennen. Durch einen solchen, ausgesprochen einem *Lernen* gleichzusetzenden Vorgang werden in sehr vielen Fällen sozusagen Lücken in Triebhandlungsketten ausgefüllt, Stellen, an denen in Handlungsabläufen statt des betreffenden Gliedes des Ablaufs eine 'Fähigkeit zum

> Erwerben' zwischen rein angeborene Glieder eingefügt ist."
> (Konrad Lorenz, Über tierisches und menschliches Verhalten, Bd. 1, München 1965, 134)

Lorenz nennt dieses Erwerben eine "Trieb-Dressur-Verschränkung". Lassen wir vorderhand auf sich beruhen, was 'angeboren' hier heißen kann, darf oder muß, und fassen wir nur die Bezogenheit von *physiologisch programmierten Verhaltensschemata und Situationen* ins Auge. Schema und Situation bilden eine eigentümliche Einheit, die zwischen Lebewesen und Umwelt gleichermaßen vermittelt und als Vermittlungseinheit in eigentümlicher Eigenständigkeit sich darbietet. Diese grundsätzliche Bezogenheit von Tierverhalten und artspezifischer Umwelt, genauer, die Einheit von Aktion und Situation war schon von Jakob von Uexküll hervorgehoben worden. Lorenz hat sie aus seinen eigenen ethologischen Studien entwickelt. Wir werden sehen, daß eben diese Einheit der Ansatzpunkt unseres Interesses an der Lorenzschen Untersuchung ist. Allerdings treten Anlage und Umwelt bei Lorenz einander noch ziemlich schroff gegenüber. Die "rein angeborene Triebhandlungskette" wird durch "Lernen" ergänzt. Der Umweltwirklichkeit verbleibt wenig mehr, als die Lücken in der "Triebhandlungskette" auszufüllen. Dieser noch recht rigide Gegensatz wird nun von der modernen Neurophysiologie, zumal in den Forschungen der letzten Jahre, eindrucksvoll aufgelöst. Insbesondere die Wahrnehmungsuntersuchungen des Frankfurter Max-Planck-Instituts unter Singer haben gezeigt, wie der Umwelt-Umgang der sich bildenden Organismen in actu immer wieder auf das Anlagenpotential zurückwirkt, in einem ständigen Ineinander von Aufbau und Abbau der neuronalen Strukturen. Die Befunde problematisieren nach Ansicht der Neurophysiologen ebenso den Begriff des Lernens, wie sie die starre Gegenüberstellung von Anlage und Umwelt aufheben, ohne das eine ins andere aufzulösen. Übertragen auf den Menschen heißt das: Es sind zwei Pole im Wechselspiel der Interaktion zu beachten, das je besondere Anlagenpotential als variables Spektrum der inneren Möglichkeiten und der je unterschiedliche Einfluß von außen als Einfluß der jeweiligen soziokulturellen Verhältnisse auf ihrem konkreten geschichtlichen Stand. Daraus folgt: Das Unbewußte ist weder pure biologische Natur, die sich selbst entfaltet, noch eine tabula rasa, auf der sich Einflüsse von außen abdrücken. Das Unbewußte ist ein komplexes Gefüge von Niederschlägen des passiv-aktiven Interagierens zwischen dem werdenden Organismus und seiner Umwelt. Es ist ein Gefüge von Interaktionsformen. Es ist ein System von leiblichen Impulsen, die in ihrer sensomotorischen Komplexität und Differenziertheit eine eigenständige vorsymbolische Lebenswelt bilden.

Diese Lebenswelt besteht aus einer Struktur von Szenen, die in dreifacher Zirkelbildung aufgebaut wurden:

1. In der Einheit von Reiz und Reaktion, also sensomotorisch, wobei diese sensomotorischen Reaktionszirkel sich entsprechend der Komplexität der realen Situationen, die auf den werdenden Organismus einwirken, in analogen inneren Szenen anreichern.
2. Zu Szenen, die entsprechend der Eigenart der mütterlichen, familialen, milieutypischen und kulturspezifischen Realwelt in permanenten Lebensentwürfen sich niederschlagen.
3. Zu Szenen, die in permanenten sensomotorischen Verhaltenskomplexen durch die Anbindung an die kindlichen Bedürfnisse zu Befriedigungserlebnissen oder Unlusterfahrungen sich verdichten und fixieren. So kommt die Emotionalität in die innere Lebenswelt der sensomotorischen Praxisfiguren.

Soweit der Aufbau des Unbewußten als einer eigenständigen Praxisformation. Wie aber steht es mit dem Bewußtsein? Oder psychoanalytisch formuliert: Wie erwächst das Ich aus dem Es? Der ursprünglichen Freudschen Lehre gemäß entsteht das Ich ganz und gar aus dem Es heraus. Wenn wir daran festhalten (und wir sollten das), dann ergibt sich die Frage: Was muß zu den sensomotorischen Praxisfiguren hinzukommen, um dem Verhalten jene Bewußtheit hinzuzufügen, die planvolles Denken und Handeln auszeichnet?

Damit sind wir beim Thema der Symbolbildung angelangt, wobei ich die lang hingezogene psychoanalytische Debatte um den Symbolbegriff übergehe und lediglich eine These zur Diskussion stellen möchte; sie lautet: Der Prozeß der Bewußtseinsbildung vollzieht sich in zwei Stufen der Symbolbildung, deren zweite Stufe die Spracheinführung ist. Betrachten wir zunächst diese zweite Stufe.

Stellen wir uns den Augenblick vor, da das Kind nach einer Reihe von vorangegangenen Entwicklungsschritten das ihm vorgesprochene Wort "Mama" nachspricht. Das Kind initiiert damit die Verknüpfung zweier Aktionsbereiche, nämlich

- des Sprachsystems einerseits und
- des sensomotorischen Praxissystems andererseits.

Natürlich ist die Sprachfigur "Mama" zunächst nicht mehr als ein Lautkomplex. Er stellt sich erst allmählich, im Laufe einer längeren Entwicklung, als Element eines semantisch-syntaktischen Sinnsystems heraus. Und natürlich bezieht sich das Wort "Mama" zunächst keineswegs auf ein umschriebenes Erfahrungsobjekt, nämlich die Mutter, wohl aber auf eine konkrete Erfahrungssituation - die Interaktion mit der Mutter. Das Wort "Mama" bezeichnet also genau jene Interaktion, die das Kind in einer Fülle von sensomotorischen Erfahrungsschritten körperlich-mimetisch sich erschlossen hat und in den Momenten der Spracheinführung agiert. Indem die Mutter das Wort "Mama" ausspricht, benennt sie eben diese Situation. Und indem das Kind diesen Lautkomplex nachspricht, macht es sich die Benennung eben dieser Situation zu eigen. Das Kind beginnt Sprachsymbole zu bilden, die aus einer Beziehung und einem Bezeichneten bestehen, aus dem Wort und dem damit benannten sensomotorischen Erfahrungsakt. Solche Verknüpfung kennzeichnet diesen ersten wie auch die nachfolgenden fundamentalen Akte des Spracherwerbs. Das sich im zunehmenden Spracherwerb Schritt für Schritt erschließende Sprachsystem wird über viele Einzelschritte in konkreten Interaktionen mit den entsprechenden sensomotorischen Erfahrungsfiguren verknüpft. Es erhält so den Status eines subjektiven Symbolsystems, wobei die einzelnen Symbole konkret erlebnisfest aus zwei

Anteilen bestehen: dem Lautkomplex einerseits und der sensomotorischen Praxisfigur andererseits. Beide zusammen bilden das Symbol. Das sinnlich-unmittelbare Praxiserlebnis steht für das Wort, und das Wort steht für die leiblich emotionale Erlebnisfigur.

Wir hatten uns klargemacht, daß - wie Piaget uns gezeigt hat - die sensomotorischen Praxisfiguren ein komplexes und differenziertes System bilden - ein System von unbewußten Verhaltensentwürfen, von unbewußten Verhaltensanweisungen, wie wir aus psychoanalytischer Sicht hinzufügen. Nun ist die Sprache ihrerseits ein System von kulturell-objektiv gültigen Handlungsmustern. In der Verbindung von Sprachfiguren mit den sensomotorischen Praxisfiguren treffen also in konkreter Situation zwei Verhaltens- bzw. Handlungsmodelle aufeinander, die in sich systematisch abgestimmt sind, wobei die beiden Systeme natürlich nicht ganz und gar differieren, aber doch so viel Differenz zeigen, daß Freud von dem lebenslangen Konflikt zwischen dem Es und dem Ich (samt Über-Ich) sprechen konnte. Aus diesem Konflikt erwächst dann ja auch die neurotische Sprachzerstörung, und das heißt Desymbolisierung. Denn wenn in einer Situation die beiden Verhaltensbestimmungen, die Handlungsanweisung der Sprache, das heißt der bewußten Lebensordnung, und die Verhaltensbestimmung der unbewußt einsozialisierten sensomotorischen Praxis, einander widersprechen, kommt es zum Konflikt, wobei die beiden Anteile unter dem Druck des Konflikts dann wiederum voneinander getrennt werden. Es muß diese Folge zunächst keineswegs einen Krankheitswert haben. In jedem Fall dieser Art aber finden wir die beiden Anteile separiert vor: unbewußte, reflexionsunfähige sensomotorische Reaktionsgebilde einerseits und unsinnlich-emotionslose Zeichen andererseits: "Unsinnlich-emotionslose" Zeichen können sich im System des Bewußtseins aber durchaus behaupten, da sie im Netz der Sprache ja gleichsam in der Schwebe gehalten werden, was um so leichter möglich ist, als der semantische Sprachaufbau im Höhersteigen der Abstraktion Distanzen zu dem leibnah-unmittelbaren Erleben allemal anlegt.

Den konfliktfrei glücklichen Fall jedenfalls bilden diejenigen Sprachfiguren, die einigermaßen spannungsfrei mit den unbewußten sensomotorischen Praxisfiguren verknüpft werden konnten und verknüpft blieben, auch wenn sie über Distanzen hinweg den Zusammenhang mit der Schicht des Unbewußten wahren. Sie allein verdienen die Bezeichnung "Sprach-Symbole".

Wenden wir uns nun aber zurück zu der ersten Stufe der Symbolbildung: Auch diese Stufe möchte ich mit einem Beispiel einführen, weil sich daran gleich alles Wesentliche zeigen läßt und das Beispiel zugleich das erste Auftauchen der Problematik in der psychoanalytischen Diskussion markiert, von Freud selbst brillant gedeutet - wenn auch nicht als Symbolbildung begriffen. Es ist die Geschichte vom Garnrollenspiel seines Enkels. Ich zitiere Freud:

> "Das Kind war in seiner intellektuellen Entwicklung keineswegs voreilig, es sprach mit 1 1/2 Jahren erst wenige verständliche Worte und verfügte außerdem über mehrere bedeutungsvolle Laute, die von der Umgebung verstanden wurden. Aber es war in gutem Rapport mit den Eltern und dem einzigen Dienstmädchen und wurde wegen seines 'anständigen' Charakters gelobt. Es störte die Eltern nicht zur Nachtzeit, befolgte gewissenhaft die Verbote, manche Gegenstände zu berühren und in gewisse Räume zu gehen, und vor allem anderen, es weinte nie, wenn die Mutter es für Stunden verließ, obwohl es dieser Mutter zärtlich anhing, die das Kind nicht nur selbst genährt, sondern auch ohne jede fremde Beihilfe gepflegt und betreut hatte. Dieses brave Kind zeigte nun die gelegentlich störende Gewohnheit, alle kleinen Gegenstände, deren es habhaft wurde, weit weg von sich in eine Zimmerecke, unter ein Bett usw. zu schleudern, so daß das Zusammensuchen seines Spielzeugs oft keine leichte Arbeit war. Dabei brachte es mit dem Ausdruck von Interesse und Befriedigung ein lautes, langgezogenes o-o-o-o hervor, das nach dem übereinstimmenden Urteil der Mutter und des Beobachters keine Interjektion war, sondern 'Fort' bedeutete. Ich merkte endlich, daß das ein Spiel sei und daß das Kind alle seine Spielsachen nur dazu benütze, mit ihnen 'fortsein' zu spielen. Eines Tages

machte ich dann die Beobachtung, die meine Auffassung bestätigte. Das Kind hatte eine Holzspule, die mit einem Bindfaden umwickelt war. Es fiel ihm nie ein, sie zum Beispiel am Boden hinter sich herzuziehen, also Wagen mit ihr zu spielen, sondern es warf die am Faden gehaltene Spule mit großem Geschick über den Rand seines verhängten Bettchens, so daß sie darin verschwand, sagte dazu sein bedeutungsvolles o-o-o-o und zog dann die Spule am Faden wieder aus dem Bett heraus, begrüßte aber deren Erscheinen jetzt mit einem freudigen 'Da'. Das war also das komplette Spiel, Verschwinden und Wiederkommen, wovon man zumeist nur den ersten Akt zu sehen bekam, und dieser wurde für sich allein unermüdlich als Spiel wiederholt, obwohl die größere Lust unzweifelhaft dem zweiten Akt anhing."
(GW XII, llf.)

Lassen wir die sprachlichen Implikationen beiseite; was zeigt uns dann die Szenerie?

Wir haben - so Freud - die Verknüpfung zweier Szenen im Geschehen vor uns, nämlich einerseits die szenische Anordnung "Wegwerfen und wieder Herbeiholen der Holzspule" und andererseits die szenische Anordnung "Weggehen und Wiederkommen der Mutter". Die Verbindung beider Szenen im Spiel - das macht nach Freud Sinn und Vergnügen des Spiels aus.

Vergleicht man nun die beiden Formen der Symbolbildung, die Sprachsymbolik und die Symbolik à la Garnrollenspiel, dann zeichnen sich interessante strukturelle Übereinstimmungen und Differenzen ab. Zunächst: Wir haben bei beiden Symbolformen jeweils zwei Anteile vor uns, die zusammengefügt erst das Symbol bilden, zusammen erst den Sinn ergeben. Diese beiden Teile bestehen bei den Sprachsymbolen aber aus zwei ungleichen Partnern, nämlich den sensomotorischen Praxisfiguren einerseits und den Sprachfiguren andererseits. Bei den Symbolen nach Art des Garnrollenspiels dagegen gehören beide Anteile demselben System der sensomotorischen unbewußten Praxisformen an. Sie bleiben auch im symbolischen Zusammenhang insofern unbewußt, als das Kind den Zusammenhang durchaus nicht reflektieren kann.

Bemerkenswert für unsere gegenwärtige Diskussion ist nun, daß die Symbolbildung nach Art des Garnrollenspiels nicht nur eine wichtige Rolle in der Entwicklung der Übergangsobjekte für die kindliche Entwicklung abgibt - wie das Winnicott herausgearbeitet hat -, sondern daß aus dieser Symbolschicht auch das breite, vielgestaltige Feld der künstlerischen Phänomene und Objektivationen herauswächst. Susanne Katharina Langer hat diese Symbolformation als "präsentative Symbolik" von den Sprachsymbolen beziehungsweise den - wie sie es nennt - "diskursiven Symbolen" abgetrennt. Allerdings richtet sich der Langersche Blick auf die Symbolformationen in ihrer objektiv greifbaren Gestalt, während der psychoanalytische Blick sich ganz auf die Erlebniskomplexe und die Erlebnisdifferenz der beiden Symbolgruppen konzentriert. Ich schlage vor, die aus der Vereinigung von Sprachfiguren und Praxisformen hervorgehenden Symbole "sprachsymbolische Interaktionsformen" zu nennen, während ich die szenischen Symbole nach Art des Garnrollenspiels "sinnlich-symbolische Interaktionsformen" nennen möchte. Oder kurz gesagt: Sprachsymbole versus sinnlich-unmittelbare Symbole. Die moderne Hirnforschung hat als Zentrum der sinnlich-unmittelbaren Symbole die rechte Gehirnhälfte ausgemacht, im Gegensatz zu den Sprachsymbolen, die in der linken Gehirnhälfte ihr Zentrum haben.

Die neurophysiologische Lokalisationsdifferenz "rechte Gehirnhälfte gegen linke Gehirnhälfte" unterstreicht noch einmal die Abkunft der sinnlich-symbolischen Interaktionsformen aus der Zusammenfügung der sensomotorischen Komplexe ohne Beteiligung der Sprachfiguren. Sie weist uns zugleich auch die innere Gesetzmäßigkeit dieses Zusammenschlusses der lebenspraktisch unmittelbaren Szenen vor, nämlich als Zusammenschluß strukturell übereinstimmender Szenen. Der Sinn der Symbolik ergibt sich daraus, daß sich die beiden Szenen - wie schon am Garnrollenbeispiel erkennbar - im Erscheinungsbild unterscheiden, beide Male aber auf derselben lebenspraktischen Interaktionsstruktur basieren. Im Falle des Garnrollenspiels besteht die Übereinstimmung beidesmal im "Sich-Entfernen und Wieder-Herbeikommen", sei es in der Entfernung und dem Wieder-Herbeikommen der Mutter, sei es in dem Wegwerfen und Wieder-Herbeiholen der Garnrolle. Diese strukturelle Übereinstimmung bildet die Achse der Entfaltung der subjektiven Selbstverfügung, die in dieser Symbolbildung steckt: Indem das Kind die aktive Handhabung der Garnrolle mit der Mutter-Kind-Interaktion, in der es weitgehend noch von der Mutter abhängig ist, zusammenschließt, vermag es eine Eigenaktivität aufzubauen und diese zugleich an die Befriedigungserfahrungen im System der sensomotorischen Interaktionen mit der Mutter anzuschließen. Für die individuelle Selbsterfahrung und Selbstverwirklichung sind diese sinnlich-unmittelbaren Symbole von entscheidender Bedeutung. Sie werden zugleich aber auch zum Ansatz einer vorsprachlich-tiefen Übereinstimmung mit anderen Menschen und deren Lebenserfahrungen. Darauf beruht die grundlegende Wichtigkeit der Vermittlung ästhetischer Symbole für die Bildung kollektiver Lebenspraxis. Ich komme darauf zurück.

Fassen wir zunächst aber einmal die wichtigsten Thesen zum Aufbau der vorsymbolischen und symbolischen Persönlichkeitsgeschichte zusammen. Wir haben drei Schichten der kindlichen und der erwachsenen Persönlichkeit gesehen:

- die sensomotorische Grundschicht, die Freud das Es genannt hat und deren Elemente ich unbewußte Interaktionsformen nennen möchte,
- die sinnlich-unmittelbare Symbolik, die aus dem Zusammenschluß von sensomotorischen Praxiskomplexen besteht und die man sinnlich-symbolische Interaktionsformen nennen kann,
- Sprachsymbole, sprachsymbolische Interaktionsformen, die aus der Vereinigung von sensomotorischen Praxiskomplexen und Sprachfiguren hervorgegangen sind.
- Eine vierte Schicht habe ich nebenbei genannt. Das sind die aus der Abspaltung bzw. dem Nichtzusammenschließen von Sprachfiguren mit den emotional trächtigen senso-

motorischen Praxiskomplexen entstandenen emotionslosen Sprachzeichen in ihrer objektivistischen Beziehungslosigkeit zur subjektiven Grunderfahrung.

"Symbol als Brücke des Verstehens". Auf der Basis dieser Überlegungen gilt zunächst: Das Verstehen beginnt, basiert auf dem Verständigtsein auf Grund gemeinsamer Praxisfiguren. Das Kind "versteht" die Mutter vor aller Sprache dank der gelingenden sensomotorischen Interaktion. Freilich ist dieses Verstehen - wie wir gehört haben - bewußtlos, unbewußt. Auch die Mutter versteht das Kind auf Grund der gelingenden Interaktionen, wobei sie sich diese Interaktion verständlich und bewußt machen kann, mit Hilfe der Sprachsymbole, die ihr zur Verfügung stehen. Eine von den Praxiserfahrungen abgetrennte, zeichenhaft-desymbolisierte Verständigung verfehlt beides. Sie trifft weder im eigenen noch im fremden Erleben die Grundschicht gelingenden Zusammenspiels. Bedenklicher noch: Diese zeichenhafte Pseudo-Verständigung - die Freud im Selbsterleben "Rationalisierung" genannt hat - usurpiert den Platz der Verständigung und des Zusammenlebens.

Das Desaster dieses Verfehlens wird durchsichtig, wenn wir die Überlegungen eines weiteren Autors heranziehen: Paul Ricoeur. Ricoeur hat das Unbewußte als Ort der menschlichen Sehnsucht ausgewiesen. Durchaus Freud-loyal, hat er den Begriff der Triebhaftigkeit erweitert; Freud-loyal ist dies insofern, als Trieb, Aggressivität und Sexualität im vollen Freudschen Sinn nichts anderes bedeuten als soziale Grunderfahrungen, die am Leib ablaufen, im Leib begründet sind, leibliche Wünsche, Selbstbehauptungs- und Reaktionsweisen darstellen. *Sexualität* zumal ist nichts anderes als das in frühen Erfahrungen wurzelnde Verlangen nach Vereinigung, nach psycho-physischer Einheit in menschlicher Interaktion.

Das Unbewußte als Ort der Sehnsucht aber heißt zugleich: Es geht um ein Verlangen, das unbewußt ist, weil es sozial nicht zugelassen wird, nicht bewußt werden darf, da es dem geltenden Bewußtsein, den herrschenden Normen und Werten widerspricht oder aber diese übersteigt. Der Widerspruch mag in dem gründen, was Freud das neurotische Elend genannt hat, in

Sehnsüchten also, deren Wurzeln in der lebensgeschichtlichen Vergangenheit des einzelnen Menschen liegen. Das Unbewußte enthält aber stets auch jene Sehnsüchte, die Ernst Bloch das Noch-Nicht-Bewußte nannte, Sehnsüchte also, die in die Zukunft weisen, in das geschichtlich noch nicht Realisierte.

Es gibt aber noch ein weiteres Forum "unsagbarer Erlebnisse", die den engeren Bereich des Sagbaren, der in Sprache gefaßten, von Sprache reglementierten Lebenserfahrungen überschreiten. Es ist dies der Bereich der ästhetischen Symbole, jener Symbole also, die nach dem Modell des Garnrollenspiels gebaut sind. Es sind die Künste, von der Musik bis zum Tanz und Ritual, von der Raumerfahrung bis zur Bildhaftigkeit der Poesie, die ja ihrerseits den denotativen Rahmen des Sprachgebrauchs szenisch dramatisch aufsprengt. Es sind dies aber auch alle die Alltagserfahrungen, in denen sinnliches Erleben in Gesten tradiert wird, in Gebrauchsgegenständen geformt zum Ausdruck kommt und zum Eindruck wird.

In diesen Bereich gehören auch die Traumbilder und gehört als Instrument der Aufklärung die Traumdeutung, die Freud bekanntlich "die via regia zur Kenntnis des Unbewußten im Seelenleben" genannt hat (GW II/III, 613). Um diese zentrale Feststellung der Traumdeutung in vollem Umfang würdigen und unserem Zusammenhang einfügen zu können, müssen wir freilich zwei Freudsche Sichtweisen korrigieren:

1. Freud hat die Traumsymbole - wie bereits gesagt - in Sexualchiffren vorgestellt. Wir haben diese Chiffrierung zu entziffern, Auflösung des allzu genitalistisch etikettierten Sexualinventars zu leiblich-sozialen Szenen in ihrer konkret individuellen wie kulturspezifischen Vielgestaltigkeit anzustreben. Und wir haben den Symbolbegriff auszudehnen auf alle Traumbilder.
2. Während Freud die Traumbilder als bloße Zwischenstationen der Bewußtmachung, das heißt der Verbalisierung unbewußter Gehalte wertete, interessieren sie uns in ihrer Eigenbedeutung, nicht als Vorstufe von Sprachsymbolen, sondern als Ausdruck des Unsagba-

ren, der tieferen, nicht sprachlich reglementierten Lebenswelt.

Diese doppelte Ausweitung der Freudschen Lehre von der Bedeutung der Traumbilder, die Anerkennung der Traumbilder als Ausdruck unbewußter Lebenswelt wird wichtig, sobald wir vom Traum auf die Vielfalt der ästhetischen Gebilde von Menschenhand übergehen.

"Das Symbol als Brücke des Verstehens?" - Angesichts dieser Frage zumal gilt es den Eigenwert der traumanalogen ästhetischen Symbole herzustellen, ihre Bedeutung als Ausdruck des Unsagbaren und als Vermittler von Eindrücken, die über die ästhetischen Gebilde weitergegeben werden. Dieser Weitergabe der Aussage, dieser "Brückenfunktion" kommt entscheidende Wichtigkeit für die Bildung kollektiver Erfahrungen zu: in Abstimmung der unbewußten Praxisfiguren, jener individuellen Erlebnisbasis, auf der die emotionale Resonanz auf das Erleben anderer Menschen innerhalb des gemeinsamen Lebensraums gründet, und als Bildung einer Gemeinsamkeit unterhalb der ideologisch zugerichteten Lebensordnung.

In meiner Kritik der Liturgieform des Zweiten Vatikanischen Konzils habe ich zu zeigen versucht, wie die Zerstörung der bildhaft-rituellen Schicht zugunsten einer rigorosen Durchverbalisierung das religiöse Erleben im selben Maß ideologisiert hat, wie es die über den religiösen Rahmen hinausreichende kulturelle Kollektiv-Basis zerstörte. Was im Grundmotto des Konzils als "aggiornamento", als "Öffnung nach vorne in die Zukunft" intendiert war, erweist sich so als Fixierung an das bloß gegenwärtig Geltende, indem das Instrument der tastenden Erschließung des sprachlich nicht Durchreglementierten, der - um nochmals Bloch zu zitieren - noch-nicht-bewußten Erlebnisbewegung mit der Zerstörung des geschichtlich-kulturell gewachsenen Reichtums der Bilder, Räume und rituellen Figuren verriegelt wurde.

Nun ist der Vandalismus des römischen Konzils kein Einzelfall, er liegt auf der Linie eines immer gefährlicher werdenden Rationalismus, den die Frankfurter Schule als Verfall an instrumentelle Vernunft aufgeklärt hat. Die Schicht der ästhetischen Symbole steht der Durchfunktionalisierung des menschlichen Erlebens im Zuge des geltenden Leistungsprinzips im Wege. Deshalb läßt sich allenthalben eine Zerstörung und Entwertung der nicht-sprachlich verregelten Symbolwelt feststellen. (Die römische Liturgiereform ist nur ein, freilich aufschlußreiches Beispiel.) Die Aufklärung der Eigenart und Funktion dieser Symbolschicht ist eine wichtige, eine zentrale Aufgabe kritischer Wissenschaft.

LITERATUR:

Freud, Sigmund: Gesammelte Werke [GW], XI.

Freud, Sigmund: Gesammelte Werke [GW], XII.

Piaget, Jean/Inhelder, Bärbel: Die Psychologie des Kindes, Stuttgart 1980.

Piaget, Jean: Psychologie der Intelligenz, Freiburg 1972.

Lorenz, Konrad: Über tierisches und menschliches Verhalten, Bd. 1, München 1965.